# Schoko l'art

## vorwort

Von alters her ist schokolade der inbegriff der verführung. Wäre zu biblischen zeiten der kulturelle austausch so fortgeschritten wie heute, hätte man trefflich den sündenfall, statt mit einem apfel durch schokolade beschrieben. Doch sollte man den sündenfall nicht bloß auf das vergehen reduzieren, sondern gleichfalls als griff zum wissen und zur erkenntnis begreifen.

**am anfang war das licht der welt und nicht viel später die schokolade**

Überall trifft, hört und spricht man von der zotter-schokolade. Eine wahre kultwelle ist ausgebrochen. Um jedoch zu begreifen, was sich dahinter verbirgt, begeben wir uns auf die spuren von josef zotter und sehen ihm bei der herstellung seiner schokoladen über die schulter. Forschen nach ausgewählten rohstoffen und extravaganten geschmackskombinationen.
Doch die zotter-schokolade ist mehr als ein erstklassiges produkt. Es ist eine geisteshaltung, die anstecken möchte und zum denken und weiterdenken anregen will. Gedanken, die sich in der kulinarik begründen und den quantensprung wagen, um andere lebensbereiche zu berühren und zu beeinflussen.
Das macht einen kult auch aus. Denn kult kommt von kultur, die so facettenreich, wie die zotter-schokolade ist.
Wir suchen also das Epizentrum auf, von dem aus der kult seine wellen schlägt und eine neue schokoladenkultur zum leben erweckt.

Initiiert wurde dieses buch von andreas h. gratze, um all die zeitungs-, illustrierten- und fernsehberichte zu bündeln, auf den punkt zu bringen und den blick auf das gesamtgenusswerk zu öffnen. *Schoko l'art* ist ein sehr persönliches und menschliches buch, basierend auf interviews der drei protagonisten – josef und ulrike zotter und andreas h. gratze.
Es ist ein zeitzeugnis über menschen, die etwas zu sagen haben.
Im mittelpunkt steht der mensch. Der mensch der genießt, der mensch der schöpft und der mensch der eine vision hat. So ist dies ein porträt unter anthroposophischem blickwinkel, das zwar nicht zu erklären vermag, weshalb minze zur erdbeere passt oder das blau zum grün, aber die tragenden fundamente aufdeckt, um die motivation und faszination der zotter-schokolade zu erklären.
In einem kochbuch wäre dafür kein raum gewesen. Selbst ein sachbuch hätte den mythos zotter, der ja auch von geheimnissen und fiktionen lebt, nicht bändigen können. Auch ist es kein fachbuch, sondern eher eine biografie in schokolade. Dieses buch bietet die möglichkeit durch die augen von zotter auf die schokoladenwelt zu blicken, diese kennen zu lernen, zu spüren, zu verstehen und sich inspirieren zu lassen.
So ist dieses buch allen passionierten zotter-schokoladenliebhabern gewidmet. All jenen, die weit weg von bergl wohnen und niemals dort hinauf kommen, aber auch denjenigen, die dort waren und einfach mehr erfahren wollen.
Natürlich kann die kritik sagen, dass hier keine umfassende schokoladengeschichte erzählt wird. Aber *schoko l `art* ist bewusst perspektivisch und eben auch selbstbezogen. Sonst wäre es ja kein biografisches porträt, das begeisterung versprühend in schokolade taumelt. Wenn kult und mythos sich begegnen sind sie unmäßig, sprechen große worte und diese ganz laut. Dies vorab als hinweis und selbstschutz für den einen oder anderen.

Die *sinnliche entdeckungsreise* beginnt und entführt uns nach bergl. Wir springen in die handlung und ergreifen den moment. Die erzählung entspringt nicht dem anfang, sondern dem jetzt. Eine skizze entsteht von dem, was zotter heute ist. Wir begleiten ihn bei seinen gedanken. Setzen am ursprung der schokolade, bei der idee und rezeptur an. Schritt für schritt verfolgen wir ihre entwicklung und produktion bis sie sich am gaumen auflöst.
In der *schokoladenkulturgeschichte* wird das wissen, um den rohstoff kakao geerdet. Ein historisch, geografischer ausflug zu den wurzeln und produktionsstätten des kakaos. Angefangen bei den olmeken, die vor jahrtausenden begonnen haben den samen des kakaos zu kultivieren bis hin zur industrialisierung der schokolade.
Anschließend wenden wir uns den wurzeln der zotter-schokolade zu. Das kaffeehaus bildet den hintorgrund oder das szenarium in dem die kreativen fäden gesponnen werden und die zusammenarbeit und freundschaft von josef zotter und andreas h. gratze beginnt. Das ist der kulminationspunkt der *Schoko l'art*.
In *der strich in meiner hand* ist die kunst am werke und wir erhalten einen einblick in das schaffen von andreas h. gratze.

Gesondert bietet sich die möglichkeit dem mythos zotter ganz anders auf die schliche zu kommen. Das kapitel *sortenreich* erzählt vom ganz individuellen werden jeder einzelnen schokoladensorte. Ein index, der aufschluss über das gesamte sortiment bietet. Von der lieblingsschokolade bis hin zur unverstandenen geschmacksrichtung. Der leser ist eingeladen, seinen neigungen und seiner neugierde freien lauf lassen, ohne sich an eine diszipliniert chronologische lektüre zu halten.
Den abschluss bilden *zotters schokoladenrezepturen*, die dazu inspirieren, selbst kreativ mit schokolade umzugehen.
Ergänzt von ein paar tipps, wie man den *schokoladengenuss* noch steigern kann. Da man ganz trocken natürlich nicht durch das leben kommt, sind auch die wichtigsten regeln der besonders fragilen verbindung von *wein und schokolade* festgehalten.
So klingt die zotter-geschichte doch wieder am gaumen aus.

Die autorin: yvonne quella (1976), studierte neue deutsche literatur, theater- und filmwissenschaften in berlin und wien. Nach einigen künstlerischen projektarbeiten, regiearbeiten, kuratorischer assistenz und presseexkursionen fand sie zum wort und zum schreiben.

Der initiator: andreas h. gratze (1962), absolvierte eine koch-kellner-lehre und studierte bühnenbild in graz. Neben arbeiten fürs theater, ist er regelmäßig mit seiner druckgrafik und acrylmalerei in einzelausstellungen in wien, graz und berlin zu sehen. Ambitioniert arbeitet er im werbebereich und führt dort seine linie fort. 2000 wurde sein erstes buchprojekt *grazdach* veröffentlicht. *www.a-h-g.at*

Der fotograf: walter e. schreiner (1964), studierte fotografie in minneapolis. Zusammen mit seiner frau roswitha betreibt er im weinviertel ein eigenes fotostudio *fotografik 191* und lehrt an der werbeakademie wien. Im besonderen widmet er sich der bewegungsfotografie. Buchveröffentlichungen: *grazdach* (2000) und *retzer land* (2001). *www.fotografik191.at*

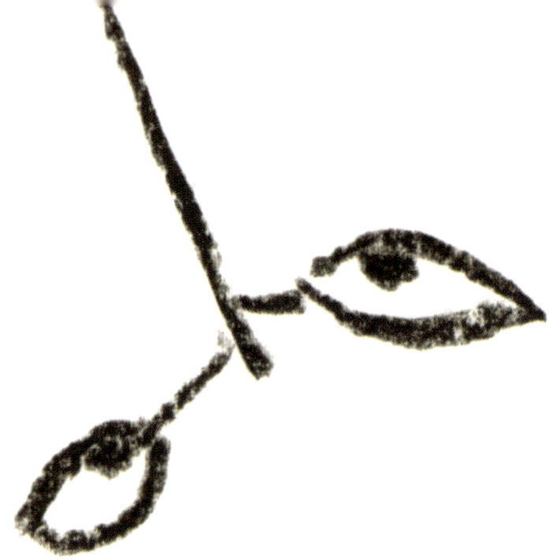


erste auflage (limitiert)
verlag und druck: styria printshop druck gmbh.

idee, konzeption, grafik, layout: andreas h. gratze
konzeption und rezepturen: josef zotter
text: yvonne quella
fotos: walter e. schreiner
gesamtleitung druck und fertigung: werner außerhofer

isbn: 3-901921-24-9

# inhaltsverzeichnis

# die zotter-schokolade,

## die kulisse

Auf der hügeligen strecke zwischen feldbach und riegersburg schlängelt sich ein alter reisebus und meistert auf wundersame weise die engen kurven.
Sein weg führt vorbei an schlössern, burgen, obstplantagen und ein paar idyllisch aufgeworfenen häuserhaufen. Als der schatten des imposanten basaltfelsens, auf dem die riegersburg thront, den autolack streift, genießt man noch die landschaft. Doch schon einige 100 meter weiter tritt der fahrer auf die bremse und kommt in bergl vor der zotter-schokoladenmanufaktur zum stehen.
Der bus gibt das bild einer menschengruppe frei. Sprachgewirr liegt in der luft, unverständlich, slawisch.
Anscheinend war dieser zwischenstopp nicht geplant. Doch etwas, vielleicht der bittersüße duft von schokolade, hatte sie angelockt.
Neugierig tastet sich die gruppe in die schokoladenschatzkammer vor, deren reichtümer sie derart in entzückung versetzen, dass sie spontan ihre stimmen zu einem chor erheben. Russisches liedgut erfüllt die produktionsstätte. Ergreifend melancholisch, trotzig und mit einem humor, der über jedes leid obsiegt, stürmen die stimmen an zotters herz. Er ist bewegt und gerührt von der spontanen begeisterung, die ihm entgegenschlägt.

# eine sinnliche entdeckungsreise

morgendämmerung

**wahrer genuss entsteht im kopf**

So gibt es viele kleine geschichten und begegnungen, die sich um den mythos zotter ranken. Denn zotter steht nicht nur für ausgefallene schokoladen, sondern auch für eine sagenhafte geschichte, die erzählt gehört.
Der gaumen trügt uns zwar nicht, doch vermag er nicht alles zu erzählen. Deshalb spricht zotter in zusammenhang mit seiner arbeit vom schokoladengenusswerk, das man schmecken, riechen, sehen, hören und anfassen muss und das einen selbst berührt. Ein sinnliches erlebnis, dessen wert noch gesteigert wird, wenn man begreift, was dahinter steht. Denn wahrer genuss entsteht im kopf. Das ist eine große gabe des menschen. Jene zeit, die er aufbringt, um etwas zu verstehen, wird ihm vielfach im geschmack entlohnt.
Dafür lässt man schon mal die hüllen fallen und zeigt, was sich darunter verbirgt. Man spricht von transparenz und über philosophie. Denn der moderne konsument ist mündig geworden und sucht nach informationen und einblicken, um sich im dschungel des überangebotes zurechtzufinden.

Für den kritischen leser sei angemerkt, dass in den meisten fällen die vermeintliche transparenz ein trugbild aus irrlichtern und irrwegen ist. Denn was transparenz bietet, ist natürlich nur eine weitere form der selbstdarstellung.
An sich ist das nicht verwerflich, denn man sollte immer bei sich selbst bleiben. Dennoch ist im zuge dieses trends sehr viel sprache verbraucht worden. Sprache, die fehlt, um die dinge beim namen zu nennen, damit sie ihr wahres gesicht zeigen. So ist es wieder an dem konsumenten zwischen all den selbstdarstellungen abzuwägen, zu nuancieren und sie letztendlich zu glauben oder nicht.

Die zotter-geschichte ist einfach schön und fast unglaublich. Hier stellt sich jemand hin, der die sachen aus liebe macht und einfach etwas gutes produzieren will. Das ist seine philosophie, sein anspruch, den er trägt und auch an sich selbst stellt. Das ist das fundament. Zotter ist ein ruheloser geist, ständig auf der suche nach verbesserungen. Deshalb ändern sich beständig viele dinge, angefangen bei den schokoladensorten über die rohstoffe bis hin zu den rezepturen. Doch die dinge, an die er glaubt, seine philosophie ist manifest und zeitlos. Das sind die fäden der geschichte, aus denen die zotter-schokolade entstanden ist und die sie zu dem machen, was sie ist.

Josef zotter ist mit dem anspruch angetreten, mehr aus schokolade zu machen, als sie üblicherweise ist. Dabei geht es ihm nicht um die profitabilität eines produktes, sondern darum, zu zeigen was schokolade alles kann.
Mit idealismus bricht er die handelsüblichen spielregeln und hat spaß daran zu beweisen, dass es auch anders geht.
Seine handgeschöpften schokoladenkreationen waren einfach die innovation auf dem schokoladenmarkt. Von den füllungen bis hin zum format mit dem er die quadratur der schokolade aufgebrochen hat, ist die zotter-schokolade einfach einzigartig und etwas ganz besonderes.

**nun hebt sich der vorhang für den berühmten blick hinter die kulissen.**

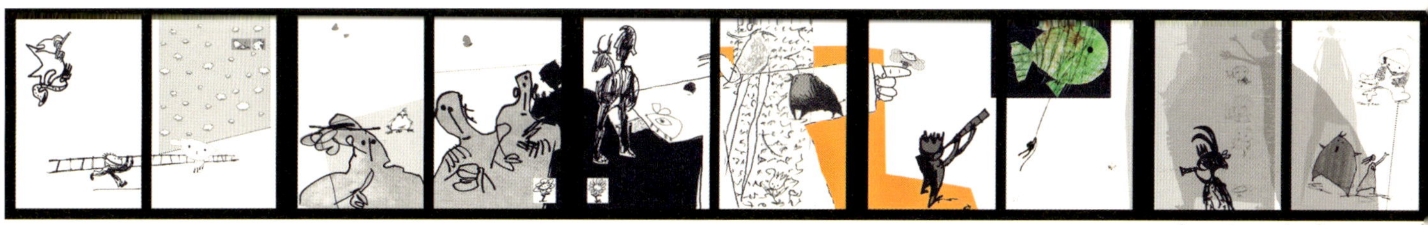

vorhang im verkaufsraum

# über erfolg

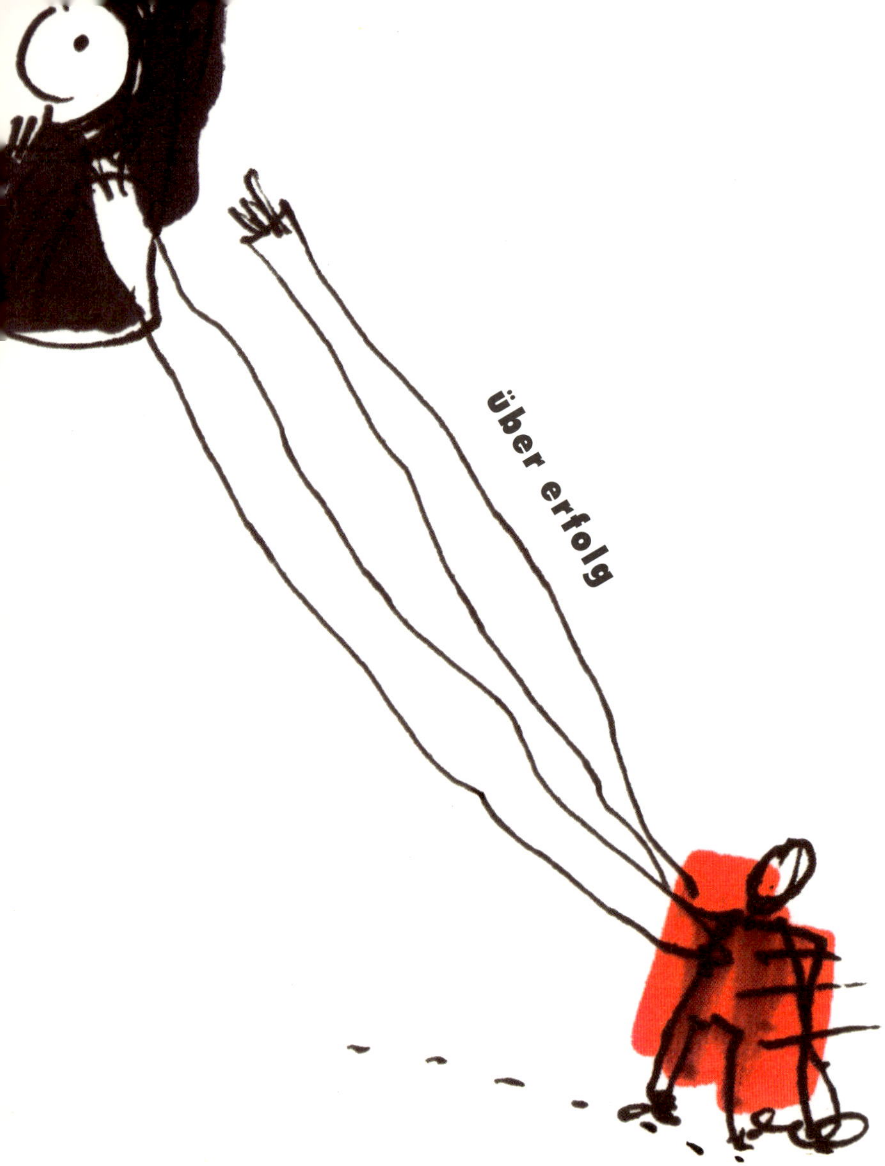

## oder der erfolg eines non-konformisten

Ein neues zeitalter der schokoladenkultur ist angebrochen. Die jahrtausendwende war im besonderen auch ein historisches datum für josef zotter. Ehedem galt die zotter-schokolade als geheimtipp, aber seit dem jahre 2000 hat sich josef zotter auf ewig in die schokoladengeschichte eingeschrieben.

Um der faszination um seine person ausdruck zu verleihen, gab man ihm viele namen, wie visionär, zauberer, tüftler, schoko-papst oder bezeichnete ihn einfach als eines der größten chocolatier-talente, seit es kakaobohnen gibt. Ohne frage ist er der renommierteste chocolatier österreichs. Im diesem jahr wurde er mit der *trophée gourmet* ausgezeichnet. Dem begehrtesten gourmetpreis des landes, sozusagen dem oscar der gastronomie, der seit 1989 vom führenden gourmetmagazin österreichs *à la carte* und der *römerquelle* verliehen wird. Honoriert werden außergewöhnliche leistungen in der gastronomie und im weinbau.
Erstmalig wurden in diesem jahr auch ausgefallene produkte auf höchster ebene in der *gourmandisen*-kategorie gewürdigt, dessen trophäe josef mit nach hause nahm.

Schon heute gelten seine schokoladen als kulinarische kultobjekte.
92 unterschiedliche schokoladen in über 60 geschmacksrichtungen. Dazu kommen noch die geschmacksvariationen der *trinkschokolade, balleros* und der *crème de la crème*.
Von wien bis hamburg und münchen gibt es fast keinen feinkostladen mehr, der seine produkte nicht führt. Aber natürlich kann niemand das komplette sortiment anbieten. Deshalb muss man weiterhin nach seiner lieblingsschokolade suchen.
Selbst in new york, moskau und shanghai findet man zotter-schokoladen. In japan zahlt man aber umgerechnet acht euro pro tafel. Da bleibt man doch lieber zu hause.
Über 50 prozent der produktion gehen bereits in die welt hinaus und der auslandsanteil ist weiter steigend. Der großteil der schokoladen verbleibt in der eu. Wobei die meisten seiner schokoladen in deutschland, der schweiz und italien vernascht werden.

Ein taumel der superlative. Doch der erfolg kommt nicht von ungefähr. Josef zotter hat lang für seine idee kämpfen müssen. Kompromisslos und gegen jede norm hat er seinen kopf durchgesetzt, egal wie die chancen standen. Immerhin gab es zwei menschen an seiner seite, die ihn immer unterstützt und die entwicklung der schokolade maßgeblich beeinflusst haben. Seine frau, uli zotter, die für die geschäftsabwicklungen verantwortlich ist und die finanzen verwaltet und sein freund, andreas h. gratze, der die idee einer künstlerischen verpackung geboren hat und seither für das eigensinnig geistreiche aussehen der schokoladen verantwortlich ist.

## in der euphorie des anfangs

1987 hat josef zotter seinen traum von der unabhängigkeit realisiert und sich zusammen mit seiner frau selbstständig gemacht. Damals wurde der grundstein für die schokoladenproduktion gelegt, selbst wenn die ideen erst vier jahre später zu reifen begannen. Er selbst setzt da keine zäsuren, denn schließlich sind die erfahrungen der ersten jahre in das produkt eingeflossen. Richtig verstanden, ist die zotter-schokolade ein ausdruck seiner persönlichkeit, die auch nicht hier beginnt und dort endet, sondern sich prozessual fortsetzt und zeitlebens entwickelt.
Damals, als er am beginn stand, war er gerade mal 26 jahre alt und seine frau erst 21. Er wähnte sich schon als großer erfinder und glaubte, dass er es geschafft hatte. Doch seitdem sind siebzehn jahre vergangen und heute kann er mit großer gewissheit sagen, dass man nichts von heut auf morgen erfinden kann und dass alles seine zeit braucht.
Zeit ist wohl eines der kostbarsten güter unserer gesellschaft. Ein wahrer luxus, wo wir doch alle, wie das weiße kaninchen aus *alice im wunderland*, dem pulse der zeit nachrennen. Selbst den früchten und unseren lebensmitteln wird kaum zeit zum reifen gelassen. Nur kann josef zotter mit solch halbfertigen rohstoffen nicht arbeiten. Da die fülle der aromen erst bei der reife entsteht.
Auch schokoladen haben ihren reifeprozess. Jahrelang hat zotter die schokoladen nebenher produziert. 1999 fasste er sich ein herz und beschloss sich auf die schokoladenproduktion zu konzentrieren. Nach einer langen odyssee ist er an den elterlichen hof zurückgekehrt und hat dort oben die erste version der zotter-schokoladenmanufaktur errichtet. Sich zu spezialisieren war eine der wichtigsten entscheidungen, die er je getroffen hat. Sie ebnete ihm den weg zum erfolg. Denn seitdem ist er einfach besser geworden.

Josef zotter freut sich natürlich über den erfolg der schokoladen. Doch er lässt sich ihn nicht zu kopf steigen. In erster linie bedeutet erfolg für ihn, in freiheit zu experimentieren. Von anfang an hat er natürlich ausgefallene geschmackssorten im programm gehabt. Denn das konzept der zotter-linie ist schließlich auf vielfalt ausgelegt. Damit exoten, die allein am markt niemals eine chance hätten, im schutze der klassiker gedeihen können. *„Doch wenn ein produkt erst einmal läuft und steht, kommt der moment, indem das vakuum entsteht, weil die spannung von dir abgefallen ist. Dann kriegt man den zug auf experimente.“*

## energie in schokolade gebannt

Allein im vorigen jahr 2003, konnte zotter gleich 16 neue produkte auf den markt bringen. Das war so viel, wie noch nie. Gewagte sorten, wie *kaffeepflaume mit speckkrokant, moosbeeren mit thymian* oder *paradeispaprika* kündigten ganz klar an, dass zotter jetzt noch viel freier experimentieren kann. In diesem jahr überrascht er mit 16 neuen schokoladensorten, einem erweiterten trinkschokoladensortiment und einer völlig neuen produktserie – den *balleros*.
Vom prinzip her sind die balleros den schokoladen nicht unähnlich. Eine hülle und eine fülle, nur sehr viel kleiner und stark konzentriert. Aus der formel kern+schokolade sind kleine in schokolade gerollte *kernkraftwerke* geworden, voller geschmack und energie.
Vakuum gefriergetrocknete früchte und geröstete nussstückchen werden in schokolade gerollt und zum krönenden abschluss mit purem kakao oder einer zuckermischung bestäubt. Auf glanz- und trennmittel hat zotter verzichtet, und stattdessen auf geschmack und natürlichkeit gesetzt.

nussenflieger und safranregen

Ein klares bekenntnis zu den steirischen kürbiskernen, die gleich in drei variationen auftauchen. Eine perfekte möglichkeit, um die wirkung der schokolade geschmacklich zu analysieren. Da aus all den früchten und nüssen kleine figürchen geworden sind, hat andreas h. gratze ihnen auch poetische namen verliehen. Die kürbiskerne kommen in schwung und tanzen ballett, salsa und bolero. Der exot dieser serie ist ein mangoküsser. In tiefes schokoladengedankengut versunken sind die kirschpoeten, während walnüsse als nussenflieger im safranregen vom himmel fallen. Das pendant zur schokolade sind die ananaspfeifer mit chilihut. Rhythmisch begleitet von den bananenschnalzern. Lang geröstete und caramelisierte haselspringer turnen neben walzer tanzenden heidelbeeren. Erlesene arabica kaffeebohnen verwandeln sich in kaffeeschwärmer. Mandeltaucher aus sizilien und der süßspeisenklassiker als minzbeertango geben einen vorgeschmack. Denn selbst ein käsestückchen oder pfefferkorn kann demnächst ins rollen kommen.

Erfolg und applaus gebührt josef zotter auch für den fabelhaften balanceakt zwischen dem geschäftsmann und dem kreativen.
Ein gegensatzpaar an dem manch einer schon zerschellt ist. Doch er meistert den spagat, indem er sich selbst treu bleibt. Daher ist seine geschäftsform auch so individuell und ungewöhnlich.
Auch wenn zotter klein angefangen hat, leitet er mittlerweile einen betrieb von respektabler größe und beschäftigt 28 mitarbeiter. Da muss er natürlich auch schauen, dass die firma wirtschaftlich gut läuft. Darüber hinaus ist er in alle arbeitsprozesse involviert, muss jeden handgriff in seiner firma kennen und können. Doch würde er nur wirtschaftlich denken, könnte er niemals etwas interessantes entwickeln. Wenn er eine idee ausbrütet, denkt er weder ans verkaufen, noch ans geschäft, sondern daran, wie die schokolade wohl schmecken mag und wie die kunden auf den geschmack reagieren werden.

## der geschmack ist der motor

Nicht profit, sondern geschmack ist der motor, der den betrieb am laufen hält. Markwirtschaftlich gesehen ist die zotterschokolade sowieso absurd. Denn das ökonomische prinzip schreibt vor, dass man mit dem geringsten einsatz, den höchstmöglichen ertrag erzielen soll. Daran hält sich josef zotter nun wirklich überhaupt nicht. Vielmehr verstößt er massiv gegen dieses gebot, indem er nur hochwertige und zum teil sündteure zutaten verwendet, wie den himbeerbrand von gölles. Die mischkalkulation glättet die wogen dann wieder und jede schokoladensorte bleibt erschwinglich, ganz gleich wie hoch ihr wahrer wert ist.
Zotter unterscheidet sich also nicht nur in der herstellung von industriellen produkten, sondern bereits durch den ansatz und die herangehensweise. Wenn große firmen ein produkt entwickeln, dann wird zuerst anhand einer hundertprozentigen wirtschaftsanalyse der preis festgesetzt. Die gesamte produktentwicklung orientiert sich an diesem preis und letztendlich entsteht ein produkt für eben diese preisklasse und nicht mehr.
Folglich meint josef zotter, sei er ein schlechter kaufmann. Außerdem müsste er auch ganz anders kalkulieren und in serienproduktion gehen, wenn er merkt, dass ein produkt besonders gut läuft und viel nachfrage danach besteht. Das interessiert ihn aber nicht. Schlimm genug, dass dies die regel ist. Ihm geht es nicht darum ein einzelnes produkt zu vertreiben, sondern um das sortiment in seiner gesamtheit, womit wir wieder beim begriff des gesamtgenusswerkes wären.

Zwei unterschiedliche systeme stehen hier gegeneinander, deshalb müssen sich handelsriesen auch regelmäßig mit einer abfuhr von josef zotter begnügen.
Psychologische verkaufsführung, wie das positionieren der teuersten waren in sichthöhe, sind zotter genauso fremdartig, wie jegliche zusatzstoffe, angefangen bei künstlichen aromen und farbstoffen, stabilisatoren, konservierungsmittel, lebensmittellacken und all jenem, was das labor gebiert.
Mit wirtschaft befasst er sich lieber in seiner freizeit. Liebend gern liest er wirtschaftsprognosen. Mal amüsiert, mal brüskiert über die apokalyptischen stürme und erlösungsversprechen, die uns prophezeit werden.
Doch der irrglaube unserer gesellschaft besteht darin, die wirtschaft für unsere neue religion zu halten, statt auf die spinner und künstler zu hören, meint zotter und überlegt sich insgeheim, wie er die prognosen aus der bahn werfen kann, um den neuen propheten einen strich durch die rechnung zu ziehen.

## über die faszination der samen oder der blick ins kerngehäuse

Am anfang hatte zotter noch auf jede einzelne schokolade einen kürbiskern gelegt, sozusagen als trademark und regionales symbol. Dieser kern ist der schlüssel zum verständnis. Wenn man wissen möchte, was zotter im kern zusammenhält, so muss man nur den elementaren baustein seiner schokolade betrachten – den samen, das korn, den kern. Zotter ist ganz fasziniert von samen. Aus jedem körnchen, jeder walnuss, jeder kakaobohne kann ein ganzer baum wachsen. Dies körnchen besitzt die gesamte erbinformation und alles was die welt erhält, aber auch verändert. Denn es weiß sogar, dass die welt in tausend jahren anders aussehen wird als heute und ist für jeden zufall gewappnet. Da ist soviel information drin, die wir zu denken noch nicht einmal in der lage wären.

Am *tag der offenen tür* legt josef zotter immer die unterschiedlichsten samensorten auf, um den menschen vor augen zu führen, was sie da eigentlich verspeisen. In einer einzigen tafel schokolade sind 40 kakaobohnen enthalten. Das sind 40 potenzielle bäume, die ihrerseits wieder 500.000 samen tragen.

Ein unerschöpflicher energiespeicher, in dem echte essenz steckt und konzentriertes aroma. Deshalb arbeitet zotter fast nur mit samen. Vom kürbiskern über das sesamkorn, die maroni bis hin zur pistazie und all den nüssen. Aber auch transformiert in nougat, marzipan und schließlich der schokolade selbst, begegnet man den kernen.

Da es noch kein verfahren gibt um das potenzial von fruchtkernen nutzbar zu machen, arbeitet zotter die fruchtgeschmäcker in destillaten und gelees aus. Gleichzeitig forscht er nach einer methode, um dem fruchtkern doch direkt beizukommen.

Treibt man diese kernphilosophie spielerisch weiter, so ließe sich die zotter-schokolade selbst als *ein kernd'l* begreifen. Aus der hülle wird die schale und aus der füllung der kern. So wartet die schokolade mit einer aromatischen wucht auf, um uns plaisir zu sein, obwohl wir die fülle der aromen in ihrer nuanciertheit kaum wahrnehmen können. Gott sei dank sind unsere geschmacksnerven lernfähig und so wird der schokoladengenuss jedesmal zu einer neuen entdeckungsreise.

röntgenblick in eine kakaobohne

walnüsse mit kernkäfer

Was für die einzelne schokolade gilt, trifft natürlich auch für das ganze sortiment zu – es begründet sich auf der kernphilosophie. *Hanf und mocca, zitrone+polenta* oder *schwarze nüsse*. Zotters griff zu ingredienzien scheint unbändig zu sein. Doch wahllos ist er nicht. So unterschiedlich die einzelnen geschmackskombination erscheinen mögen, so haben sie doch einen gemeinsamen kern – die kakaobohne.

Zotter experimentiert direkt am ursprung der schokolade. Denn irgendwann ist ihm zu ohren gekommen, dass kakao aus unglaublich vielen aromakomponenten besteht. 400 sind erwiesen und weitere 200 werden noch vermutet. Damit ist die kakaobohne eine hervorragende basis für experimente. Da josef zotter nicht nur konditor ist, sondern zuvor auch eine koch-kellnerlehre abgeschlossen hat, weiß er, dass man einen geschmack nur erzeugen kann, wenn bereits ein grundgeschmack vorhanden ist, auf dem man aufbauen und den man ausbauen und verstärken kann.

Dominiert wird der kakaogeschmack von nuss-, citrus-, und fruchtaromen, die sich noch weiter aufspalten lassen. Bei den nussaromen gibt es allein an die 200 aromatische verzweigungen. Hinzu kommt noch, dass wir hier von der kakaobohne sprechen, obwohl es die kakaobohne per se natürlich nicht gibt.

Viel mehr ist es so, dass es eine vielzahl unterschiedlicher kakaosorten gibt, die wie beim wein, den regionalen charakter annehmen. Je nach ursprungsort differieren mal die fruchtigen, würzigen oder bitteren komponenten des kakaos. Doch dazu später noch mehr.

So erklärt sich auch die vielzahl der geschmackskompositionen bei zotter. Mit viel kreativität und liebe zum detail zeigt er, welches potenzial schokolade besitzt. Mit diesem spektrum an aromen kann schokolade einfach viel mehr als sie üblicherweise ist.

Ganz zurück genommen könnte man sagen, dass die 59 unterschiedlichen geschmackssorten der schokolade möglicherweise nur der anfang einer untersuchung der kakaobohne sind. Das wäre natürlich eine fantastische zukunftsvision für alle schokoladenliebhaber.

Mit der vielfalt dringt zotter ganz dicht an die geheimnisse der natur vor und folgt ihrem beispiel. Ohnehin bleibt es fraglich, ob wir jemals etwas erfinden können, was die natur uns nicht schon vorgibt. *Theobroma cacao*, die speise der götter, ist für ihn immer die oberste gottheit.

Er geht nun heran, um die versteckten aromen freizulegen oder die bekannten durch zugabe von verschiedenen essigen, früchten oder nüssen zu unterstützen. Doch braucht man dafür viel erfahrung und sensibilität. Da beispielsweise getrocknete äpfel ganz andere aromen entwickeln als frische äpfel. Frische äpfel tendieren eher zu den citrusaromen, während sie im getrockneten zustand einen caramelig nussigen charakter entwickeln.

Joseph zotter hat einen hang für hochprozentige früchte, sprich für früchte in alkoholisierter form. Zum einen bevorzugt er destillate natürlich aufgrund der geballten fruchtaromen, zum anderen verleiht alkohol der schokolade, die ja eine fettemulsion ist, leichtigkeit und wirkt gleichzeitig konservierend, aber auch stimulierend. Oftmals mengt zotter seiner mischung dann noch echte fruchtteile bei, um den geschmack belebend zu differenzieren und zu potenzieren.

Der alkohol muss natürlich mit der schokolade harmonieren. Beispielsweise besitzt der zart duftende marillenbrand dem kakao verwandte citrus- und maracujaaromen.

Sicherlich wären auch pfirsiche nahliegend gewesen, insbesondere für einen, der wie zotter in einem pfirsichgarten aufgewachsen ist. Doch obwohl sich die früchte recht ähneln, passen pfirsiche vom geschmack her nicht so gut wie marillen zu schokolade. Anders ausgedrückt hat der pfirsich offensichtlich weniger aromen mit dem kakao gemein, wie die marille. Deshalb sind viele experimente erforderlich, um die passenden komponenten zu finden. Gerade ähnliche stoffe und produkte sind sehr interessant, denn ein jedes hat eine persönlichkeit und letztendlich entscheidet die nuance. Oftmals entpuppen sich kleinsten feinheiten als die größten unterschiede. Ebenso, wie aus dem kern, in den man sich hinein denkt, ein ganzer kosmos werden kann.

## über ideen und rezepturen oder der weg der erfindung

Jede schokolade existiert am anfang nur auf dem papier – als eine rezeptur und zuvor nur im kopf. Es gibt keinen bestimmten zeitraum der ideal wäre um ideen zu schöpfen. Vielmehr sind es momente, in denen die stürme der kreativität losbrechen. Denn kreativität ist ein hochkomplexer akt, den die moderne wissenschaft derzeit zu entschlüsseln sucht. Meiner ansicht nach ist dieses unterfangen aber zum scheitern verurteilt, denn kreativität ist gleichfalls auch ein sehr individueller akt, der sich selbst unter günstigen bedingungen, wie entspanntheit und zeit, nicht erzwingen lässt. Die zotter-schokolade ist eben ein glücksfall und mit kreativität gesegnet. Wenn josef zotter und andreas h. gratze bei einem glaserl wein über ihre arbeit sprechen, sprudelt es über vor ideen. Im schöpferischen akt stehen sie sich nah. Ein solcher abend endet meist in träumen und hyperfiktionen, von denen natürlich nur ein bruchteil realisiert werden kann. Im alltag steht josef zotter jedoch zwischen den fronten und muss die gratwanderung zwischen dem kreativen und dem geschäftsmann meistern. So ist auch sein leben wie die schokolade fein nuanciert. In zeiten, in denen er stress in der firma hat und sie ihn gedanklich völlig einnimmt, kann er natürlich nichts kreieren. Es gibt auch immer wieder anfragen von firmen, die spezielle schokoladensorten, beispielweise mit früchtepunsch, wünschen. Das funktioniert dann eben nicht. Da man sich nicht einfach hinsetzten und den entschluss fassen kann, etwas zu erfinden.

Aber wenn der moment kommt, fallen josef zotter unmengen neuer schokoladensorten ein. Die bringt er zu papier. Ohne mengenangaben rezeptiert er ganz grob, welche rohstoffe er miteinander in verbindung bringen möchte. Das ist der fundus, aus dem er auch in nicht so guten momenten schöpfen kann. Durch seine erfahrung im umgang mit rohstoffen, kann er diese ideen dann einfach fachlich ausarbeiten und umsetzten.

Für ihn sind seine ideen die wahren produkte. Wenn man schon länger schokoladen macht, entstehen neue ideen ganz von selbst. An die 200 rezepturen schlummern schon in seinem schreibtisch. Dennoch ist er ständig auf der suche nach neuem. Er streift über märkte in der hoffnung neue rohstoffe zu entdecken. Sehr inspirierend ist für ihn der naschmarkt in wien. Aber auch durch verkostungen, bekanntschaften und reisen erweitert er beständig seinen horizont.

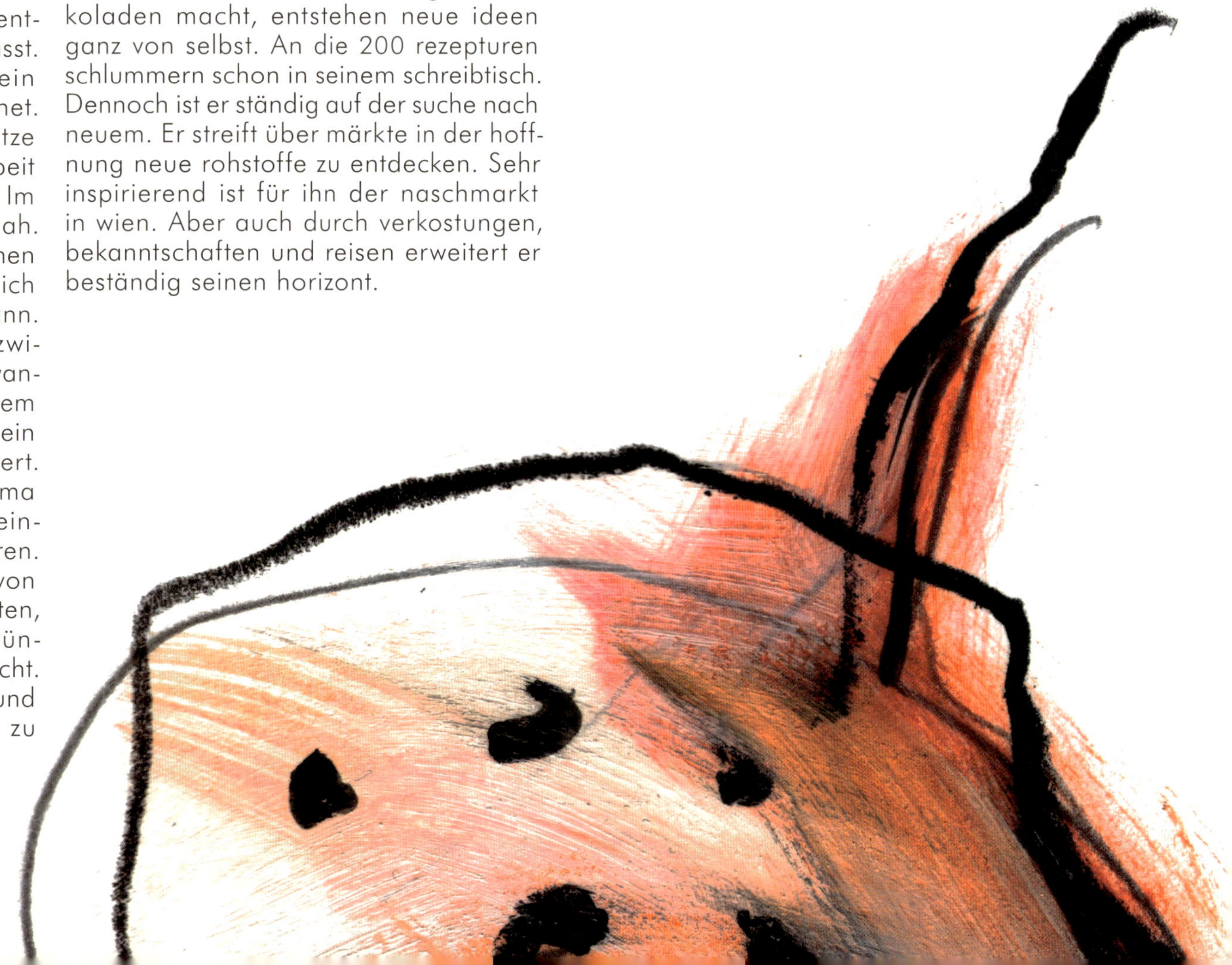

Da die kulinarik ein kleiner mikroorganismus mit eigenem zeitlauf, trends und wenden ist, braucht es natürlich auch ein gewisses gespür, um zu bestimmen, wann aus der idee eine schokolade wird.

Spontane einfälle, wie die *spargelzeit* und die *sesamsauerkirsch* werden gleich in die tat umgesetzt. Doch die meisten ideen reifen sehr lange im kopf des meisters. So auch der gedanke, die kräftigen aromen von speck, pflaumen, kaffee und rotwein zu vereinen. Zwei jahre vergingen, ehe die *kaffeepflaume mit speckkrokant* dann endlich am markt war.
Wenn eine kollektion abgeschlossen ist muss er sich selbst ein wenig bremsen und sehen, welche reaktionen es darauf gibt. Die produktion läuft im sommer an und bis weihnachten bekommt er von seinen kunden sehr viel feedback. Dieses lässt er auf sich wirken und gibt sich seinem gefühl hin. Wenn er für sich eine richtung bestimmt hat, fängt er erneut zu forschen an.
2001 war das jahr der essige und öle. Im jahr darauf experimentierte zotter mit kräutern und 2003 stand im zeichen des gemüses. Da ihm jeglicher dogmatismus fremd ist, kommen in dieser saison natürlich nicht nur gemüselastige schokoladen auf den markt.

die gabe, geschmack denken zu können

Seine experimente sind eher subtiler natur. Sie sind der pfad auf der suche nach neuen, möglichen artverwandtschaften der schokolade.
Vier neue sorten waren das ergebnis des gemüsejahres – die *paradeispaprika*, die *spargelzeit*, *sellerie mit trüffel und portwein* und das *zwiebelkonfit*. Doch experimentiert hat er mit 20 oder 30 unterschiedlichen gemüsesorten. Für ein paar geschmacksrichtungen arbeitet er dann die rezepturen aus. Das macht er alles im kopf, da er die gabe besitzt, geschmack denken zu können. Sein imaginationsspektrum ist weitläufig. Es setzt beim ureigenen charakter des rohstoffes an und reicht bis zu seiner verarbeitung.
Wenn er beispielweise an zwiebelaroma denkt, so in einer bestimmten zubereitungsweise, durch die er nicht penetrant und rustikal schmeckt. Im kopf kocht er den zwiebel ein, legt ihn in rotwein ein und verfeinert ihn mit zucker und gewürzen. Lässt in köcheln bis er eindickt und in sekundenschnelle hat er jene substanz gewonnen mit der er weiterarbeiten möchte. Noch bevor irgendwo eine gasflamme anspringt und die töpfe scheppern sind die rezepturen bereits fertig ausgearbeitet. Dann erst besorgt er sich für circa 50 schokoladen die zutaten und betritt zum ersten mal die küche, um möglicherweise noch ein paar feinheiten abzustimmen.

Er beherrscht sein metier. Deshalb ist er auch in der lage binnen eines jahres, derartig viele neue geschmackssorten zu kreieren und innerhalb weniger jahre ein ausgesprochen umfangreiches sortiment aufzubauen.
Obgleich seine zwiebelkonfitkomposition im jahr des gemüses entstanden ist, kommt sie erst in dieser saison, die im zeichen der früchte steht, heraus.
Nur bei pilzen ist josef zotter anders vorgegangen und bestellte die rohstoffe bereits im vorfeld.
Begonnen hat er mit steinpilzen. Zwei jahre lang sei er auf den steinpilz fixiert gewesen. Immer wieder experimentierte er damit herum. Trotzdem fand sich keine rechte lösung. Denn der steinpilz wollte partout nicht zur schokolade passen.
So hat er sein experiment ausgeweitet und harmonien zwischen eierschwammerln und schokolade, sowie zwischen dem shitake und schokolade entdeckt. Vom mythos her ist der shitake, der spannendere. Außerdem ist er fast schon ein heilpilz. Die entscheidung war klar. Denn über den geschmack hinaus, möchte zotter auch ein vollwertiges lebensmittel erzeugen.

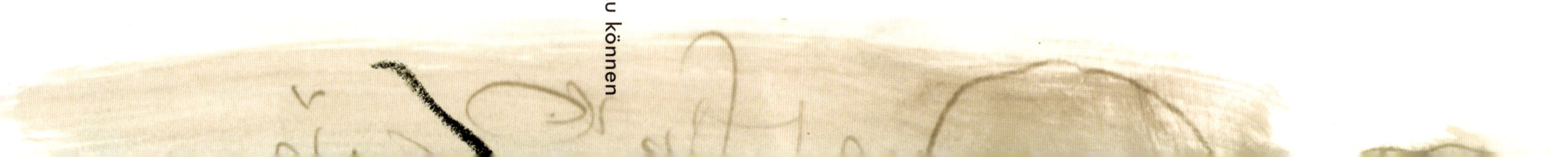

## über veränderung oder die schokolade in bewegung

schicht auf schicht

Die schokoladen sind naturbelassen und deshalb verändern sie sich nach den regeln der evolution. Beispielsweise verseift der mohn in der mohn-zimt-marillenbrand-schokolade nach einiger zeit. Denn jeder stoff ist ständig in bewegung. Man kann dieser bewegung chemisch einhalt gebieten, aber das tut zotter nicht. Die dinge verändern sich nun mal, das ist normal.

Veränderung ist ein teil seiner lebensphilosophie. Bei seiner experimentierfreude ist bereits angeklungen, dass er ein ruheloser geist ist, der die dinge im kleinen verändern und im großen bewegen will. Deshalb dienen seine experimentfolgen nicht nur der erschaffung neuer geschmacksrichtungen, sondern auch der entwicklung des gesamten sortiments. Wenn josef zotter einen ausgereiften essig entdeckt, verfeinert er damit viele seiner schokoladen.

Denn trotz des erfolges stellt er das gesamte sortiment immer noch in frage. Immerhin steht auf jeder einzelnen schokoladentafel sein name, womit sich naturlich eine gewisse verantwortung verbindet, die er sehr ernst nimmt. *„Ich muss immer wach sein und schauen, wo es vielleicht noch etwas besseres gibt."* Denn wenn man nicht an das bessere glaubt, gibt es keine weiterentwicklung. Deshalb darf man sich niemals auf den lorbeeren ausruhen und denken, man habe es geschafft. Was wäre gewesen, wenn die leute vor 500 jahren so gedacht hätten.

Deshalb verändert er selbst schokoladen, die schon fünf oder zehn jahre am markt sind. Vorsichtig und behutsam geht er diese veränderung an. Das merkt man bereits an seiner wortwahl. Von fortschritt würde er im zusammenhang mit seinen forschungen niemals sprechen. Das erschiene ihm zu positiv. Denn manchmal gesteht zotter, verirrt er sich auf seiner suche nach dem *bestmöglichen*. Viele sackgassen, beispielsweise in form von steinpilzen, umwege und wölfe lauern auf dem weg. Irgendwann merkt man aber, dass man sich in die falsche richtung bewegt. Dann nimmt er die rezeptur von vor drei jahren wieder zur hand, verwirft alles andere und setzt dort neu an. Mittlerweile besitzt jede schokoladensorte ihre biografie und einen ordner, indem sich die rezepturen türmen und ihre entwicklung dokumentieren.

Das feilen an rezepturen ist einem seiltanzakt nicht unverwandt. Denn der eigene anspruch muss auf die erwartungshaltungen der kunden abgestimmt werden. Die schokolade kann nicht auf einmal einen eklatant anderen geschmack haben. Veränderungen und neue dinge müssen ganz behutsam und peu à peu eingeführt werden.

Denn der konsument braucht sicherheit, um vertrauen zu einem produkt aufbauen zu können. Bei aller liebe und kreativität, muss es jene sicherheit auch geben.

Auf keinen fall darf der kunde das gefühl haben, dass die schokolade beim letzten einkauf ganz anders geschmeckt hat. Wohl gemeint sprechen wir vom gefühl, welches eben auch trügerisch sein kann. Es gibt tatsächlich dieses nostalgie-phänomen, demzufolge die menschen sehnsüchtig in die vergangenheit blicken und meinen es sei nichts mehr so wie damals. Was einerseits natürlich eine folge des erinnerungspathos ist, ist andererseits auch ein ausdruck für die übersättigung durch den massenkonsum. Denn wenn man immer etwas haben kann und irgendwann genug davon hat, ist man auf der suche nach einem argument dafür, dass man genug hat.

In anbetracht dieses sättigungsgefühles ist es gar nicht so einfach, besonders zu bleiben. Doch durch die fortwährende erneuerung und die experimente wird die schokolade so schnell nicht langweilig werden.

## über rohstoffe

Um etwas gutes herzustellen, braucht man natürlich auch gutes ausgangsmaterial – sprich erlesene rohstoffe. Denn aus nichts lässt sich eben nichts zaubern. Dem stoff muss ein reiches aroma zu eigen sein, dieses lässt sich dann durch einfallsreiche verarbeitung und geschickte kombinationen verstärken. Im grunde, meint zotter, *„kann ich ja nichts, weil ich nichts anbaue. Deshalb lebe ich in erster linie von rohstoffen."* Auf dem was gegeben ist, baut er auf. Doch die gegebenheiten bestimmt er sehr genau, indem er sich auf die suche nach hochwertigen stoffen und produzenten begibt, die auf ihrem gebiet herausragend sind. Nicht ganz zufällig hat er in seine heimat zurückgefunden. Denn im steirischen vulkanland gedeiht ganz exquisites, aus dem er schöpfen kann. Hier hat er alles was er braucht, beziehungsweise braucht er nicht mehr als hier wächst. Zotter beschränkt sich zwar nicht, aber konzentriert sich vornehmlich auf regionale rohstoffe. Denn die landschaft birgt viele reichtümer und schätze. Andreas h. gratze nennt dies den geschmack der landschaft.

Und wenn sich auf kleinstem raum großes versammelt, trifft die kernphilosophie auch wieder auf die region zu.

## oder den geschmack der landschaft

Klingende schokoladentitel, wie *hauszwetschke, grammelnussn vom waldschwein, schilcher, steirischer herbst, rauch malz brand* und *käferbohnen mit zwiebelkonfit* zeugen von seinem hang zum regionalem. Während alle welt über die folgen der globalisierung lamentiert, setzt zotter auf regionalität. Es ist jener persönliche bezug, den der mensch braucht, um dinge schätzen und einzuschätzen zu lernen. Teilzunehmen am werden der früchte, schnäpse und nüsse und das wissen, um ihren anbau, wuchs und ihre qualität. Nicht fragmentierung und partikularität, sondern partizipation ist der schlüssel zum guten geschmack. Der entwurzelte mensch begreift diese zusammenhänge nicht mehr und verliert oftmals den überblick. Er ist erlöst von jeglicher bezugnahme und verantwortung. Zotter aber ist zu seinen wurzeln zurückgekehrt und nutzt die regionalen ressourcen und vorteile, wie nähe und natürlichkeit.

Wenn er in der früh seinen milchbauern anruft, um 100 liter milch zu bestellen, klappern im hintergrund die milchkannen und man hört die kühe gähnen. Er genießt es, die direktheit der verarbeitung zu spüren und zu hören.
So stellt sich josef zotter sinnvolles wirtschaften vor, dass ihn zudem von großen molkereien mit sitz in bayern oder gar portugal unabhängig macht.

getrocknete birnenspalten

Jeder lieferant trägt so seinen teil dazu bei, dass die schokolade entsteht. Und wenn der bauer, der die kürbiskerne liefert herein schaut und für seine kerne heuer zwei euro mehr verlangt, weil es letztes jahr zu trocken und dieses jahr viel zu feucht war, bekommt er sie. Weil zotter darum weiß und selbst sieht was los ist. So eine geschäftsverbindung funktioniert natürlich nur, sofern man auch ein interesse an dem menschen hat, der hinter dem produkt steht.

*Hauszwetschke-, himbeer-, herzkirsch-,* und *vogelbeerbrand* ist ein auszug und gleichzeitig ein ausdruck der freundschaft, die josef zotter mit alois gölles verbindet. Geografisch, philosophisch und vom renommee her ist die edelschnapsbrennerei unweit von der schokoladenmanufaktur entfernt. Alois gölles arbeitet ebenso wie josef zotter nach alter tradition in moderem stil. Er legt wert auf reife, natürlichkeit, qualität und präzision. Wie zotter ist er ein verfechter der vielfalt. Sein schnapssortiment reicht von mostbirne, saubirne bis zur ursteirischen apfelsorte, maschansker. Die heimischen bezüge zeichnen sich ganz deutlich ab.

So arbeiten zotters lieferanten, zwar auf anderem gebiet doch in die gleiche richtung. Sie sind artverwandte, deren arbeit er respektiert und goutiert.
Und weil es immer menschen gibt, die leidenschaftlich und ambitioniert ausgefallene produkte herstellen, hat zotter auch keine schwierigkeiten die passenden zutaten zu finden. Man arbeitet gern zusammen. Doch auch wenn man sich schätzt oder befreundet ist, entsteht eine schokolade niemals des produktes wegen. Am anfang steht immer erst der geschmack, beziehungsweise die idee.
So trug er sich auch mit dem gedanken einer paprikaschokolade. Als er dann erich stekovic kennenlernte, der sich auf den anbau von tomaten- und paprikasorten spezialisiert hat und an seinem hof am neusiedler see die unterschiedlichsten paprikasorten pflegt, davon die besten aussucht und verschiedentlich einlegt, war klar, dass aus dieser kombination eine hervorragende schokolade entstehen wird.

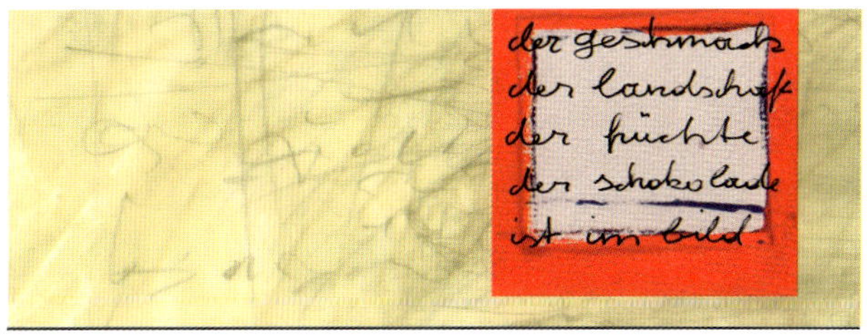


In den meisten fällen weiß zotter woher er seine ausgefallen rohstoffe beziehen kann. Er kennt unheimlich viele leute und da es sich oftmals um regionale spezialitäten handelt, wie beispielsweise steirische käferbohnen, kommen diese natürlich auch aus seiner umgebung. Das schafft eine gewisse transparenz.

Statt vom ruhm anderer zu speisen, versucht zotter einen eigenen kult zu schaffen. Er verlässt sich auf seinen spürsinn und geht seinem geschmack nach. Um auf etablierte und weltweit renommierte lieferanten weitestgehend zu verzichten, braucht es natürlich eine gehörige portion risikobereitschaft und pioniergeist. Deshalb ist es auch für ihn immer wieder spannend, wie die kunden die schokolade aufnehmen werden.

Zotter ist viel unterwegs und auf reisen. Denn es gehört zu seinem job, zu wissen was los ist. Jedoch ist er niemand, der im ausland nach trends sucht, die er einpacken und hierzulande importieren und popularisieren kann. Zotter meint, er reise, *„um zu sehen, was man nicht mehr machen braucht, weil es jemandem anderen eingefallen ist und bereits existiert".*

Unbestritten ist die champagner-schokolade ein prestigeobjekt und zudem der schlager im schokoladensortiment.
Die idee für die champagner-schokolade rührt aus den frühesten anfängen der manufaktur her. Damals bot sie einen sicherheitsfaktor für zotter und diente zum anderen als lockvogel. Sie war die vertraute unter den exoten. Zotter hält ihr weiterhin die treue, obwohl sie nicht so recht in sein konzept passt. Denn die champagner verkauft sich primär über den namen. Außerdem ist sie ein dorn im auge des erfinders, weil sie nicht die eigene kopfgeburt ist. Doch nach wie vor kaufen die kunden sie gern. Obwohl es bei zotter viel spannendere geschichten gibt, wie den *rauch malz brand* in schokolade. Nicht weil er seltener wäre, sondern weil er tatsächlich vom produkt, geschmack und aroma her viel aufregender ist.
2003 kam dann die whisky. Das ist natürlich wieder ein name. Allerdings bringt man whisky nicht so leicht wie champagner mit schokolade in verbindung. Und das image ist ein völlig anderes. Während man auf der einen seite eine mondäne gesellschaft vor augen hat, denkt man bei whisky an namen, wie ernest hemingway, john belushi, jimi hendrix oder janis joplin. Whisky steht in literatur und musik für rebellion, rauen eigensinn und starke persönlichkeiten, in deren leben er eine ganz existenzielle rolle spielte. Für zotter ist *„whisky ein tolles produkt"*, das zudem einen sehr berauschenden mythos hat.
Nun hat zotter gleich zwei sehr unterschiedliche spielarten des whiskys im programm. Den scotch whisky - single malt und den rauch malz brand, von dem die meisten gar nicht wissen, dass es ein whisky ist.

**weil die klasse 1 sowieso zerkleinert wird**

Bei soviel unterschiedlichen rohstoffen konnte zotter natürlich nur den weg einer mischkalkulation gehen. Am markt wäre es kaum zu vertreten, wenn die rauch malz brand-schokolade wesentlich mehr kostet, wie die scotch whisky-schokolade, nur weil der rauch malz brand im einkauf teurer ist. Kompliziert wäre es auch bei den nüssen. Denn makadamianüsse kosten dreimal soviel wie walnüsse, haselnüsse kosten nur halb soviel wie mandeln. Darüberhinaus macht natürlich die qualität den preis.

Denn kürbiskerne der klasse 1 kosten dreimal soviel wie die klasse 2. Den unterschied würde man natürlich gar nicht sehen, weil die klasse 1 sowieso zerkleinert wird. Aber im geschmack ist die klasse 1 trotzdem besser, weil sie eine unbeschädigte schale hat und die schale der geschmacksträger ist. Bei der klasse 2 fehlen teile der schalen, weil sie grob von maschinen zerschlagen wurde. So kommt man nicht umhin, dass man das, was man beim preis einspart, eben im geschmack einbüßt.

Auch wenn es zunächst nicht so offensichtlich sein mag, so hat doch fast jede schokolade einen regionalen kern. Vom honig, über die kürbiskerne, haselnüsse, walnüsse, himbeerbrände, marillen, vogelbeeren, bergkäse, schilcher, hollerblüten, magenbitter und den inländerrum stammen die rohstoffe ausschließlich aus österreich.
Die zotter-schokolade ist ein spezifisch, österreichisches produkt, dessen schwerpunkt in der steiermark liegt. Nirgendwo anders als in österreich hätte die schokolade das werden können, was sie ist. Doch sie findet überall anklang. Denn wer sich heute mit kulinarik beschäftigt, ist auf der suche nach dem typischen und regionalem und dabei stößt man ganz automatisch auf zotter.

safran

pistazien

Vor allem in österreich ist zotter mit seinen schokoladen sehr präsent. Das lässt ihn für mach einen verdächtig erscheinen. Tatsache ist jedoch, dass zotter besser geworden ist, seitdem er mehr produziert. Zuerst übt man sich und ist gezwungen zu improvisieren und dann optimiert und perfektioniert man die arbeitsprozesse und das produkt selbst. Natürlich klingt es romantisch, wenn man sich vorstellt, dass die schokoladen in irgendeinem hinterzimmer produziert werden. Diese phase der schokolade gab es schließlich auch. Denn die wiege des kults ist nun mal der *underground*. Doch das liegt weit über zehn jahre zurück. Um es zu schaffen, musste zotter aus diesem stadium herauswachsen. Eine entwicklung lässt sich eben so wenig wie die zeit, stoppen. Doch man kann sie lenken. Zotter verkauft jetzt bedeutend mehr schokoladen als früher.

## der spielraum der unabhängigkeit

Dennoch ist er weit davon entfernt, ein massenprodukt herzustellen. Entgegen der landläufigen meinung, lässt sich ein massenprodukt nicht rein über die produktionsrate beziehungsweise die stückzahl der produzierten schokoladen definieren. Im gegensatz zu anonymen profitanlagen besitzt die zotter-schokolade eine identität. Denn zotter arbeitet mit konsequenz und hingabe weiter an seiner idee, ohne sich vom erfolg beirren und verwirren zu lassen.

Für gewöhnlich besaß zotter kein kapital. Auch heute noch investiert er alles, um die schokoladen zu verbessern und das sortiment auszubauen. Denn seine arbeit ist seine passion.

Persönlich ist er ein genügsamer mann, der weiter nichts begehrt, als das es seiner familie gut geht. Der einzige luxus auf den er tatsächlich besteht, ist die freiheit jene rohstoffe und produkte einzukaufen, die er für richtig hält.

nussnknospen

wie auch immer man die sache dreht

Die qualität der rohstoffe steht außer frage. Doch was geschieht, wenn sich die allgemeinen qualitätsbestimmungen innerhalb der eu ändern? Erst kürzlich ist es über die richtlinien zur schokoladenherstellung heiß hergegangen.
Da die kakaoverordnung vom 30. Juni 1975 überarbeitet wurde, um den standard innerhalb der einzelnen eu-länder anzugleichen. Die neue kakaoverordnung wurde am 15. dezember 2003 verabschiedet und ist am 24. dezember in kraft getreten. Darin wurde festgelegt, dass bis zu fünf prozent des kakaobutteranteils durch andere pflanzliche fette, wie palmöl ersetzen werden dürfen. Fünf prozent hört sich nicht viel an. Doch sollte man nicht vergessen, dass schokolade zu einem drittel aus kakaobutter besteht. Was für deutschland eine neuerung bedeutete, war in anderen europäischen ländern, wie großbritannien, irland, dänemark, portugal, finnland, schweden und eben österreich längst schon realität. Weil kakaobutter eines der teuersten fette ist und zudem als bestandteil von rohkakao am besten zur schokolade passt, befürchten kritiker, dass sich durch die lockerung der rechtslinien ein qualitätsabfall der schokolade seine bahn bricht.

Für josef zotter ist das alles kein thema, natürlich leistet er sich trotz freigabe kakaobutter.
Zu alternativen greift man nur aus der verlegenheit heraus, um kosten zu senken und billiger zu produzieren. Dann greift man statt zu frischmilch zu milchpulver und wasser, verwendet statt butter margarine und benutzt statt kakaobutter eben kakaobutteralternativen, kurz kba. Auch hier gibt es qualitätsabstufungen. Man scheidet die kba in drei qualitative kategorien. Die kakaobutterersatzstoffe, wie palmkernöl und kokosöl, die kakaobutterstellvertreter wie soja-, raps- und palmöl oder kakaobutteräquivalente, die aus nussraritäten, wie schi, illipe oder kokum gewonnen werden. Diese nüsse haben exakt die gleiche zusammensetzung wie kakaobutter, allerdings sind sie sehr teuer. Deshalb arbeiten großkonzerne daran, billige öle durch enzymatische verfahren auf den gleichen standard zu bringen wie kakaobutteräquivalente. Wie auch immer man die sache dreht, bleibt es eine kostenfrage. Für josef zotter heißt dass nur eines, seinem konzept treu zu bleiben, konsequent zu sein und niemals abstriche bei den rohstoffen zu machen. Denn *„die größte bedrohung bin ich selbst, wenn ich schwach werde."*

Das wäre mit abstand der furchtbarste moment, den er sich vorstellen kann, wenn er tatsächlich in die verlegenheit kommen sollte bei den rohstoffen einzusparen. Wenn die kunden nicht mehr bereit sind den preis zu zahlen, dann stellt er seine produktion ein, statt zu sparen.
Auch wenn er einen umsatzeinbruch erleiden sollte, würde er keine abstriche bei den rohstoffen machen, sondern leider gottes ein paar mitarbeiter entlassen. Das ist zwar auch sehr schlimm, aber die zotter-schokolade bleibt wie sie ist. Schließlich geht es in erster linie um das produkt. Selbst wenn er nur mehr zehn prozent verkauft, weiß er ganz genau, dass nur er und seine frau ulrike drinstehen und gemeinsam die schokoladen produzieren. Dass ihm die handvoll fans, die treue halten werden, davon ist zotter hundertprozentig überzeugt.

## über den rohstoff kakao oder den januskopf des geschäfts.

Obgleich man meist von den ausgefallenen füllungen der zotter-schokolade schwärmt, so ist es doch eine schokolade und damit der kakao jener punkt, um den sich alles dreht. Kakao wird zwar in der dritten welt angebaut, aber fast ausschließlich in den westlichen industrienationen weiterverarbeitet. Einige wenige großkonzerne bestimmen, was auf diesem sektor produziert wird.

Bisher musste zotter jene produktteile nehmen, die der markt anbietet. Er wählte immer das beste, was erhältlich war. Kaufte immer im höchsten segment ein. Doch den erfinder in ihm stellte das nicht zufrieden. 2003 konnte er erstmalig seinen eigen blend bestimmen. Endlich hatte er eine eigene schokoladenrezeptur, in der er die kakaosorten und die prozentanteile genau festlegen konnte. Eine maßgeschneiderte schokolade sozusagen. Proben gingen hin und her, ein wenig schärfer, bitterer oder süßer, bitte. Und dann stand die rezeptur fest. Eine mischung aus criollo und trinitario, der zu einem teil aus ghana, zum anderen aus venezuela und zu zwei teilen von der elfenbeinküste stammt. Nun hatte zotter der schokolade jene persönlichkeit verliehen, die ihm so wichtig war. Doch diese freiheit konnte er sich, in anbetracht der größenverhältnisse zwischen der schokoladenmanufaktur und dem kakaoverarbeitenden schokoladenfabriken, nur aufgrund seines eigenen wachstums sichern. Ein beispiel dafür, dass sich wachstum ausgezeichnet mit qualität verbindet, sofern man sein potenzial zu nutzen und einzusetzten versteht. Stück für stück hat sich zotter raufgearbeitet und jährlich einen prozentanteil des kakaos erkämpft. Von 65 prozent im jahre 2002 auf 69 prozent im folgenden, bis er heuer auf 70 prozent stieg. Der prozentanteil allein sagt natürlich noch nichts über die qualität aus. Einen sinn bekommt er nur im zusammenhang mit dem blend. Außerdem gibt es auch hier ein maß. Bei schokoladen über 75 prozent beginnen sich die aromen wie die bäume im gebirge zu lichten, was zählt ist hier der gipfelsturm.

die kerne der freigeister

## über fairtrade

### oder genuss, der über den eigenen tellerrand hinausreicht

Was auf der einen seite leidenschaft erweckt, schafft auf der anderen seite leiden. Der nachgeschmack von schokolade ist bitter. Kakaobauern arbeiten unter härtesten bedingungen und trotzdem leben sie in bitterer armut. Denn von den früchten ihrer arbeit profitieren andere.
Deshalb wollte zotter kakao, wie all seine anderen rohstoffe, direkt einkaufen. Natürlich ist dies aufgrund der geografischen entfernung nicht so leicht zu bewerkstelligen. Selbst wenn man die kilometer überwindet, patrouilliert ein straff organisierter weltkakaohandel an den imaginären grenzen. Auf seinem weg nach europa wird kakao x-mal gehandelt bevor er vom händler zum zwischenproduzenten kommt.

Weil zotter gewohnt war, seinen kunden vom anbau bis hin zum produkt größtmögliche transparenz zu bieten, stellte sich für ihn beim kakaoeinkauf ein gewisser unsicherheitsfaktor ein. Er wollte die transportwege abkürzen und einen kleinen beitrag dazu leisten, dass es den menschen, die nicht auf der *butterseite* des lebens stehen, besser geht, indem man bessere preise für sie lukratiert. Ein kleiner beitrag zur entwicklungshilfe, an den er durchaus auch qualitätsforderungen knüpft. Denn zotter ist jemand, der niemals ohne jeglichen bezug 500 euro spenden würde. Aber leistung honoriert er gern und sie sollte auch ihren preis haben.

2002 versuchte er es auf eigene faust und fuhr mit seiner ganzen familie nach venezuela, um kontakte zu den ansässigen bauern zu knüpfen.

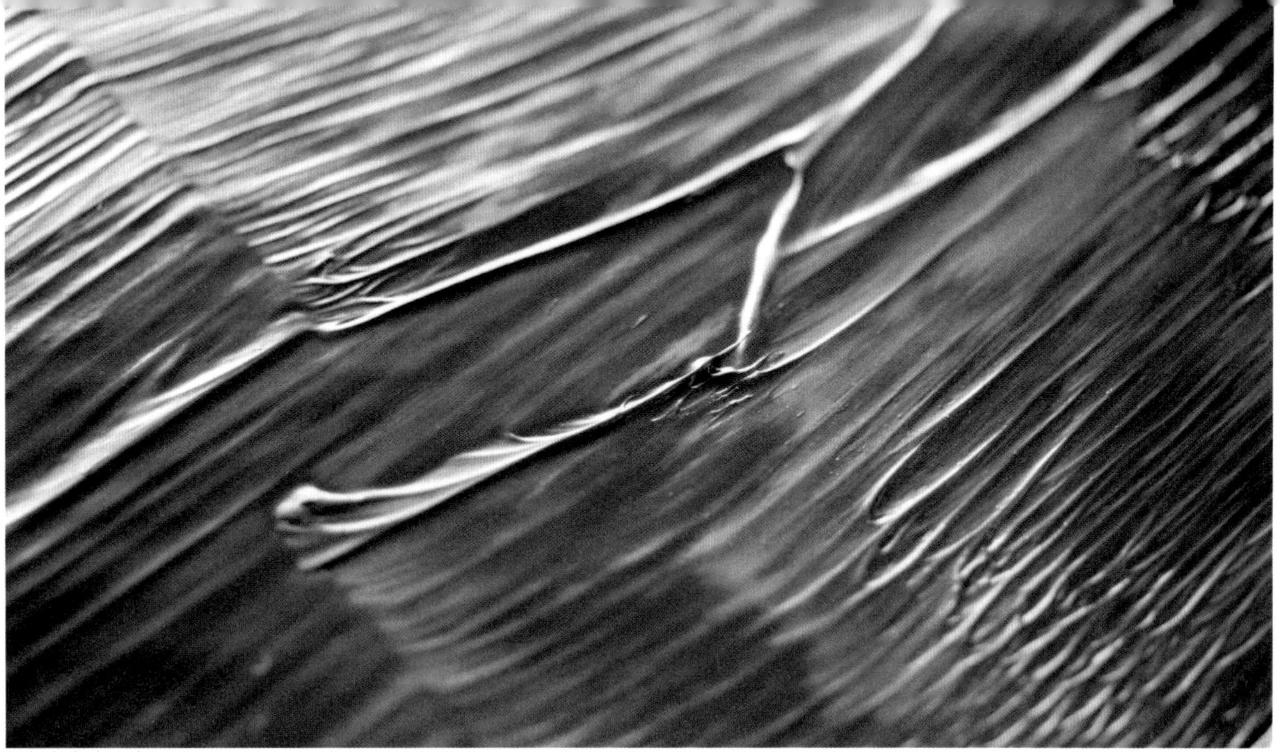
schokoladen-düne

Inmitten einer kakaoplantage, die von einer einzigen familie betreut wurde, fanden sie quartier. Die kakaobäume wuchsen zum fenster herein und zum ersten mal konnte zotter sehen, wie die bäume betreut werden, wie kakao geerntet und verarbeitet wird. Ein kontrastreiches bild, den inmitten dieser wunderschönen, immergrünen idylle leben die menschen in armut. Auf diesen winzigen plantagen werden jährlich zwischen 0,5 – 30 tonnen rohkakao geerntet. Er hätte also mit mehreren kleinbauern zusammenarbeiten müssen, um seinen kakaobedarf zu decken. Außerdem würde es viel zeit in anspruch nehmen dort eine handelsbasis aufzubauen. Denn die einzelnen kleinbauern sind entweder gar nicht organisiert oder durch knebelverträgen an feste vertragspartner gebunden. Auch wäre er gegen etwaige lieferschwierigkeiten, die durch epidemien oder missernten leicht verursacht werden können, nicht abgesichert gewesen.

In anbetracht der offen stehenden fragen hat sich zotter darauf besonnen, dass es ja bereits eine organisation gibt, die den mündigen aufbau der kakaoregionen in angriff genommen hat. Sogleich hat er sich proben von fairtrade, vormals transfair, zukommen lassen – und die qualität hat ihn überzeugt. Der pakt ist perfekt. Er kann jetzt direkt von kleinbauern einkaufen, gezielt und nachhaltig eine region fördern und seinen kunden jene einzigartige transparenz vom rohkakao bis zur schokolade bieten.
Der blend hat sich natürlich auch verändert. Seine schokolade besteht jetzt aus einer mischung aus trinitario und criollo, der aus unterschiedlichen regionen in ghana stammt.

Dabei legt josef zotter keine sonderedition fairtrade auf, die sich auf zwei, drei sorten beschränkt und im grunde genommen weiterhin das nischenbewusstsein von fair gehandelten kakao fördert, sondern stellt sein gesamtes sortiment auf fair gehandelten kakao um. Seinen schätzungen zufolge werden in diesem jahr 240.000 euro an fairtrade gehen. Die hälfte der kosten trägt er selbst, die andere der kunde, indem er für jede schokolade drei cent mehr bezahlt. Gemeinsam lässt sich so schon einiges bewegen.

Fairtrade ist eine gemeinnützige initiative, die von einer breiten, überparteilichen öffentlichkeit aus den bereichen entwicklungspolitik, kirche, ökologie und soziales getragen wird.

pan auf reisen

**fairtrade ist den meisten zwar ein begriff, doch was es ist, wer dahinter steht und wie es funktioniert, möchte ich an dieser stelle näher erläutern.**

Jedes land hat eine eigene initiative. Deshalb unterscheidet man beispielsweise zwischen fairtrade deutschland und fairtrade österreich. Vom letzteren soll hier exemplarisch die rede sein.

Zu den österreichischen trägern zählt: caritas, wwf, unicef, klimabündnis österreich, aktion dritte welt, arge weltläden, care österreich, christoffel blindenmission, cona-verein zur förderung des gerechten nord-süd-handels, österreichisches nord-süd-institut für entwicklungszusammenarbeit, südwind-entwicklungspolitik, horizont 3000, umweltberatung österreich, österreichisches ökologie-institut, österreichische bergbauernvereinigung, ökocredit, renner-institut, englisches institut der wu wien, dreikönigsaktion der katholischen jungschar österreichs, katholische jugend österreich, evangelische jugend, bundes-jugendvertretung, österreichische hochschülerschaft, pfadfinder und pfadfinderinnen österreichs, grüne bildungswerkstatt, katholischer familienverband der erzdiözese wien, katholische frauenbewegung österreichs, katholische männerbewegung österreichs und der evangelische arbeitskreis für weltmission.

*Fairtrade* betreibt keinen handel, sondern führt handelspartner zusammen und zeichnet als unabhängige siegelinitiative fair gehandelte produkte aus.
Die organisation finanziert sich über lizenzgebühren, die hiesige produzenten für die nutzung des gütesiegels zahlen müssen, über vereinsmitgliedsbeiträge, sowie über zuschüsse von staatlichen und nicht staatlichen organisationen.
Neben zotter gibt es noch zahlreiche namhafte lizenznehmer, wie *hornig, julius meinl, saeco austria, starbucks* und viele andere, die allerdings fairtrade nur als spartenprodukt führen.
Überdies leistet fairtrade natürlich auch aufklärungsarbeit und wirbt neue interessenten. Österreichweit nehmen an die 2.700 bio- und fachgeschäfte, supermärkte und weltläden fair gehandelte produkte ab. Der gedanke, den fairtrade verfechtet, ist den produzenten aus den ländern des südens, respektive den dritten-welt-ländern, durch faire handelsbeziehungen und faire preise einen reellen zugang zum welthandelssystem zu ermöglichen und deren lebensunterhalt zu sichern.

Wieder einmal sind die verhandlungen der welthandelsorganisation wto, die sich im vergangen september in cancun traf, an der aufgabenstellung für die entwicklungsländer ein faires welthandelssystem zu gestalten, gescheitert.
Die politiker kommen zu keiner einigung und somit ist in etwaiger zukunft auch mit keiner verbesserung, sondern mit einer verschlechterung der lage in den betroffenen ländern, zu rechnen. Während die wto tagt, versammeln sich jährlich tausende von menschen, die alternativen und lösungen gegen die armut und das schnelle schwinden der natürlichen ressourcen fordern.
Speziell kleinbauernfamilien und landwirtschaftliche genossenschaften suchen einen weg, um zu überleben und ihre familien zu ernähren, da sie mit viel zu niedrigen weltmarktpreisen für ihre produkte zu kämpfen haben. Die zivilgesellschaften und produzentengruppen stellen aber nicht nur forderungen, sondern führen modelle und projekte vor, die unter beweis stellen, dass ethisches und nachhaltiges wirtschaften sehr wohl möglich ist.

Solange es von politischer seite keine klaren richtlinien gibt, ist der konsument selbst gefordert eine klare entscheidung zu treffen. Wie mag. stefan moidl vom wwf österreich treffend bemerkte, hat sich *„fairtrade zum vorreiter im welthandel entwickelt, der zeigt, wie der güteraustausch zwischen arm und reich, fair und nachhaltig funktionieren kann."*

Laut leon lenhart, geschäftsführer von fairtrade österreich, *„müssen 1,2 milliarden menschen nach wie vor mit weniger als einem us-dollar am tag auskommen, können 20 prozent der kinder keine grundschule besuchen, ist in vielen staaten das pro-kopf-einkommen seit 1990 sogar noch zurückgegangen."* Theoretisch würde die nahrungsmittelproduktion unserer erde auch ausreichen, um alle menschen zu ernähren.
Doch in den entwicklungsländern werden nicht jene grundnahrungsmittel angebaut, die die ansässige bevölkerung zur eigenversorgung benötigen würde, sondern vorrangig exportgüter für die industrienationen, die den regierungen devisen einbringen.
Fakt ist, das unser luxus auf kosten der ärmsten dieser welt geht. Gerade auch der luxus, sich alles leisten zu können, und immer billiger einzukaufen, lässt noch mehr menschen ins elend stürzen und die weltmarktspreise weiter sinken. Doch ist dieses faktum nicht unabänderlich und gott gegeben.

kakao-hirten

Wie kardinal dr. franz könig einst bemerkte, geht es um mehr verantwortung und darum *„im supermarkt nicht zum billigsten kaffee, zur billigsten schokolade oder orangensaft zu greifen, sondern zu dem, der eine gerechte entlohnung sicherstellt."* Oder wie karin resetarits, journalistin, weiter ausführte, *„ist fairer handel, angesichts dramatisch fallender weltmarktpreise mit schweren sozialen und ökonomischen auswirkungen für die produzentinnen, wichtiger denn je. Er hilft gegen den bitteren nachgeschmack der globalisierung. Fairtrade-produkte zu kaufen, bedeutet verantwortungsvoll zu handeln, ganz konkret im alltag, mit dem einkaufskorb." „Ich habe als individuum, entgegen eines weit verbreiteten irrtums, sehr wohl sehr viel macht, die dinge zu ändern, die mir änderungswürdig erscheinen. [...]Der weg ist, die möglichkeiten, die ich habe, und fairtrade ist so eine möglichkeit, konsequent in mein leben zu übernehmen. Es darf aber kein ab-und zu-akt großartiger solidaritäts-euphorie sein, sondern muss in die rituale des alltäglichen lebens übergehen."* ergänzt der schauspieler alexander goebel.

Fairtrade ist eine tolle idee, die eigentlich standard sein sollte. Denn es nützt nichts, über eine bessere welt nur zu sprechen.

kaum ein kakaobauer in afrika, asien oder südamerika ist jemals in den genuss von schokolade gekommen

Über 90 prozent der weltweit konsumierten schokolade wird in den industrieländern vernascht, während kaum ein kakaobauer in afrika, asien oder südamerika jemals in den genuss von schokolade gekommen ist und zum teil noch nicht einmal weiß, dass sein produkt zu schokolade weiterverarbeitet wird. Der informationsfluss zwischen den handelspartnern und den bauern untereinander wird absichtlich unterdrückt, damit keine solidaritätsgedanken aufflackern können.

Fairtrade versucht diese isolation aufzubrechen und die kommunikation und den austausch zwischen den erzeugern und lizenzpartnern zu fördern.
Erwirtschaftet wird kakao entweder von kleinbauerfamilien oder von plantagenarbeitern. An der börse wird mit den lebensbedingungen und der existenz dieser menschen spekuliert. Sie erhalten immer weniger erträge für ihre arbeit. Oft reichen die löhne noch nicht einmal aus, um die produktionskosten zu decken. Damit die familie überleben kann, müssen die kinder auch arbeiten.

Nach schätzungen der internationalen arbeitsorganisation müssen weltweit 250 millionen kinder im alter von fünf bis vierzehn jahren arbeiten. Die arbeitsbedingungen, etwa in der landwirtschaft, sind schrecklich, gesundheitliche schäden die folge. Die bezahlung ist miserabel und die arbeitstage lang. Dadurch können die kinder weder zur schule gehen noch einen beruf erlernen, wodurch sie im teufelskreis der armut gefangen sind. Dass die zahl der kinderarbeit sogar noch weiter steigt, lässt deutlich werden, wohin sich die weltwirtschaft entwickelt.

Durch eine faire entlohnung verhindert und verbietet fairtrade kinderarbeit. Das einkommen der eltern reicht aus, um die familie zu ernähren. Außerdem fördert fairtrade durch soziale prämien den aufbau von schulen. Denn die zukunft der kinder ist eine der wichtigsten investitionen.

Grundsätzlich geht es fairtrade um die förderung einer unabhängig und selbstbestimmten entwicklungspolitik in den anbaugebieten. Die wichtigste bedingung ist die loslösung vom schwankenden weltmarktpreis. Konkret bedeutet dies, dass fairtrade einen mindestpreis für kakao festlegt. Dieser mindestpreis berücksichtigt die produktionskosten in den jeweiligen ländern, sowie die kosten für die vermarktung. Außerdem haben die bauern auch die möglichkeit, sich ihre ernte vorfinanzieren zu lassen.

Im jahr 2003 lag der durchschnittliche kakaopreis bei 1.256,28 us-dollar pro tonne, im märz 2004 waren es 1.500 us-dollar. Der mindestpreis für fair gehandelten kakao beträgt 1.750 us-dollar. Er enthält einen aufschlag von 150 us-dollar für soziale und ökologische investitionen. Dieser preis gilt solang der weltmarktpreis unter oder bei 1.600 us-dollar liegt. Sollte der weltmarktpreis weiter steigen, werden immer 150 us-dollar über dem jeweils aktuellen wert gezahlt.

## der respekt vor der natur

Im vorigen jahr sind die weltmarktspreise in die höhe geschnellt. Doch profitiert haben die bauern davon recht wenig. Man sprach von einer epidemie, aufgrund derer der rohstoff kakao knapp zu werden schien. Tatsächlich aber gibt und gab es weltweit eine überproduktion an kakao, da die regierungen der kakaoproduzierenden länder den anbau stark forcieren, während auf der anderen seite die nachfrage nach schokoladenprodukten nicht proportional mitwächst. Die kakaokammern sind voll und die preise sinken. Gewiefte geschäftsmänner haben einen großteil des kakaovorrates aufgekauft, um einen künstlichen engpass zu erzeugen. Die preise sind in die höhe geschnellt. Ihre rechnung ist aufgegangen und sie haben einen wahnsinnigen profit gemacht.
Dagegen sind viele entwicklungsländer weiter hoch verschuldet. Durch die drückende schuldenlast sind sie auch bei fallenden weltmarktpreisen gezwungen, mehr zu produzieren.

Kakaobohnen aus ghana gelten als die besten dieser welt. Doch sie fordern ihren tribut. 1982 unterzeichnete ghana eine vereinbarung mit dem internationalen währungsfonds und der weltbank. Als gegenleistung für den kredit willigte die ghanaische regierung ein, mehr insektizide, kunstdünger und maschinen einzusetzten, um die kakaoproduktion zu steigern. Gesundheitliche schäden und entlassungen waren die folge.

Weltweit werden arbeiter auf plantagen ohne einweisung und schutzvorkehrungen den pestiziden ausgesetzt. Die hohe arbeitslosenquote tut ihr übriges, um den druck auf die arbeiter zu erhöhen.
Dagegen setzt fairtrade auf handarbeit. Der kakao wird von der saat bis zur ernte sorgfältig gepflegt und ist daher besonders hochwertig. Im umgang mit pestiziden leistet fairtrade wertvolle aufklärungsarbeit und versucht diese grundsätzlich zu vermeiden. Denn ein weiterer schwerpunkt von fairtrade ist der umweltschutz und der respekt vor der natur. Nachhaltiges wirtschaften verbindet sich oft mit den traditionellen anbauweisen. Denn wenn die kakaobauern nicht unter existenziellen druck und aufoktroyierten vorgaben stehen, sind sie sehr wohl an der erhaltung ihres lebensraumes interessiert. Gefördert wird der mischanbau von pflanzen. Beispielsweise gedeiht kakao ganz hervorragend unter schattenspendenden bananenbäumen. In vielerlei hinsicht erscheint mischanbau sinnvoll zu sein. Erstens ist er im gegensatz zu monokulturen nicht so anfällig für erkrankungen und epidemien, folglich spart man pestizide und vermindert das risiko einer missernte. Auch bei der düngung wird auf agrochemikalien verzichtet und stattdessen kompostiert. Zum anderen spart man bei natürlicher beschattung wasser.

Zudem können die anderen pflanzen von den arbeitern und bauern als nahrungsquelle und zusatzeinkommen genutzt werden.
In einigen anbauländern ist man beispielsweise auf die idee gekommen, die natürlichen abfallprodukte der kakaogewinnung, spricht das fruchtfleisch und die schale der kakaofrucht weiter zu verarbeiten und marmelade, wein, organisches waschmittel, dünger, viehfutter oder seife daraus herzustellen. Denn abfälle sollen den fairen richtlinien nach vermieden oder zumindest umweltgerecht entsorgt werden. Darüber hinaus setzt sich fairtrade natürlich auch für den schutz des regenwaldes und der gewässer ein.

Fair gehandelter kakao stammt aus kamerun, costa rica, der dominikanischen republik, ecuador und ghana, wo er in kleinflächigen strukturen, in sogenannten kooperativen, angebaut wird.

## über kuapa kokoo oder der weg einer beispielhaften initiative

kakaobaum und früchte

Kuapa kokoo ist eine davon. Auf twi, einer der ghanesischen sprachen, bedeutet das *guter kakao*. Diese kakaogenossenschaft ist ein zusammenschluss aus zahlreichen regionalen dorfvereinigungen, deren kleinbauern oftmals nur einen halben hektar land besitzen.

Seit 1995 ist kuapa kokoo partner im fairen handel. Von geldern aus fairem handel kaufte man damals als erstes eine waage. Das war schon revolutionär. Denn bis dato besaß niemand, abgesehen von der staatlichen ankaufsstelle eine waage. Von da an wussten die bauern von kuapa kokoo genau, wieviel sie produzierten. Endlich konnten sie die abnahme selbst kontrollieren. Das Selbstbewusstsein wuchs, ebenso wie die investitionen. In den vergangenen jahren sind brunnen, toilettenanlagen und eine schule entstanden. Allein die verfügbarkeit von sauberem trinkwasser ist ein segen, wenn man bedenkt, dass die anwohner ehedem kilometerweit zu den flüssen pilgerten, um wasser zu holen, das häufig auch noch verschmutzt und voller krankheitserreger war.

Von den sozialen entwicklungen in den dorfgemeinschaften profitieren eben nicht nur die bauern, sondern alle einwohner und dass macht die kakaobauern besonders stolz. Doch nicht nur dörfliche entwicklungsarbeit wird aus dem fond, in dem kuapa kokoo die fairtrade prämie angelegt hat, finanziert. Investiert wurde natürlich auch in den aufbau einer genossenschaftseigenen vermarktungsorganisation. Mittlerweile besitzt kuapa kokoo effiziente strukturen, um ihren kakao kompetent selber zu vermarkten.

Außerdem widmet man sich in kuapa kokoo der förderung von frauen. Wenn man einmal ein entwicklungsland besucht hat, bleibt das bild der lasten tragenden frau in der erinnerung haften. Beim kakaoanbau sind es ebenfalls frauen, die die zentnerschweren körbe gefüllt mit kakaofrüchten oder kakaobohnen auf einem kilometerweiten fußweg zur zentralen sammelstelle tragen. Die frauenprojekte bieten hier eine konkrete hilfestellung an.

Doch für feinschmecker ist es nicht nur entscheidend zu wissen woher die ware kommt und unter welchen bedingungen sie erzeugt wurde, sondern sie muss letztlich auch im geschmack überzeugen. Deshalb lautet der leitspruch in kuapa kokoo *pa pa paa* – die allerbeste qualität.

## über zucker oder rübe versus rohr

Der zweite wichtige bestandteil von schokolade ist zucker. Im gegensatz zu anderen rohstoffen, wie kakao, kaffee oder bananen, kann zucker in allen regionen der welt produziert werden. Daher besteht eine schwierige wettbewerbssituation zwischen süd und nord, beziehungsweise zwischen zuckerrohranbau und rübenzuckeranbau. Auch zotter ist bei der entscheidung in einen konflikt geraten. Einerseits würde er gern die zuckerrohranbauenden familien, die meist zu den ärmsten bevölkerungsschichten eines landes zählen, unterstützen. Doch andererseits findet er es absurd, zucker tausende kilometer weit transportieren zu lassen, wo doch auch die bauern von nebenan zucker herstellen. Er hat einen kompromiss geschlossen und eine ausnahmeregelung mit fairtrade vereinbart. Der zuckeranteil in der schokoladenkuvertüre ist fair gehandelt, während die zuckeranteile in den füllungen weiterhin von hiesigen bauern stammen.

Ähnlich wie zotter, sind österreichs rübenbauern und fairtrade, als stellvertreter der zuckerrohr anbauenden bauern am 29. März 2004 zusammen gekommen. Das treffen fand aufgrund der, von der eu-kommission, der weltbank, der oecd und einigen wenigen wto-staaten geforderten raschen marktöffnung des zuckersektors, statt. Die produzenten aus dem norden und süden haben sich vereint, um vor den gefahren einer zu raschen liberalisierung zu warnen. Rübenbauernpräsident ing. hermann schultes erklärte dass, *„[...] damit sowohl die europäischen bauern mit ihren ökologisch und sozial vorbildlichen produktionsweisen, wie auch die bauern in den ärmsten ländern unter die räder kommen würden."* Von einer raschen liberalisierung könnten letztendlich nur die zuckerbarone, die jegliche umweltregelungen missachten und ihre arbeiter ausbeuten, profitieren. Die österreichischen rübenbauern und fairtrade protestieren gegen dieses vorhaben und versuchen dies gemeinsam zu verhindern.

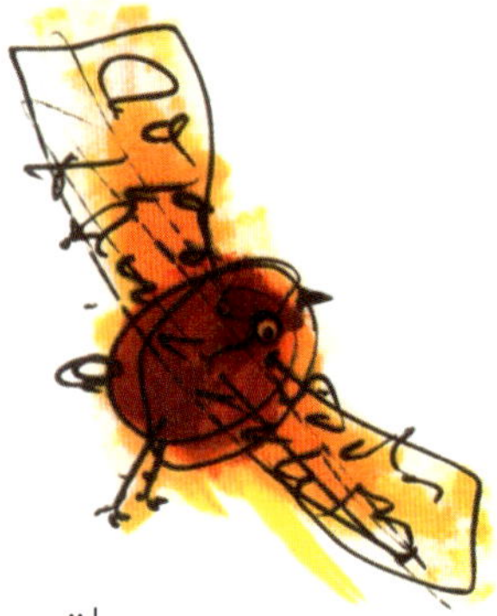

## über kontrollen

### oder zum schutze des vertrauens

Da es überall auf der welt schwarze schafe gibt und entwicklungshilfen in dem ruf stehen sinnlos und heillos zu versacken, hat fairtrade ein penibles kontrollsystem entwickelt, das qualität und transparenz des ursprungs garantiert.
Die flo, der dachverband aller fairtrade-initiativen, kontrolliert die produzentenorganisationen vor ort. Die kooperativen und plantagen werden regelmäßig in zusammenarbeit mit sachkundigen ortsansässigen konsulenten überprüft. Während fairtrade österreich seinerseits die lizenznehmenden unternehmen beziehungsweise die abnehmer kontrolliert.
Vierteljährlich melden die lizenznehmer ihre verkaufsabschlüsse zu fairen bedingungen. Die daten werden mit den angaben, die die flo von den partnerorganisationen erhält, abgeglichen.
Zusätzlich werden in den unternehmen jährlich kontrollen von unabhängigen wirtschaftsprüfern durchgeführt. Der wirtschaftsprüfer checkt die bestellmengen, den verbrauch, die lager und erhält einsicht in die bücher der lizenznehmer.
Seinerseits wird fairtrade österreich natürlich auch jährlich von unabhängigen wirtschaftsprüfern geprüft.

Die vision einiger idealisten ist heute ein fester bestandteil der wirtschaftsrealität geworden, die benachteiligten produzenten des südens eine konkrete basis für ihren handel und ihr leben bietet. Im dezember 2003 feierte fairtrade österreich sein zehnjähriges bestehen.

## über eine vision, die sich durchgesetzt hat

Leon lenhart, geschäftsführer von fairtrade österreich, zog bilanz. Die konsumenten haben aufgehorcht und sind aktiv geworden. Der faire gedanke zieht immer weitere kreise und stößt auf immer mehr akzeptanz und resonanz. Die kunden haben vertrauen gefasst zu der qualität und wollen wirkungsvoll handeln.

Allein in österreich haben die konsumenten und unternehmen in den letzten zehn jahren dazu beigetragen, dass sich die lebenssituation von über 49.000 kleinbauern und plantagenarbeitern in über 43 ländern in lateinamerika, asien und afrika verbessert. Weltweit wurde 900.000 menschen eine zukunftsperspektive geschenkt. 443 lizenznehmer unterstützen das system. Der jahresumsatz lag 2002 bei 260 millionen euro. In österreich wurden mit hilfe von 20 namhaften unternehmen in den letzten zehn jahren über 50 millionen euro erwirtschaftet.

Einen großen erfolg erzielte fairtrade österreich durch ihre informationskampagne *so fair – so gut!*, die ende 2001 gestartet wurde, um konsumenten mit den produkten und dem anliegen von fairtrade vertraut zu machen. Der absatz boomte.

Während bis 2001 jährlich durchschnittlich 500.000 euro umsatz erzielt wurden, ist der jahresumsatz seitdem auf 2,5 millionen gestiegen. In anbetracht der ruinösen entwicklungen an den rohstoffbörsen kommen diese gelder gerade zur rechten zeit. Um notsignale zu setzten wurde 2003 das *jahr der fairness* ausgerufen, welches sehr großes engagement erweckte.

Damit hat es fairtrade geschafft vom nischenprodukt zu einem nachgefragten qualitätsprodukt zu avancieren und neben weltläden, bio-fachmärkten auch alle führenden supermarktketten zu aktivieren. Neben fair gehandelten kaffee, tee, orangensaft, kakao bis hin zu schokolade, pralinen, zuckerln, bio-bananen, bio-rohrzucker und honig führt fairtrade seit 2004 auch fußbälle.

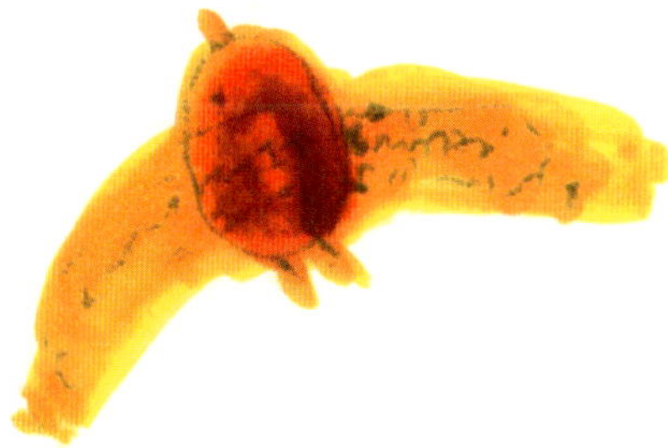

Fairtrade ist zwar kein allheilmittel gegen die armut und den hunger dieser welt, aber zumindest ein weg für mehr gerechtigkeit. Diesen weg gilt es weiter zu beschreiten und auszubauen.

Zehn top-patissiers und küchenchefs, unter anderem helmut österreicher und siegfried kröpfl, unterstützten dieses vorgehen und kreierten anlässlich des fairtrade-jubiläums ausgefallene geburtstagstorten.

So schließt sich der kreis mit den worten von helmut österreicher, *„genuss auf kosten menschlicher ungerechtigkeit ist nicht fair und moralisch unverdaulich. Nur dann, wenn menschlichkeit und respekt gegenüber der natur, beim produzenten, beim handel und letztlich bei uns konsumenten im mittelpunkt stehen, können wir auch mit gutem gewissen genießen."*

Von den ideen beflügelt, reichlich mit rohstoffen ausgestattet, kehren wir zurück an die stätte des geschehens – nach bergl, wo zotter 1999 seine schokoladenmanufaktur errichtet hat.

## über zotters schokoladenmanufaktur in bergl oder die region, die ein stück weit man selbst ist.

In bergl hat josef zotter auch das licht der welt erblickt. Die manufaktur steht direkt neben seinem geburtshaus, indem auch schon seine mutter zur welt gekommen ist. Ihre eltern wiederum, sprich sepps großeltern, führten das haus als landgasthaus. Sepps eltern haben den betrieb dann übernommen. Sein vater hat in den hängen obstbäume angepflanzt und den landwirtschaftlichen aspekt verstärkt. Für dortige verhältnisse war auch er ein außergewöhnlich innovativer mann. Sepp sollte die landwirtschaft übernehmen und nebenbei hat er seine lehre im elterlichen gasthof begonnen. Doch funktioniert hat das nicht, da zotter in dem kleinen betrieb nichts lernen konnte. Er war ehrgeizig und strebte nach mehr, deshalb sattelte er von der kellnerlehre auf eine kochausbildung um. Dabei ist er natürlich viel herum gekommen. Erst war er am arlberg, dann in verschiedenen saisonbetrieben und schließlich zog es ihn nach wien. Im hilton, imperial und in der konditorei oberlaa hat er sich in die oberen sphären der kulinarik gekocht. Mit 21 jahren war er bereits küchenchef. Schon damals hat er alles in seine ausbildung investiert, genauso wie er heute alles in seine schokoladenproduktion investiert. Obwohl er als küchenchef 2000 euro verdient hat, ist er mit 22 jahren wieder für 300 euro in die lehre gegangen, um sich als konditor ausbilden zu lassen. Und dann nahm er einen flieger und ist ab nach new york.

josef zotter

Viel hätte nicht gefehlt und er wäre dort geblieben. Doch es kam anders und irgendwas trieb ihn zurück. Schließlich gab es damals schon die ulrike. Kaum angekommen hat er sie geheiratet. Gemeinsam haben sie sich selbständig gemacht. Denn das war zotters traum. Mit 26 jahren hatte er sein erstes großes ziel erreicht und die ulrike war gerade mal blutjunge 21 jahre alt. Zusammen sind sie ins kalte wasser gesprungen und haben 1987 die erste zotter-konditorei in der glacisstraße 25 eröffnet.

Dass es sepp zotter in die kocherei verschlug, ist eher ein zufall, denn eine bestimmung. Den umständen ist es zu verdanken, dass er überhaupt in die welt der kulinarik eingetaucht ist. Denn weder seine mutter noch sonst jemand können sich daran erinnern, dass sepp als kind gern gekocht hätte. Doch gegessen hat er immer gut. Noch heute imponiert ihm der kochstil seiner mutter. In der früh wird der herd angedreht und zu mittag ist das essen dann fertig. Sie kocht nichts aufwendiges, aber immer frisch. Um die erinnerung nicht verblassen zu lassen, speist zotter nach wie vor jeden mittag bei seiner mutter.

**um die erinnerung nicht verblassen zu lassen**

Kochen war nicht seine passion, sondern eher ein vehikel für seine passion. Denn er kann sich genausogut vorstellen, dass aus ihm auch ein guter gemüsezüchter oder garnspinner geworden wäre. Doch weil es das gasthaus gab, ist die kochlehre eben das naheliegendste gewesen. Während seiner ausbildungszeit hat er dann entdeckt, dass es ihm sehr viel spaß bereitet, mit lebensmitteln umzugehen und sie zu verändern. Am spannendsten war für ihn die entdeckung, dass man mit essen menschen eine freude machen kann.

Als kind vom lande hatte er keinen zugang zur außenwelt und war ganz unbedarft. Fernsehn gab es nicht in bergl und ab und an fuhren seine eltern mit dem radel oder moped in die große stadt – nach feldbach. Er aber lernte jetzt die große gesellschaft kennen. Der horizont zog auf und er wuchs an den dingen, die ihm widerfuhren. Er stellte fest, dass man sowohl ganz unten auf glückliche menschen trifft als auch ganz oben. Doch viele die es offensichtlich geschafft hatten, waren eben nicht glücklich und daran formte sich seine lebensphilosophie. *„Ich bin heut noch jemand, der sich einsetzt und der versucht etwas zu bewegen. Aber nicht, weil ich ganz nach oben will, sondern weil ich es gern mache. Denn nach oben kommt man auch auf ganz anderem wege."*

Er hatte die welt in ihren facetten kennen gelernt und langsam schlich sich das gefühl ein, dass er wieder an den ort seiner geburt zurückkehren müsse. Während die konditoreien in graz noch in betrieb waren, nistete er sich langsam wieder auf dem elterlichen hof ein. Den vormaligen stall verwandelte er in eine schokoladenproduktionsstätte. Lange zeit pendelte er zwischen graz und bergl hin und her, oftmals mehrmals am tage. Auf bergl hat er mit minus drei mitarbeitern angefangen. Dementsprechend einfach waren die produktionsabläufe organisiert. Einen teil der arbeit, wie das marinieren von früchten und nüssen, hat er bereits in graz gemacht, um sie in bergl zu füllungen zu verarbeiten und mit schokolade zu überziehen. Dann nahm er die schokoladen wieder mit nach graz, um sie dort zu verpacken. Produziert wurde an freien tagen, wenn die konditorei geschlossen hatte. Ein atemloser zyklus, der auf dauer nicht haltbar war.

ob zotter mit den tieren sprechen kann bleibt sein geheimnis, aber dass er immer vierblättrigen klee findet ist tatsache.

Wir schreiben das jahr 1999 als aus dem ewigen provisorium eine schokoladenmanufaktur wurde.
Gleichzeitig war dies seine schwierigste zeit. Da sein unternehmen durch die eröffnung dreier weiterer filialen in finanzielle turbulenzen geraten ist. Er schloss seine filialen. Doch ohne weiteres hätte er die konditorei in der glacisstraße halten können. Denn seine torten hatten einen ähnlichen kultstatus, wie die schokoladen erreicht, nur eben auf viel lokalerer ebene. Aber zotter entschied sich für die schokolade, denn er spürte, das sie etwas besonderes waren. So ging er das wagnis ein, die präsenz in graz aufzugeben und nach bergl zu ziehen.

Der aufbau und neuanfang war dementsprechend schwierig. Bis auf ein wenig eigenkapital, hatten sie überhaupt kein geld. Abgesehen von der üblichen küchenausstattung gab es nichts. Erst nach und nach leistete er sich ein paar maschinen. Dafür gab es viel handarbeit und x-tausend handgriffe, die erledigt werden mussten. Auf 160 quadratmetern war von der produktion, über die verpackung, lager- und auslieferungsräume bis hin zu den aufenthaltsräumen für die angestellten alles versammelt. Anders ausgedrückt könnte man auch sagen, dass die arbeitsverhältnisse relativ komprimiert waren. Das war schon immer das erstaunlichste an der manufaktur, dass all die produktivität, all die schokoladen tatsächlich aus diesem kleinen kern sprossen. Sieben mitarbeiter flitzten durch das geschehen und zotter selbst stand mittendrin.

Die einzelnen produktionsabläufe sind schnell erklärt. Denn als zotter sich die ersten gedanken über schokolade machte, wusste er sehr wohl, das er etwas besonderes wollte, das zudem machbar sein sollte. Er hatte die vision einer praline, nur größer als jene, die am markt erhältlich waren.

Zunächst einmal muss die schokoladenkuvertüre, die en bloc geliefert wird, wieder flüssig und formbar gemacht werden. Man bezeichnet diesen vorgang als temperieren. Die feste schokolade wird in ein wasserbad gestellt, das eine temperatur zwischen 48°C bis 51°C hat. Unter ständigem rühren verflüssigt sich die schokolade allmählich. Die kunst daran ist, das richtige verhältnis von dauer und temperatur zu finden, damit die schokolade einen seidigen glanz und einen knackigen bruch bekommt.

**schicht für schicht wächst die schokolade**

Anschließend wird die schokolade hauchdünn verstrichen. Das ist die grundschicht, auf der zotter aufbaut.
Im vorfeld wurden natürlich die einzelnen zutaten für die füllungen vorbereitet, eifrig marinierte, trocknete und legte er dinge ein. Dann werden alle bestandteile einer füllschicht in einer kleinen mischtrommel zu einer homogenen und cremigen masse verrührt. Hochwertige schnäpse, nougat, marzipan oder nüsse sorgen für haltbarkeit und dichte und machen konservierungsmittel überflüssig.
Je nach konsistenz der unterschiedlichen füllschichten werden sie aufgestrichen, gerollt oder gegossen. Schicht für schicht wächst die füllung. Mit vollen händen wird in schalen voller früchte oder nüsse gegriffen und ein dichter fruchtregen rieselt auf die schokolade herab.
In und zwischen diesen schichten ruht das geheimnis der zotter-schokolade. Denn zotter wollte weder eine masse noch eine form machen, sondern die einzelnen geschmäcker differenzieren und etwas zwischen den schichten, beziehungsweise zeilen, entstehen lassen.

Am gaumen sollte es eine explosion geben. Wenn man die schokolade auf die zunge legt, sollte man ein paar minuten später etwas ganz anderes spüren als noch zuvor. Jetzt haben wir schon genascht und die schokoladenproduktion noch gar nicht abgeschlossen. Denn über die schichten ergießt sich nochmals schokolade. Sie umschließt die füllung und bewahrt den kern. Wenn die schokolade ausgekühlt ist, wird sie in 70 gramm große stücke zerteilt.
Danach entsteht der charakteristisch gegossene zotter-schokoladenmantel. Dafür wurden die schokoladen auf ein mini-förderband, auf dem schätzungsweise vier schokoladen in reihe platz fanden, gelegt, um unter dem schokoladenguss, der aus der überzugsmaschine rann, zu verschwinden. Erneut müssen die schokoladen auskühlen, um anschließend verpackt zu werden. An einem langen esstisch saßen die frauen versammelt, die jede einzelne schokolade umwickelten. Bevor die banderolen von andreas h. gratze die einzigartigkeit jeder tafel wirkungsvoll betonten.

## handgeschöpft – das synonym für zotter-schokoladen

Handgeschöpft bezeichnet seinerseits die einzigartigkeit jeder tafel schokolade. Eine sinnvolle wortverbindung, die einerseits auf den schöpfungsprozess der schokoladen und andererseits auf die handarbeit verweist. Vom schöpfer zum schöpfer sozusagen. Das übliche prädikat handgemacht erschien josef zotter zu reduktionistisch. Denn die herstellung von schokolade ist mehr als ein handwerk und erfordert darüber hinaus erfindungskraft und passion. Angelehnt ist dieser ausdruck an den prozess des papier schöpfens. Josef zotter hat diesen ausdruck übernommen und in den bereich der kulinarik überführt. Damit legt er ein spezielles augenmerk auf die herstellungsweise und ruft klassische praktiken in erinnerung. Als er einst in einer papiermühle dem papierschöpfungsakt beiwohnte, fielen ihm einige parallelen zwischen der schokoladen- und papierherstellung auf.

Wie bei fast allen gütern hat sich auch das papier im laufe der industrialisierung verändert und aus einer rarität ist ein massenkonsumartikel geworden. Die industrie versorgt uns mit wahren papierfluten. Um den bedarf zu decken werden ganze kolonien von rasant wachsenden bäumen angepflanzt.

Und dennoch gibt es einige wenige menschen, die sich der kunst des papierschöpfens verschrieben haben und weiterhin exklusives papier erzeugen. In einer ähnlichen rolle sieht er sich selbst, weil er dort ansetzt wo die schokolademacher bei der industrialisierung und automatisierung vor 100 jahren aufgehört haben. Wie beim papier ist jede tafel ein einzelstück. Selbst optisch sind die handgeschöpften schokoladen mit ihren ecken und kanten, dem handgeschöpften papier nicht unähnlich. Beide tragen jene spuren einer charakteristischen ästethik, die die industrie längst ausgelöscht hat.

Anfangs löste das wörtchen handgeschöpft in der welt der schokoladen noch irritationen aus. Es gab einigen erklärungsbedarf, was man sich denn unter einer handgeschöpften schokolade vorzustellen habe. Der himmel klärte sich auf und man begriff, dass handgeschöpft den ganz individuellen weg zotters beschrieb und ein synonym für seine schokoladen war. Mittlerweile allerdings keimte der gedanke und zog weite kreise. Handgeschöpft klingt schließlich chic und deshalb verwenden auch andere hersteller diese bezeichnung. Denn als adjektiv, welches den herstellungsprozess näher beschreibt, ließ sich das wort urheberrechtlich nicht schützen. So unverwechselbar wie ehedem klingt handgeschöpft heute leider nicht mehr. Daher überlegt zotter auch, ob es noch sinn macht, weiter daran festzuhalten.

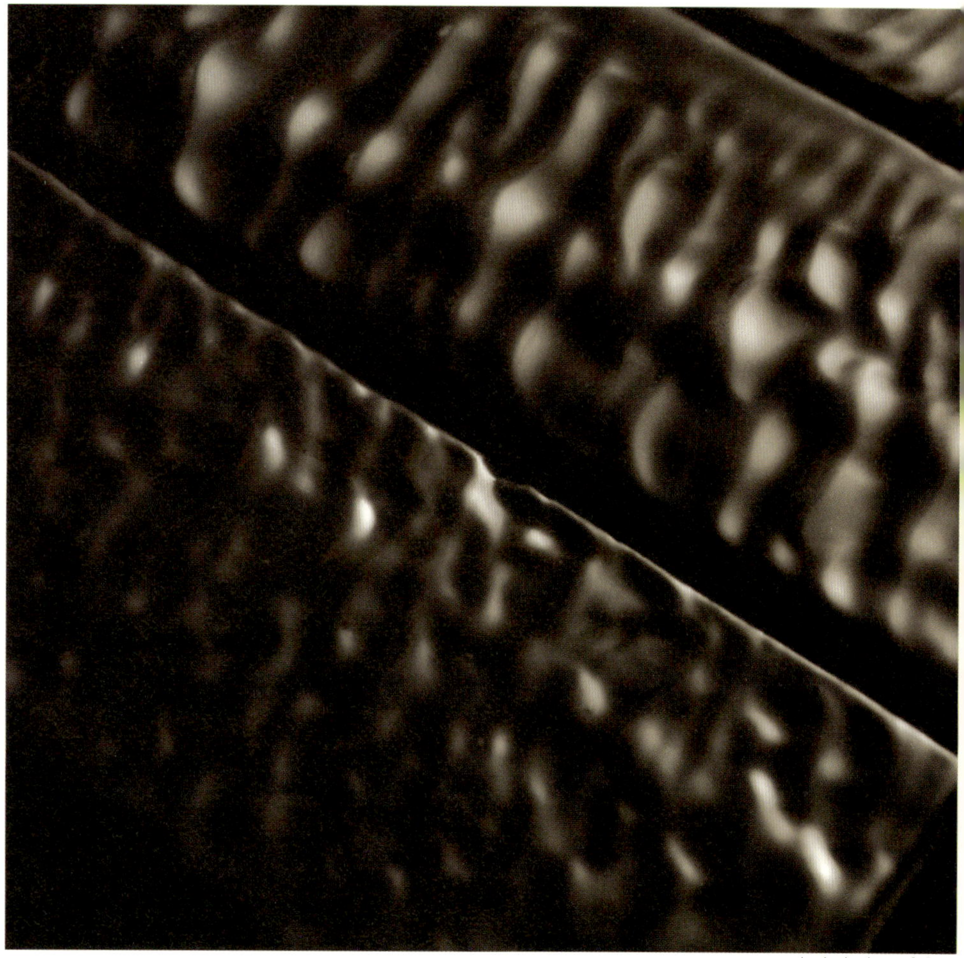

schokoladentafeln

## die verwandlung der manufaktur

Mittlerweile hat sich in bergl einiges getan. Das erscheinungsbild der manufaktur hat sich enorm verändert. Der kleine unscheinbare fünfziger-jahre-bau ist aus allen nähten geplatzt und ein umbau, beziehungsweise ein ausbau der firma war dringend erforderlich. 2002 hatte zotter die finanzierungsmittel dann beisammen gehabt und die manufaktur erstrahlte unter der federführung von jürgen gerrit gärtner in einem neuen licht. Was ehedem vom zufall gelenkt war, wurde jetzt genau auf die bedürfnisse der schokoladenproduktion abgestimmt. Aus dem spartanisch kargen häuschen ist ein beeindruckend moderner bau geworden. Eine beredete architektur, die von der verwandlung der zotter-schokolade, von der improvisation zur professionalität, erzählt.

Josef zotter benötigte mehr spielraum. In der alten manufaktur musste er sich mit der gegebenen raumsituation abfinden und darin einrichten. Dementsprechend liefen die produktionsabläufe kreuz und quer. An den produktionsabläufen selbst hat sich seit dem umbau nicht viel geändert, einzig das ein wenig ordnung ins chaos gekommen ist. Den einzelnen produktionsschritten wurde mehr raum eingeräumt und der gesamte produktionsablauf wurde begradigt, so dass die einzelnen schritte jetzt chronologisch ablaufen.
Doch seine kapazitäten schöpfte er nur zu stoßzeiten, um weihnachten herum, wirklich voll aus. Dann werden nicht nur die nächte, sondern auch die arbeitstage in der manufaktur lang. Von 5.30 bis 22.00 uhr und zur not noch länger stehen zotter und seine mitarbeiter dann im betrieb. Für die mitarbeiter ist das keine leichte aufgabe, dass weiß zotter sehr wohl. Er schätzt seine mitarbeiter sehr, die hinter ihm stehen und für seine idee arbeiten.
Wenn die firma wächst, muss er selbst mitwachsen. Denn es gibt immer mehr probleme zu beheben. Außerdem braucht es natürlich jemanden, der die firma repräsentiert und die geschäfte abwickelt. An jedem eck wird er gebraucht.

Momentan würde ihm auch die hälfte zum leben reichen. Nur ist erfolg auch ein prozess, der sich vorwärts bewegt und den man nicht einfach abstoppen kann. In seinem nacken sitzt immer noch die angst des verlierens und der erfolg bleibt ihm suspekt. Gleichfalls weiß er, dass man nicht einfach aufhören kann, wenn man den durchbruch geschafft hat. Man muss immer weiter denken und entwickeln oder man steigt komplett aus. Aber nur die hälfte oder ein wenig zu machen, geht eben nicht.

## die architektonische zeichenführung

Acht monate planung und weitere acht monate bauzeit, und die neue manufaktur stand da. Ein moderner bau aus holz, glas und aluminium schmiegt sich in den hang. Auf 600 quadratmetern wurde der altbau, in dem jetzt die auslieferung ist, im neubau integriert. Durch die hanglage sind zwei ebenen entstanden. Die obere ebene ist auf der höhe des altbaus angesetzt. An dem jetzt ein langer spitz zulaufender verkaufs- und verkostungsraum anschließt. Auf der unteren ebene befindet sich die produktion inklusive kücheneinheit und die rohstofflager.
Obwohl sich der architekt zu keiner stilrichtung bekennt und das gebäude primär auf seine funktionalität hin ausgerichtet hat, ist ihm doch ein optisch beeindruckender bau gelungen.

Die neue manufaktur besticht durch transparenz. Alle längsseiten werden durch glaseinheiten durchbrochen, so dass man von der straße weg, wieder auf die landschaft blicken kann und sich der bau in seiner gesamtheit vollkommen auflöst. Oder gleich einem rahmen die landschaft porträtiert. Man kann weit ins land blicken. Die integration der landschaft in den bau, war natürlich eine ideale lösung, um in bergl modernität zu etablieren, ohne die umgebung zu vergewaltigen.
Gleichzeitig ermöglichen die glasflächen einen direkten einblick in die produktion. Im übertragenden sinne werden hier die produktionsbedingungen transparent gemacht. Denn diese soll nicht abgeschirmt in einem stahlbetonkomplex stattfinden, sondern den menschen die nach bergl kommen die augen öffnen. So zeigt das gebäude seinerseits, dass hier mit heimischen material gearbeitet wird.

Zu der aufteilung der räumlichkeiten sind zotter und gärtner hauptsächlich durch die topografie des geländes und die situierung der kunden gekommen. Laut gewerberechtsbestimmung muss das publikum und der produktionsraum getrennt werden. Die lage am hang ermöglichte, den verkaufsraum respektive das publikum 1,5 meter höher anzusetzten als den produktionsraum.
Durch eine glasschranke werden die zuschauer von der produktion getrennt und können gleichzeitig in die produktion einsehen. Damit der zuschauer nicht rein auf den optischen eindruck beschränkt wird, schließt die glaswand nach oben hin nicht ab. An ohr und nase drängen weiterhin die düfte und geräusche der produktion. Denn zotter war es wichtig, *„das publikum möglichst nah an die produktion zu bringen.“* So transportiert die architektur zotters idee vom gesamtgenusswerk.

Allerdings schlichen sich im nachhinein bedenken ein, ob die permanente zurschaustellung wohl auch für beschäftigte angenehm sein würde. Deshalb entwarf andreas h. gratze auf die länge von 25 metern einen semitransparenten vorhang, der während der verkostung geöffnet wird.
Auch bezüglich der hinteren front ist der architekt einen kompromiss eingegangen. Einzelne verblendungen wurden hochgezogen, und der ausblick ein wenig beschnitten. Da josef zotter angst bekam, dass seine schokoladen bei voller sonneneinstrahlung wohlmöglich schmelzen könnten. Dabei hatte herr gärtner den kühlungsbedürfnissen entsprechend, bereits weite dachvorsprünge gebaut, die natürlichen schatten spenden. Auch elektrisches licht ist durch die räumliche helligkeit kaum vonnöten. Um die ökologischen finessen abzurunden hat josef zotter dann auch gleich auf ökostrom umgestellt und einen vertrag mit der weizer naturenergie abgeschlossen.

im inneren

Im detail liegen auch ein paar architektonische besonderheiten. Wenn man also genau hinschaut, merkt man, dass der schönen oberfläche immer funktionale aspekte zu grunde liegen.
So auch bei der galerie, die im innenraum des produktionsteiles entstanden ist. Wenn sich der vorhang hebt, erblickt der zuschauer nicht nur die produktion, sondern zwölf großformatige acrylgemälde von andreas h. gratze. Eigentlich ist die möglichkeit bilder aufzuhängen nur zufällig entstanden, weil zwölf nackte schalldämpfer in den raum hinein ragten. Die lösung mit den bildern ist wunderschön und begeistert nicht nur den architekten, der fast bedauert, dass sie nicht mehr geeignete wandflächen gebaut haben. Denn schließlich ist die zotter-linie, jene virtuose verbindung von grafik und schokolade.
Ansonsten setzte auch der architekt hier und da einige farbtupfer. So erscheint beispielsweise der verkaufsraum in sinnlichem kirschrot. Ja fast hätte man sich sogar bei der bodenfarbenfrage überworfen. Während zotter die böden vereinheitlichen wollte, sträubte sich der architekt gegen jenes grün, das einen sofort an die sterilität eines spitals denken lässt. Und er hat seinen kopf durchgesetzt, da an solch kleinigkeiten oftmals das gesamte erscheinungsbild scheitern kann. Dafür hat sich zotter kurze zeit nach der eröffnung revangiert. Nach einer stürmischen nacht versetzte er den architekten gleich morgens in aufregung als er ihm mitteilte, dass das freischwebende dach aus dem eingansbereich weggeflogen sei. Das war natürlich nur ein spaß, doch der adrinalinstoß hatte gesessen. Denn soviel josef zotter auch am telefon sitzen muss, soviel spaß hat er auch dabei, wenn er den naiven nerv der menschen kitzelt.

Da josef zotter eigentlich gewohnt war überall zu sein nur nicht im büro, hatte man die planung des büros auch schlichtweg vergessen.
Am ende der produktionshalle nutzte man die raumhöhe aus und setzte dort nachträglich noch ein büro ein, das nun exklusiv über allem thront. Das ist der ideale platz, um die gesamte produktion zu überblicken.
Dafür ist es etwas klein und der boden verläuft mitten auf der fensterhöhe, was dem ganzen einen witzig surrealen touch gibt. Zotter hat dafür humor und nennt es liebevoll seinen adlerhorst.
Doch nicht nur der großgewachsene zotter wächst aus seinem eigenen büro heraus, sondern auch die manufaktur. Denn sehr bald nach der eröffnung war klar, das die größe des verkaufsraumes eigentlich nicht ausreicht. Er ist jetzt schon zu klein. Auch der produktionsraum könnte mittlerweile wieder ausgebaut werden. Doch als sie begonnen haben, stand einfach nicht mehr budget zur verfügung. Ohnehin wurde schon die größte bauvariante umgesetzt.

Am produktionsablauf und der produktionsweise hat sich, wie gesagt, nicht so viel, wie am optischen erscheinungsbild geändert. Nach wie vor bekennet man sich zum handwerk, gleichwohl ist die manufaktur technisch ausgereift.

die schokoladen werden weiterhin schicht für schicht aufgetragen

steirischer gedankenjongleur

traubenregen

Das herzstück der produktion ist eine neue schokoladenanlage, die zotter ersonnen und selbst konzipiert hat. Stolz prägte er ihr seinen namen ein. Das system ist die präzision selbst. Darüber hinaus spart es zeit und erleichtert das auftragen der schichten. Auf schienen gleitet eine art großer trichter, dessen endstück die funktion einer palette hat. Nun müssen die damen in der produktion nicht mehr die ganze zeit über die schweren schokoladentöpfe herumtragen. Damit die schicht gleichmäßig verteilt wird, muss natürlich hie und da etwas händisch ausbessert werden. Füllungen, die von ihrer konsistenz her nicht flüssig sind, werden nach wie vor händisch aufgetragen und verteilt. Wenn die schokoladen trocken sind, werden sie abermals mit hilfe der apparatur und einem messeraufsatz portioniert.

Dann bekommen die einzelnen schokoladentafeln unter der überzugsmaschine ihren charakteristischen schokoladenguss. Aber das förderband läuft weiter. Um auch hier wieder zeit zu sparen, schließt ein kühltunnel direkt an. So können die schokoladen gleich darauf verpackt werden.

Da zwei drittel seiner angestellten in der verpackung beschäftigt waren, sinnierte zotter schon seit langem über eine möglichkeit diesen bereich zu automatisieren. Man muss die handarbeit dort einsetzten wo sie notwendig ist. Eine maschine kann die schokoladen ebensogut in papier wickeln wie die angestellten, das ändert nichts am produkt.

## mit einer diva von 60 jahren

Nur was eine maschine nie können wird, ist nüsse marinieren, rezepte entwickeln, etwas einstreuen, was ausrollen oder aufstreichen und hinschauen. Deshalb wurden die mitarbeiter, die die schokoladen verpackten, nicht einfach entlassen, sondern übernahmen eine verantwortliche position in der produktion. Einfach war dieses unterfangen dennoch nicht. Denn wenn es um sein produkt geht, gibt zotter, wie gesagt, keinen deut nach. An der verpackung sollte und durfte sich trotz automatisierung nichts ändern. Doch die handelsüblichen verpackungsmaschinen sind auf den falteinschlag standardisiert, während zotters verpackung wieder mal gegen jede norm verstieß. Dass liegt natürlich auch an den schokoladen, die je nach füllung sehr unterschiedlich ausfallen und mal etwas flacher oder höher sind. Anfang des jahres wurde zotter dann in frankreich fündig. Dort erstand er eine alte *diva* von 60 jahren, die zu seinen schokoladen passt. Doch will dieses gerät auch mit liebe, respekt und viel geduld behandelt werden, da es ansonsten nur chaos produziert.

Und weil zotter vernarrt ist in tiere, weiden neuerdings fünf zottige hochlandrinder, vier damen und ein herr, zur freude der mitarbeiter, auf den hängen der schokoladenmanufaktur. Auch das gehört zum bild von bergl und ist möglicherweise eine hommage an die sieben kühe, die einstmals im stall nächtigten.

Mittlerweile weiß zotter bergl sehr zu schätzen. Denn die zurückkommenden können hier glücklich sein. *„Ich kann an einem der schönsten plätze der erde arbeiten und von meinem heimathaus aus meine produkte nach new york oder hong kong liefern. Das ist die erfüllung meines kindheitstraumes."* gesteht zotter.

an einem der schönsten plätze der erde

Doch nicht nur er ist dem charme der region erlegen. Immer mehr menschen finden den weg nach bergl.

Zotter hat sehr früh erkannt, dass die vermarktung wieder nach außen geht und sich regional orientiert. Wenn er sich überlegt wo seine produktion steht, wie viele menschen dort leben und wie viele dort hinkommen, ist das sensationell. Natürlich sind die besucherzahlen sehr schwankend. In der weihnachtszeit ist der laden voll, aber selbst an heißen sommertagen, wenn gar keine schokoladen produziert werden, kommen sehr viele leute. Das ist natürlich auch kein reines schaupublikum. Denn wer sich schon mal auf den weg gemacht hat, wird den schokoladigen verführungen kaum widerstehen können.
Die gesamte region profitiert von dieser entwicklung. Denn die besucher ziehen meist nicht gleich heimwärts, sondern sehen sich in der region um, nehmen hier oder da noch etwas mit oder gehen essen. Beispielsweise wurde im restaurant fink in riegersburg immer ausgezeichnet gekocht. Jedoch mangelte es an kundschaft. Jetzt wird dort nach wie vor gut gekocht, doch mittlerweile gibt es auch genügend genießer, die sich dort verwöhnen lassen. Das ist eine kettenreaktion. Auch die mitarbeiter, die aus der region stammen, verdienen mehr geld und setzten es auch wieder ein.
So blüht die region allmählich auf.

schokoladengenusswelt

Es gab die zentralisierung und jetzt gibt es die dezentralisierung. Das ist wie das ein- und ausatmen, oder der wechsel der jahreszeiten, ein zusammengehöriger zyklus. Oder zotters metaphorische umschreibung des zeitgeistes.
Der schritt nach bergl zu ziehen war gewagt, aber josef zotter ist sicher, dass es in der stadt niemals so gut funktioniert hätte. Heute hat er mehr publikum als noch vor acht jahren auf der besten straße in graz.
Man muss authentisch sein. Und diese authenzität fängt für ihn bereits an dem ort des schaffens an. Man braucht sich der urbanen doktrin nicht zu beugen. Denn was zählt ist, dass man das, was man tut, ob schinken oder wein, für richtig hält und eben auch lebt. So lautet denn auch zotters devise *„du kannst nur das verkaufen, was du selber lebst."* und das kann man spüren und miterleben.

Dass sich menschen für sein schaffen interessieren, ist ihm erst aufgefallen, als er 2000 einen *tag der offenen tür* veranstaltet hat. Im grunde hat er sich nichts besonderes dabei gedacht, außer dass es die menschen in der umgebung interessieren könnte, was er da treibt und wie schokolade entsteht. Gekommen sind tausende, das interesse war riesengroß und der laden im nu leer. Damit hatte zotter wahrlich nicht gerechtet, denn schließlich war die veranstaltung nur im internet ausgeschrieben. Als im nächsten jahr abermals so viele menschen nach bergl kamen, beschloss er dieses happening auszuweiten. Er lud ein paar produzenten aus der region ein, und gemeinsam begründeten sie eine neue kulinarische institution.

Am jeweils letzten septemberwochenende können die besucher des *kulinarischen herbstes im steirischen vulkanland* in der berghofer getreide- und ölmühle, fink´s delikatessen, vinothek und restaurant, gölles schnapsbrennerei und essigmanufaktur, vulcano-schinkenmanufaktur, auf schloss kapfenstein und dem weingut winkler-hermaden, im weingut neumeister-straden, im weingut eibel und im riegersburger weinduftikum hereinschauen. Auf diesem wege kann man einige von zotters rohstoffproduzenten besser kennen lernen und sich gleichzeitig ein umfassenderes bild von der region machen, die einiges zu bieten hat.
Um der nachfrage gerecht zu werden, veranstaltet zotter darüber hinaus noch einen *tag der offenen tür* im mai. Allerdings sollte man sich rechtzeitig anmelden, da dieser intensivkurs in sachen schokolade sehr gefragt ist.

Bei soviel interesse und neugierde, nutzte zotter die gelegenheit des umbaues, um in dem neuen verkaufsraum auch gleich eine *schokoladengenusswelt* zu integrieren. So haben die besucher nicht nur die möglichkeit vor ort einzukaufen und etwas von dem flair des *schokolade machens* zu inhalieren, sondern auch gelegenheit gegen einen kostenbeitrag an einer verkostung teilzunehmen. Wenn sich der vorhang in der schokoladengenusswelt hebt, ist die vorstellung schon in vollem gange. Man kann einen blick hinter die kulissen der schokoladenmanufaktur werfen und sehen wie eifrig schokolade verrührt, aufgestrichen oder marzipan zubereitet wird. Es wird erklärt worin die produktion besteht, aber auch mythen und märchen der schokolade kommen zu wort.
Das highlight ist und bleibt *das running-chocolate*, die sinnliche verführung dieses schauspiels. Auf ein mini-fließband, das einmal um das glaspanorama herumführt, werden schokoladen- und trinkschokoladenproben zum verkosten aufgelegt. Den rest muss man selbst erleben. Das ist zotters art der mundpropaganda, die über tasten, schmecken, hören, sehen und fühlen funktioniert. Da entscheidet letztlich der geschmack der kunden und wenn es gut schmeckt, kommen die leute wieder. Mundpropaganda gehört einfach zum zotter-image, weil sie ganz direkt über den gaumen funktioniert und sich dezentral, wie ein feuer ausbreitet.

götterfunken

Wenn man beobachtet, was dort draußen in bergl vor sich geht, merkt man als bald, dass eine schokomanie ausgebrochen ist, die langsam um sich greift.
Nachdem die industrie jahrzehntelang das schokoladenfeld dominierte und die schokoladenkultur eingehen ließ, erobert eine neue generation von chocolatiers mit ausgefallenen, exquisiten oder hochprozentigen schokoladen das feld zurück. Gute schokoladen sind stark im trend. An den kult mit all seinen enthemmnissen, mit denen die pop- und rockmusik bereits aufgewachsen ist, muss sich die distinguierte kulinarik, sowie einstmal die kunst vor andy warhol gewöhnen. Denn kult ist nicht zahm.

## voller duft und verführung

Sogar hollywood ist dem neuen trend auf die schliche gekommen. Unter staraufgebot von johnny depp und juliette binoche inszenierte man den film *chocolat*. Der nerv der zeit wurde getroffen und die geschichte war ein voller erfolg.
Der film selbst erzählt jene geschichte von der wiederbelebung einer alten tradition, die zum kult wird. Eine junge, attraktive frau zieht mit ihrer tochter in ein französisches dorf und eröffnet dort eine chocolaterie. Doch die begeisterung der bewohner hält sich in grenzen. Da schokolade nicht zu dem streng geregelten und nach maßgabe der kirche geordneten leben passt. Doch der charme der jungen dame und die belebende wirkung der chili erlösen das dorf letztendlich doch aus seinem schlaf.

Was der film trotz konventioneller erzählweise leistet, ist neben der liebesgeschichte auch die geschichte der schokolade zu erzählen. Man knüpft an alte traditionen an, wie beispielsweise an die mit chili gewürzte trinkschokolade, die bereits bei den azteken hoch im kurs stand. So ist denn auch der neue schokoladenkult nicht nur wild, sondern in erster linie traditionsbewusst.
Dass den film sehr viele leute gesehen haben, weiß zotter auch, den er wird oftmals damit konfrontiert. Hier in bergl fühlen sich die menschen an die filmlocation des verlassenen, französischen dorfes erinnert, das voller duft und verführung ist. Obwohl sich die gegend schon stark verändert hat, scheint sie weiterhin in einem märchenhaften schlaf zu liegen.

Josef zotters papa ist dabei ein wichtiger statist. Er freut sich über all die besucher und den rummel rund um die manufaktur. Und für ein pläuschchen oder einen scherz ist er immer parat. Dass die welt zu ihm nach bergl kommt, ist ihm recht. Denn wenn er selbst irgendwohin auf urlaub fahren sollte, wüsste er gar nicht wohin. Zum beweis streckt er uns seine hände entgegen – die hände eines landwirts, der mit seinem boden auf ewig verwachsen ist.

josef zotter, der ältere

Dass zotter so etwas wie der initialschuss für die region gewesen ist, mag er selbst kaum glauben. Er kennt die oststeiermark seitdem er lebt und weiß, wie es hier vor 30, 20 oder 10 jahren ausgesehen hat. Die leute hier in der region waren immer sehr bescheiden. Solang die kleinbäuerliche struktur funktioniert hat, ist es allen gut gegangen.
Doch dann sind die genossenschaften zerbrochen und die bauern standen vor dem aus. Einige haben es geschafft, sich selbst etwas einfallen zu lassen. Doch andere haben aufgegeben und sind in die fabriken arbeiten gegangen.

gruppenbild mit landbewohnern, welche die landschaft in sich tragen

Wer in einer familie aufwächst, in der seit hundert jahren vieh gezüchtet wird, traut sich fast nicht mehr diese tradition aufzugeben. Denn irgendwie fühlt man sich seiner familie und den bereits verstorbenen ahnen verpflichtet.
Dabei hat diese familientradition in der fünften generation gar keinen wert. Die visionen der gründergeneration sind meist schon verblasst und die umstände haben sich verändert. Deshalb muss man gerade in der fünften generation etwas leisten und neue ideen säen, um den betrieb am leben zu halten. Doch das vergessen viele. Da ist es besser, sie beginnen etwas ganz neues. Insofern ist es auch wichtig, dass es dafür vorbilder gibt.

Zotter selbst hätte ja auch landwirt weden sollen. Doch er ist ausgezogen, um die welt kennen zu lernen und schokoladen zu kreieren. Ganz unbemerkt gab er damit einigen menschen einen anstoß. So erzählte beispielsweise ein ölmüller aus der weststeiermark, dass er erst 45 jahre hat werden müssen, um sein glück zu finden. Er nahm sich ein beispiel an zotter und ist zu seiner geburtsstätte, einer alten ölmühle, zurückgekehrt. Er hat die alte mühle restauriert und wieder in betrieb genommen. Nun produziert er kernöl und inszeniert das drumherum ein wenig. Den wasserzulauf der mühle verwandelte er in einen kneippppfad und in seinem geschäft verkauft er neben seinem eigenen öl, kürbiskerne, zotter-schokoladen, schnaps von gölles – und lebt davon. Er ist heute der glücklichste mensch und steht hinter dem, was er macht. *„Wenn das wirklich wahr ist, ist es super, wenn so etwas passiert."* meint zotter.

Aber nicht nur im kleinen und in anderen bereichen nimmt man sich an zotter ein beispiel.

## die welt der plagiate

Eigentlich hat er sich vorgenommen den konzernriesen der süßwarenindustrie aus dem weg zu gehen und ihren bereich großräumig zu meiden. Nach der devise, *„Alles was geht, probieren eh die anderen. Reizvoller ist es deshalb, dass zu probieren, was auf den ersten blick nicht funktioniert. Damit bleiben wir konkurrenzlos."* Doch auch wenn zotter ein pionier auf seinem gebiet ist und eine marktnische erschlossen hat, machen andere vor seinen gewässern nicht halt. Sein erfolg ist nicht ganz unbeachtet geblieben und das ungeschriebene gesetzt des marktes schreibt vor, erfolgsgeschichten zu kopieren. Schon vor jahren haben ihm studenten, die eine marketingstudie bei ihm durchgeführt haben, dieses prophezeit. Gelesen hat er das statement damals nicht, doch heute weiß er umso besser, dass sie recht hatten. Auf dem schokoladenmarkt beginnt es eng zu werden. Fast ungewollt hat zotter einige steine ins rollen gebracht. Bei dem besuch einer schokoladen-messe, musste er feststellen, dass sich die marktführenden hersteller sehr wohl für ihn interessieren und seine ideen in ihre konzepte und entwicklungsvorschläge einfließen lassen. Gesprochen wurde da von 70-gramm-schokoladen, praliné-trinkschokoladen, einem breiteren sortiment oder auch einem gewagteren erscheinungsbild.
Natürlich wäre es zu einfach, sagen zu können, dass die anderen schokoladenhersteller ihn kopieren. Dass geschieht viel subtiler über einen umweg. Denn die großen hersteller orientieren sich am markt und an der nachfrage, die ihn dominiert. Man schwenkt auf die aufbegehrende schokoladenkultur ein, das ist legitim, doch leider nicht immer ganz ehrlich.

Blicken wir den tatsachen ins auge. Die essgewohnheiten von schokolade haben sich verändert. Der griff zu edelbitterschokoladen ist üblicher und modischer geworden. Die zartbittere versuchung ist längst nicht mehr der reinen herrengesellschaft vorbehalten.
Fakt ist, dass sich milchschokolade viel leichter essen lässt als dunkle schokolade. Während man locker eine ganze tafel milchschokolade verdrücken kann, stellt sich bei einer hochprozentigen viel eher ein sättigungsgefühl ein. Dunkle schokolade reduziert den konsum. Denn im grunde genommen reichen wenige stücke einer aromatischen schokolade, um uns zufrieden zu stellen, während man bei einer milchschokolade viele überflüssige kalorien vernascht.
Nun stellt sich die frage, welches interesse die industrie verfolgt, wenn sie auf derartige trends einsteigt. Mit sicherheit lässt sich sagen, dass sie sich wohl nicht zum ziele gesetzt hat, den konsum von schokolade zu senken. Vielmehr geht es darum auch unter veränderten geschmacksbedingungen, den gleichen profit zu erzielen.
Großkonzerne setzten keine trends, sondern bringen nur zur oberfläche, was viele kleine chocolatiers im vorfeld erarbeitet haben. Die zukunft und geschmackerziehung in punkto schokolade liegt in den händen der chocolatiers.

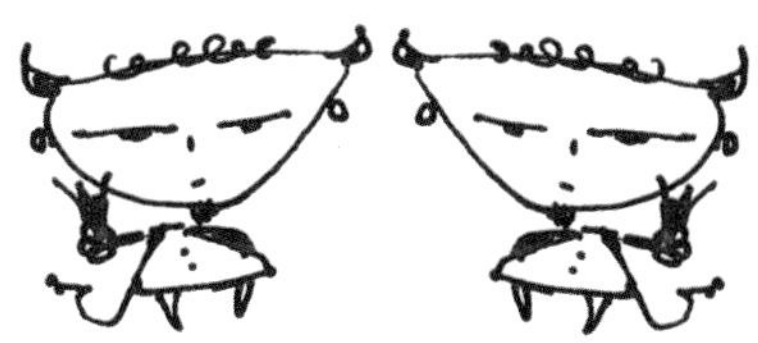

Natürlich beäugt man sich auch untereinander. So kann man hin und wieder auch schon mal *handgeschöpft* auf anderen schokoladenerzeugnissen lesen. Auch die revolutionäre verpackungsidee von andreas h. gratze findet überall anklang und ihre nachahmer. Dass die schokoladenwelt zusammen gerückt ist, ist deutlich an der verwirrung der kunden spürbar. Die anfragen über ursprung und hersteller häufen sich. Deshalb hat josef zotter beschlossen, in zukunft sein logo deutlich sichtbar auf allen seinen erzeugnissen zu platzieren. Denn bislang waren ca. fünfzehn prozent seiner schokoladen nur mit einem hinweis auf der rückseite versehen worden, da man zwischen den spezialeditionen für firmen und dem regulären sortiment unterscheiden wollte.
Die spezialauflagen für firmen sind eine tolle idee und mittlerweile ein fester und wichtiger bestandteil der zotter-schokoladen. Entstanden ist dieses segment eigentlich auch nur, weil die nachfrage da war und die zotter-manufaktur klein genug und damit flexibel genug war, um auch kleine stückzahlen herstellen zu können. Die gestaltung der banderolen obliegt den firmen, damit sie die größtmögliche freiheit haben, die schokoladen in ihr coporate-design einzufügen. Ab jetzt werden auch diese under-cover-schokoladen deutlich als zotter-schokoladen erkennbar sein. Dafür muss man jetzt präziser auf die grafik achten, um zwischen den motiven der firmen und der von andreas h. gratze geführten zotterlinie zu unterscheiden. Auch da wird es sicher einige verwirrung geben.
Doch aller wirrnis und allem ärgernis zum trotz, glaubt zotter fest daran, dass seine schokoladen unkopierbar bleiben, denn *„die menschlichkeit, die da drin steckt, ist nicht kopierbar."*

## über mundpropaganda oder die zotter-schokolade geht ihren weg

Die studenten, die die marketingstudie erstellt haben, stellten nicht nur etwaige kopierversuche in aussicht, sondern stellten auch mit bewunderung fest, dass man bei der zotter-schokolade *„auf echte begeisterung trifft."* So das fazit einer kundenbefragung in der region.

Worauf die studenten natürlich ein besonderes augenmerk gelegt hatten, war die vertriebs- und marketingphilosophie zotters. Denn auch darin liegt das geheimnis der schokoladen. Josef zotter hat nie versucht das bedürfnis nach seinen schokoladen durch irgendeinen werbeeinsatz zu wecken. Vielmehr muss jeder selbst auf den geschmack kommen und die schokoladen für sich entdecken. Mundpropaganda lautet hier das stichwort. Allerdings hat später auch die presse viel zum bekannt werden der schokoladen beigetragen und ihren lesern den geschmack in den mund gelegt. Zotter ist regelrecht zu einem lieblingskind der presse avanciert. Da er nicht nur ein interessantes und gutes produkt besitzt, sondern auch von seiner person und art her besticht. Daraus lassen sich natürlich schlagzeilen machen, wie *„qualität führt doch zum ziel, um so mehr wenn sie sich mit humor und geschäftsinn paart."*
Zotter ist sich dessen auch bewusst. *„Ich bin selbst nicht untalentiert, wenn ich mit leuten red. Es gelingt mir offensichtlich ganz gut, sie zu begeistern – das muss ich schon zugeben. Ich bin auch dankbar, dass ich dieses talent besitze. Dabei geht es mir auch gar nicht ums verkaufen, sondern um die erschaffung einer aura. Etwas unsichtbarem, wo die leute in alle richtungen interpretieren können."*

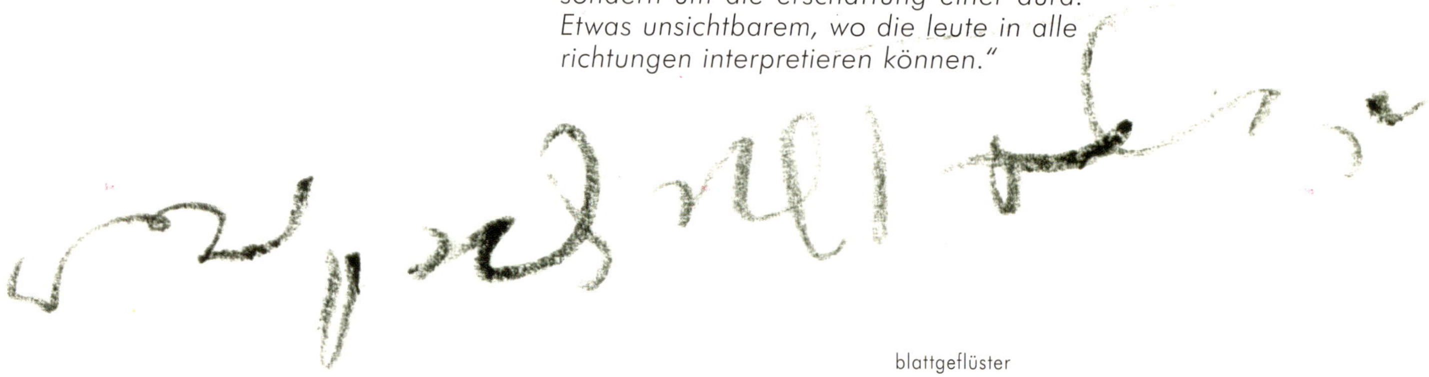

**wenn der mythos ins reden kommt**

Er liebt es, wenn die leute über seine schokolade reden oder über die schokoladen ins reden kommen.
Wenn er wohin kommt, ist er selbst für die meisten händler ein normaler kunde. Und dann steht er da und lauscht all den phantastischen geschichten, die man sich über die schokolade erzählt. Es sei einfach sagenhaft, was die leute alles über die schokolade wissen oder zu erzählen haben, berichtet zotter. Natürlich ist die hälfte davon nicht wahr, aber das ist letztendlich egal. Denn jeder soll sich sein bild schaffen und seine meinung vertreten. Niemals würde zotter in jenen bereich eingreifen. Denn das ist eben jenes eigenständige refugium der zotter-schokolade, indem er nicht als wissender auftreten kann, sondern wie alle anderen amüsiert oder mit bewunderung den geschichten lauscht, die der mythos zotter zu erzählen weiß.

Beflügelt von der mundpropaganda hat die zotter-schokolade eine eigenständigkeit und eigendynamik entwickelt, die wie der erfolg nicht steuerbar und kontrollierbar ist. Sie ist unabhängig. Deshalb sagt zotter spaßeshalber immer, *„es ist zufall, dass ich auch so heiße."*

Am ende eines tages, wenn die hände in den schoß sinken und die maschinen still stehen, muss zotter oft an all die menschen denken, die die schokoladen essen. Jede einzelne schokolade geht ihren weg. Jemand hält sie in händen, schimpft etwas dabei oder ist einfach glücklich. Diese vielzahl von unterschiedlichen menschen, situationen und stimmungen muss man sich einmal vorstellen. Allein der gedanke ist schon so wunderbar, dass er lohn genug für die arbeit ist. Doch zu ende denken lässt er sich doch nicht.
Denn wie man es auch nennen mag – die aura, den mythos oder auch den kult – letztendlich schließt sich der kreis bei den kunden und nur sie wissen wie die geschichte ausgeht.

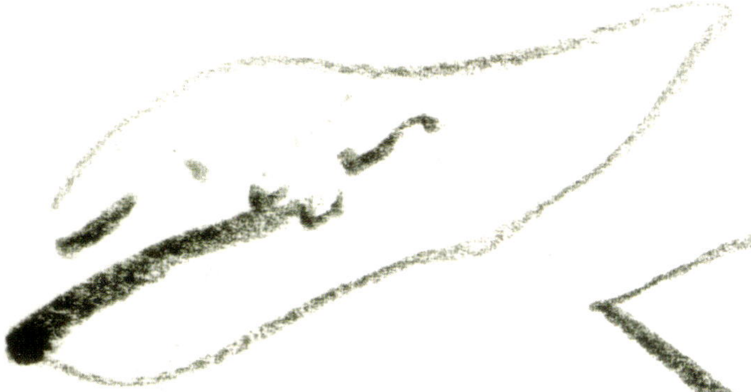

uli zotter

Doch schwenken wir noch einmal zurück, um nichts zu vergessen, was wichtig für zotter war und immer noch ist. Denn was wäre er ohne die vielen kleinen feinkostläden, spezialitätengeschäfte und chocolaterien, die seine produkte vertreiben. Sie sind sein tor zur welt und der herd an dem sich die mundpropaganda entfacht. Ein jeder von ihnen repräsentiert zotter. Verleiht der schokolade ein gesicht und jene persönlichkeit, von der sie lebt – ganz individuell und vielfältig. Zotter schenkt ihnen spielraum und vertrauen. Er macht keine vorschriften was das arrangement betrifft, sondern überlässt es dem geschmack und der fantasie der verkäufer seine produkte entsprechend zu platzieren. So ist jeder seines glückes schmied. Denn die schokoladen haben jenen wert, den man ihnen beimisst.

Bei seiner vertriebsorganisation ist zotter einen ungewöhnlichen weg gegangen. Auch heute noch gibt es keine vertreter, kein vorverkaufsrecht, keine mengenrabatte und noch nicht einmal eine neukundenakquirierung. Denn auch hier wirkte die mundpropaganda. Er bedient sich nur eines hilfsmittels und das ist die umkehrung der regel. *„Ich betrachte die dinge wie sie sind und so wie sie sind, will ich sie nicht."*
Wenn es selbstverständlich ist, dass es mengenrabatte gibt, so ist es für zotter selbstverständlich, dass die preise fix sind und alle zu den gleichen konditionen einkaufen.
Dadurch haben auch kleine betriebe eine chance neben den dumping-preisen der großen zu bestehen. Zotter spielt fair, doch obgleich dieses prinzip einem sehr sozialen aspekt hat, dient es in erster linie der eigenen absicherung. Um die qualität zu produzieren, die er anstrebt, muss er unabhängig vom preisdruck bleiben.

In dieser beziehung ist ulrike zotter noch resoluter und konsequenter als ihr mann. Uli ist sehr genügsam, sie verzichtet bevor sie etwas macht, was nicht gut ist. Immer wieder bringt sie sepp auf seinen weg zurück.
Die geschichte ist voll von starken frauen und doch ist sie ungeschrieben geblieben. So hab auch ich nicht vermocht die subtile wirkungsweise von uli zotter greifbar werden zu lassen. Doch um es nicht vergessen zu machen, sind es beide, die die zotter-schokolade zu dem gemacht haben was sie heute ist. Auch josef zotter betont, dass das *„zu 50 prozent, wenn nicht noch mehr, die uli ist."*

## über gewohnheiten oder die frage des guten geschmacks

Schlussendlich muss die historie zum gaumen führen. Denn das ist der weg den die schokolade nimmt. Der gaumen als schmelztiegel der gedanken oder der ort an dem sich die gedanken von zotter auflösen. Denn die frage nach der zukunft ist immer eine frage der entwicklung. Für einen chocolatiers hängt die frage nach der entwicklung von schokoladen auch immer mit einer geschmackserziehung zusammen. Wenn man bereits von einer schokoladenkultur sprechen kann, ist ein großes ziel erreicht. Doch ist der kosmos der aromen unerschöpflich. Deshalb werden noch viele entdeckungen zu machen sein.

Wenn zotter in diesem jahr mit *käferbohnen und zwiebelkonfit, magenbitter* und *zitronenpolenta* aufwartet, dann nur weil sich schon einiges getan hat und viele naschkatzen ein feineres sensorium für die aromenvielfalt entwickelt haben. Das selbst der gaumen lernfähig ist, muss man selbst erst erfahren. Während sich einige auf die *magenbitter* freuen, schätzen andere den geschmack von *champagner*. An zotters sortiment lässt sich der gaumen selbstbestimmt schulen. Das tempo bestimmt man selbst und natürlich kann man sagen, hier ist schluss.

männlicher kernkäfer umwirbt weibchen

Abseits der schulfächer, wie mathematik und deutsch, sollten kinder auch etwas über geschmack lernen, und zu einem bewussteren umgang mit essen geführt werden. Schließlich ist das ein existenzieller punkt, den man häufig aufgrund seiner alltäglichkeit zu leichtfertig übergeht. Wenn kinder von kleinauf eine sensibilität, ein bewusstsein und verständnis für essen entwickeln, wirkt sich das natürlich auch auf andere bereiche aus. Meines erachtens, ist es eine sehr verantwortungsvolle und wichtige aufgabe kinder über konsum und genuss frühzeitig aufzuklären. Beim essen ist das gar keine so mühselige aufgabe, sondern für alle ein vergnügen.

Zotter steht mit seinen gedanken nicht allein dar. In italien wurde die länderübergreifende slow-food-gesellschaft begründet, die ziemlich genau mit seinen ansätzen übereinstimmt. Slow-food versteht sich als eine reaktion auf die fast-food gesellschaft und die folgen der industrialisierung, sowie der standardisierung des geschmacks. Deshalb hat man sich zum ziele gesetzt, qualität, regionalität und kulinarische traditionen zu pflegen und zu wahren. Dazu gehört natürlich auch die handwerkliche herstellung.
Celebiert wird die philosophie des genusses. Auch geschmacksbildungsprogramme, die sich sowohl an erwachsene als auch speziell an kinder richten, werden angeboten. Denn bei slow-food paart sich der genuss mit einem tiefreichenden verantwortungssinn. Es gilt die biologische vielfalt zu bewahren, damit man selbst und künftige generationen daraus schöpfen können.

Selbstredend ein auszug aus dem slow-food-manifest, das 1989 verabschiedet wurde. *„In der entwicklung des geschmacks hier und jetzt und nicht in der verkümmerung ruht der keim einer neuen kultur, der beginn eines neuen wirklichen fortschritts [...] Die weltweite veränderung der geschichte des bewusstseins und autonomen lebensführung unter dem zeichen der langsamkeit.“*
70.000 genießer aus 45 ländern zählt die slow-food-gesellschaft mittlerweile. Dabei trifft das fachpublikum auf den genießer und man versammelt sich entweder in kleinen runden oder auf internationalen veranstaltungen. Und wo auch immer das schnecken-logo auftaucht, ist herr zotter auch nicht weit.

Josef zotter hat seine ambitionen, doch jeder hat auch seinen eigenen kopf und den soll er gefälligst auch behalten. Denn geschmack passiert im kopf. Deshalb kann zotter auch keine allgemein gültige antwort auf die frage hin geben, was guter geschmack ist. Natürlich versucht er guten geschmack zu produzieren, das sei selbstverständlich. Aber darüber hinaus muss er auch an den kunden appellieren, sich etwas dazu zu denken, sonst funktioniert es nicht. Guter geschmack ist wohlbefinden oder löst wohlbefinden aus.
Selbst wenn man häufig dazu neigt, über geschmack zu streiten, lässt sich dieser nicht verurteilen. Es ist der ausdruck der individualität und der eigenen façon. Guter geschmack lässt sich nicht auf ein paar sorten beschränken, da braucht es schon eine vielfalt.
Nur wenn jemand die welt hasst und schlecht drauf ist, nutzt die vielfalt auch nicht viel. Da findet sich einfach keine schokolade, die ihm schmecken wird. Denn die gerüchte vom serotonin, das alle glücklich macht, glaubt zotter nicht. Seiner meinung nach, macht nur der zustand glücklich, dass man sich etwas gutes gönnt und sich zeit zum genießen nimmt. Und das sollte man beherzigen.

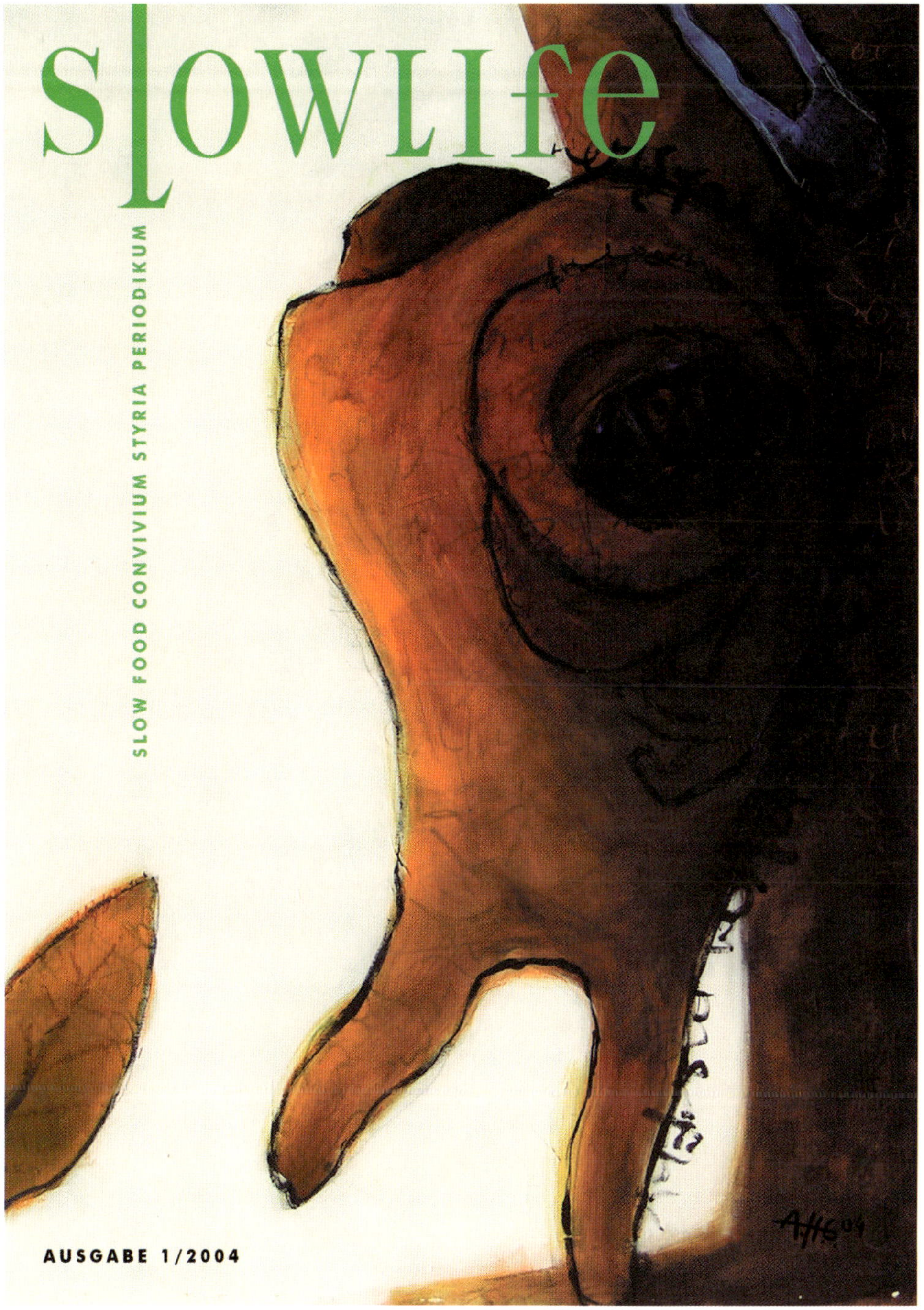

titelbild; mein heimliches

# eine kurze geschichte der schokolade

Nun ist die zotter-schokolade nicht die erste der welt. Der genaue ursprung liegt noch im verborgenen. Doch zwischen 2500 und 4000 jahren zählt die kulturgeschichte der schokolade schon.
1753 machte sich der schwedische naturforscher carl von linné die arbeit, sämtliche bekannte pflanzen und tiere in seinem buch *systema naturae* zu systematisieren. Zu diesem zwecke ersonn er lateinische namen. Dem kakaobaum und damit stellvertretend der schokolade, verlieh er einen besonders trefflichen namen, *theobroma cacao*, die speise der götter. Ob er damit an den göttlichen ursprung oder an seine eigene zeit, in der schokolade nur in königshäusern und am hofe genossen wurde, anknüpfen wollte bleibt ungeklärt. Vielleicht inspirierte ihn auch die zeitlose faszination, die von der schokolade ausgeht.
Über alle zeiten hinweg war schokolade begehrt. Ob voltaire, friedrich der große, napoleon, schiller, simon de beauvoir oder marilyn monroe, sie alle schwärmten für schokolade. Und wenn josef zotter vom mythos der schokolade spricht, dann trifft er diesen nerv. Denn schokolade ist nicht nur voller geschmack, sondern auch voller geschichte. Besetzt mit heronen und doch volkstümlich, weil jeder, egal welche couleur und welchen alters, gern schokolade nascht.

Schokolade besitzt eine hohe anziehungskraft. Sie ist umgeben von einer ungeklärten aura und faszination, die ins mythische hineinreicht.
1609 Erschient in mexiko das erste buch *libro en el cual se trata del chocolate*, das sich ausschließlich dem mythos schokolade widmete. Seitdem ist viel über kakao und schokolade geschrieben worden. Ich hoffe, das wichtigste hier zusammengebracht zu haben.
Doch wer weiter in die schokoladengeschichte eintauchen möchte, dem kann ich nur das buch von maricel e. presilla *schokolade, die süßeste verführung* empfehlen. Es ist weitaus das aufschlussreichste und informativste, was derzeit am markt ist. Viele meiner informationen verdanke ich dieser sprudelnden quelle. Wer dem digitalen texten den vorzug gibt, dem sei *www.theobroma-cacao.de* empfohlen.

grüne trockenbohnenkette mit spezialverschluss

schokoladenguss

# die olmeken oder die ersten schokoladespuren

Früher vermutete man die ursprünge des kakaos bei den azteken. Doch heute reicht die archäologie der schokolade schon weiter. Aufgrund von neueren geologischen und sprachwissenschaftlichen forschungen ist man zu der erkenntnis gekommen, dass die geschichte des kakaos und somit auch der schokolade bei den olmeken beginnt.

Jener ersten hochkultur mittelamerikas, die etwa um 1500 v.chr. entstand und 500 jahre später ihren höhepunkt erreichte. Ihr siedlungsgebiet im feuchten tiefland der mexikanischen golfküste, in tabasco und im südlichen teil von veracruz, bot ideale vorraussetzungen für den wuchs von kakaobäumen.

Sprachwissenschaftler haben nun herausgefunden, dass das wort cacao, ursprünglich *ka-ka-w[a]* ausgesprochen, einer urform der mixe-zoque-sprachen entstammt, derer sich die olmeken bedienten. Nachweislich war *cacao* um 1000 v.chr. ein fester bestandteil des olmekischen wortschatzes. Folglich kann man annehmen, dass die olmeken kakao angebaut und schokolade genossen haben.

Da die olmeken als hochkultur auch starken einfluss auf die umliegenden kulturen genommen haben und handel mit ihnen trieben, dürfte auch den nachbarvölkern der olmeken die schokolade bekannt gewesen sein. So wurde nicht nur das wissen um die schokolade, sondern auch das wort *cacao* als lehnwort in andere mittelamerikanische sprachen und kulturen, wie die der maya, überführt.

Aufgrund von gefunden schriftzeichenartefakten, die in der nähe von la venta freigelegt wurden, ist man nun auch zu der überzeugung gekommen, dass zwischen den olmeken und mayas nicht nur eine sprachverwandtschaft bestand. Bei dem fund handelt es sich um die ältesten bislang entdeckten schriftzeichen. Sie sind rund 2650 jahre alt. Die darstellung erinnert an comics, da neben dem mund eine art sprechblase gezeichnet wurde.

Endlich lässt sich der hochkultur der olmeken auch eine schrift zuordnen und wenn der erste eindruck nicht trügt, dann basiert das ausgefeilte schriftsystem der mayas auf dem schriftsystem der olmeken. Gewisse ähnlichkeiten bestehen jedenfalls.

Doch so zuträglich das feucht, tropische klima für die blüte des kakaobaumes war, ist es doch für historische forschung und spurensuchen denkbar ungünstig gewesen. Daher ist das wissen, um die erste hochkultur äußerst beschränkt. Wie genau sie ihren kakao zubereiteten und kultivierten ist weiter nicht bekannt.

## die maya oder die hohe kunst der schokolade

Für die maya-kultur verzichte ich auf einen zeitlichen rahmen, da die angaben in der literatur verblüffenderweise sehr unterschiedlich sind. Auch ihr gebiet, das südlich des heutigen mexiko lag und sich von der halbinsel yucatán über chiapas, dem südlichsten bundesstaat mexikos, bis hin zur pazifikküste des heutigen guatemala erstreckte, bot klimatisch äußerst günstige bedingungen für den kakaobaum. Der kakaobaum hatte für die mayas eine hohe bedeutung. Deshalb gaben sie ihm, als einzigen baum, einen namen *cacahuaquchtl*. Man verehrte kakao nicht etwa als olmekischer kulturimport, sondern als gewächs und gabe der götter. Deshalb zierten prachtvolle darstellungen von kakaofrüchten, die wände der tempel und paläste. Die maya entwickelten auch eine art von hieroglyphen für kakao, die zeigen wie götter mit den früchten des kakaobaumes religiöse handlungen vollführen. So bezeichnen die frühen texte der mayas schokolade schon als *speise der götter*. Von den mayas existieren neben wandzeichnungen und schriften auch noch gefäße, die zur einnahme von kakao benutzt wurden. Oft wurden solche gefäße den verstorbenen als grabbeilage mitgegeben. Als göttliche gabe war kakao teil von kultischen ritualen und dem genuss von königen vorbehalten.

Bekannt ist auch, dass die mayas bereits trocknungs- und röstungsverfahren einsetzten, wodurch sich die bitterstoffe aus der kakaobohne lösten. Für unseren geschmack war die daraus gewonnene schokolade trotzdem bitter, denn bis die spanier auf den geschmack von schokolade kamen, genoss man sie noch ohne zucker. In vielerlei hinsicht unterschied sich diese schokolade noch von dem was man sich üblicherweise darunter vorstellt. Im grunde genommen sprechen, wir hier von dem prototyp der trinkschokolade. Denn die mayas genossen ihre schokolade in flüssiger form. Von einem getränk lässt sich allerdings nicht sprechen, weil in der mexikanischen küche und den angrenzenden ländern sehr viele flüssige speisen existieren. Aufgrund ihres hohen nährwertes kann die schokolade durchaus dazu gezählt werden. Der einfachheit halber sprechen die meisten trotzdem von einem getränk. Zum teil wurde die schokolade auch mit maismehl zu einem brei verarbeitet oder als gewürz zu festen speisen gereicht.

In den büchern der mayas findet man viele arten schokoladen darzureichen. Für viel abwechslung sorgte die würze. Die mayas begannen ihrer schokolade chilis, vanille, blütenblätter, agavensaft, achiotesamen oder andere gewürze beizumengen. Sogar honig verlieh der schokolade eine süße. Die mayas begannen die aromenkomponenten des kakaos zu erforschen und freizulegen. Auch heute noch wird kalte oder heiße schokolade in lateinamerika nach alter tradition gewürzt.

Die ganze zubereitung dieses edlen elixiers war ein ritual. Ganz besonders wichtig dabei, war die erzeugung des kakaoschaumes, beziehungsweise der krönung der schokolade. Einige ausdrücke der frühen kolonialzeit beschreiben dieses verfahren. So zum beispiel *„t´oh haa, haa, eine wendung, die sich sowohl auf schokolade als auch auf wasser bezieht, wobei t´oh bedeutet, etwas aus einiger höhe von einem gefäß in ein anderes zu gießen [...]“* ( Coe 1997). So die methode, von der auch noch bilder zeugnis ablegen. Ein weiterer wichtiger unterschied den es hier festzuhalten gilt, ist, dass nicht milch, sondern wasser die basis für die schokolade bildete. Denn bis zur spanischen eroberung der azteken kannte man keine rinder, schafe und ziegen und folglich auch keine milch.

Aufgrund der hohen bedeutung, die man den kakaobohnen beimaß, wurden sie sowohl von den mayas als auch von den azteken als zahlungsmittel verwendet. Im wirtschaftsleben der maya spielte der kakao eine große rolle. Die stämme handelten untereinander mit kakaobohnen, aber auch mit nachbarreichen. So brachten die kaufleute der mayas den kakao bis zu den karibischen inseln und an die küsten von honduras und nicaragua.

## die azteken oder am übergang zur europäischen kultur

Sehr viel beredeter sind die quellen der azteken. Immerhin hatte man ihnen eine zeit lang die erfindung der schokolade zugeschrieben und sich dementsprechend stark auf sie fokussiert. Außerdem ist die aztekische zeit von einer bedeutenden zäsur durchschnitten. Denn durch die spanische eroberung kam es zu einem kulturellen austausch zwischen europa und dem alten amerika. Über die azteken lernten europäer schokolade kennen und erlernten deren hohe kunst. Aus europäischer sicht betrachtet hat der gedanke des aztekischen ursprungs von schokolade, sogar etwas für sich. Doch auf globaler ebene ist er nicht haltbar.

1200 n.chr. hob die zeit der azteken an. Die ersten politischen kleingebilde formierten sich und besiedelten ein gebiet im heutigen mexiko. Doch im hochland von mexiko fand man weit und breit keinen kakaobaum. Erst durch die eroberung großer teile mexikos, gelangten die azteken in den genuss von schokolade.

Neben baumwolle, vogelfedern, dem kostbaren, roten farbstoff koschenille war kakao jenes gut, durch das die unterworfenen provinzen ihren tribut leisteten. Kakao kam hauptsächlich aus den fünf südprovinzen guatemala, honduras, nicaragua, costa rica und xoconocho, dem heutigen chiapas. Wobei die kakaobohnen aus chiapas den besten ruf hatten. Darüber hinaus dachten die azteken sogar an die ausstattung von schokolade und forderten kürbisse als gefäße zum schokoladetrinken als tributleistung ein.

Von der kakaobohne bis zur schokolade ist es ein langer weg. Im rohzustand sind die kakaobohnen einfach bitter und unansehnlich. Die mayas und azteken vollbrachten nun das wunderwerk aus kakaobohnen schokolade zu gewinnen, sprich den kakaobaum kulturell zu erschließen und nutzbar zu machen.

So wurde der wortschatz nicht nur um *cacao ka-ka-w[a]*, sondern auch um *chocolatl* oder *xocoalt* erweitert. Dabei meint xócoc bitter und *alt* steht für wasser. Denn wie die mayas genossen auch die azteken schokolade als ein in wasser aufgequirltes getränk oder eine mit maismehl und honig festgeknetete masse, die als kraftnahrung diente.

Selbst aztekische krieger stärkten sich für den kampf mit schokolade und führten diese immer als proviant mit. In europa nahm man sich ein beispiel daran und stattete seit ende des 19. Jahrhunderts moderne armeen mit schokolade aus. 1937 erhielt die firma *hershey* sogar den auftrag eine spezielle schokolade für die amerikanischen streitkräfte zu entwickeln, die *„nur wenig besser als eine gekochte kartoffel schmeckt“*. Unter derart funktionalen aspekten stand der nährwert natürlich deutlich über dem genuss. Auch heute noch ist schokolade für kosmonauten und bergsteiger ein wichtiger energiespender; doch schmecken sollte sie darüberhinaus auch.

Doch das maß aller dinge war für die azteken die flüssige, schaumgeschlagene schokolade, die von einer zeremoniellen aura umwoben war und als opfergabe dargereicht wurde. Beispielsweise für chak ek chuah, den gott der ackerbauern und im speziellen auch der kakaopflanzer und kakaohändler. Bei keinem offiziellen anlass durfte schokolade fehlen. Sogar bei der brautwerbung dienten kakaobohnen als botenstoffe. Nahm die braut sie an, folgte die hochzeit. Lehnte sie sie ab, musste der verehrer sich erneut auf die suche nach einer ihm wohlgesinnten begeben. Bei der hochzeitszeremonie wurde dann natürlich schokolade getrunken. Nicht zuletzt, weil man ihr eine aphrodisierende wirkung nachsagte und schokolade ein symbol der fruchtbarkeit und des lebens war.

fermentierter kakao

Doch auch den toten erbrachte man mit schokolade eine letzte ehrerweisung. Auch heute noch ist in mexiko der hohe mythologische wert von schokolade ungebrochen. An allerheiligen pilgern millionen mexikaner zu den gräbern ihrer ahnen, um ihnen mit zuckerguss reich verzierte schädel und skelette aus schokolade, darzubringen.

Geehrt war auch jener, der schon zu lebzeiten in den genuss des göttlichen getränks gekommen ist. Denn schokolade blieb lange zeit der herrschenden schicht vorbehalten. Am hofe des aztekischen kaisers motecuhzoma wurde die dunkel schäumende schokolade in goldenen schalen gereicht. Man sagte ihm nach, dass er ausschließlich *chocolatl* trank. Bei festen soll er bis zu 50 bechern getrunken haben. Das war natürlich eine prestigesache.
Auch an der königlichen tafel herrschte überfluss. Für jedes königliche mahl bereiteten motecuhzomas köche bis zu 30 verschiedene gerichte zu. Wie bernardino de sahagún berichtete, gehörten zum aztekischen menü häufig wassermolche mit gelben paprikaschoten, heuschrecken mit salbei, wildbret mit chilischoten oder tomaten und kürbiskerne. Einige aztekische grundnahrungsmittel wie mais, tomaten, süßkartoffeln, truthahn oder chilischoten haben samt der schokolade in europäischen küchen einzug gehalten. Während man andere delikatessen wie algen, larvennester, insekteneier, steinfliegen und ihre nester, salamander, leguane und gürteltiere eigenartigerweise verschmäht hat.

## intermezzo mit kolumbus

Dann schnitten die europäer in die geschichte. Kolumbus war der erste, der mit kakaobohnen in berührung kam. 1502 führte ihn seine vierte reise an die küste von honduras. Dort wurden er und seine begleiter zeugen eines seltsamen zwischenfalls, den sie nicht zu deuten vermochten. Sein sohn ferdinand notierte jene geschichte. Eine gruppe indios im kanu verhielten sich sehr seltsam wegen ein paar nüssen. Sie bückten sich nach jeder nuss die herunterfiel. Doch was es mit den angeblichen nüssen, die kakaobohnen waren, auf sich hatte, bekam kolumbus aufgrund der verständigungsprobleme nicht heraus. Im laufe seiner reise kaperte er sogar ein schiff, dessen ladung aus baumwolltextilien, keramiken, äxten, beilen und kakaobohnen bestand. Die kakaobohnen gelangten nach europa. Da zwischen bohne und endprodukt schokolade ein himmelweiter unterschied besteht, endete die erste begegnung sang- und klanglos.
Die spanische eroberung des atztekenreiches brachte das geheimnis der schokolade dann ans licht. Als 1519 huan cortés schiffe an der küste von villa rica de la vera cruz, was soviel bedeutet wie reiche stadt des wahren kreuzes, dem heutigen veracruz vor anker gingen, wusste er genau wonach er suchte.
Die sagenumwobenen reichtümer der azteken hatten ihn verlockt. Da die kakaobohnen auch als zahlungsmittel verwendet wurden, entging cortés ihre bedeutung nicht. Die spanischen konquistadoren erforschten alles was irgendwie nach wohlstand roch. Sie beobachteten den umgang mit kakao sehr genau. So verdanken wir das wissen über die schokoladenkultur zur zeit der eroberung mexikos ihren niederschriften. Neben dem bereits erwähnten, stellten sie auch fest, dass die aztekischen händler die kakaobohnen streng nach region, qualität und beschaffenheit unterteilten. Ein vorgeschmack also auf den *gôut de terroir*, den man vom wein her kennt. Später übernahmen die spanischen siedler die qualitätsbezeichnung der azteken. Lange zeit blieb man dabei den kakao primär nach seinem ursprungsort zu beurteilen. Natürlich vergaßen die konquistadoren auch nicht, das preis-leistungsverhältnis der kakaobohnen festzuhalten. Überliefert ist eine preisliste aus dem jahre 1545. Denn auch unter spanischer herrschaft hatte die währung weiter bestand. Einen truthahn bekam man damals für 200 kakaobohnen. Einen hasen oder ein waldkaninchen war 100 kakaobohnen wert und für eine bekam man immerhin noch eine tomate.

Zu diesem zeitpunkt ist die währung offensichtlich schon inflationär geworden. Denn nachdem cortés den wert von kakaobohnen erkannt hatte, ordnete er sofort an, kakaoplantagen anzulegen, auf denen fortan *geld* angebaut wurde. Während man 1545 für einen truthahn 200 kakaobohnen zählte, bekam man einstmals einen sklaven für 100 kakaobohnen und eine sklavin gab es gleich für die hälfte. Ganz sauber war das geldgeschäft noch nie. So wird sogar von gefälschten kakaobohnen berichtet. Die methode war recht einfach. Man legte die bohnen in wasser ein und schon wurden sie größer und damit wertvoller. Ob sich auch die einheimischen, die in der qualitätsbestimmung der bohnen sehr versiert waren, von dem schein haben trügen lassen, ist soweit leider nicht bekannt.

1536 löste der spanische peso das *braune gold* als zahlungsmittel im unterworfenen aztekenreich schlussendlich dann doch ab.

In gewisser weise stehen kakaobohnen sogar mit dem untergang des aztekischen reiches im zusammenhang. Doch dazu muss man auf den mythos einschwenken. Quetzalcoatl, der gefiederte schlangengott, soll den tolteken durch fleißige ameisen die samenkerne des kakaobaumes geschickt und ihnen die zubereitung des göttertranks xocolatl beigebracht haben. Im 12. jahrhundert unterwarfen die azteken die tolteken. Die azteken schätzten die tolteken zwar, jedoch löschten sie ihre geschichte aus, indem sie alle geschichtsschriften vernichteten.

Der untergang des aztekischen reiches war prophezeit. Aus berichten der azteken, geht eindeutig hervor, dass motecuhzoma schon lange die ankunft mächtiger männer aus dem osten gefürchtet hatte. Eine legende sagte die rückkehr keines geringeren als quetzalcoatl voraus, der generationen zuvor mexiko auf einem aus schlangen gewobenen floß verlassen und dabei angekündigt hatte, eines tages zurückzukommen und wieder den thron zu besteigen.
Als zeitpunkt seiner rückkehr war im aztekischen kalender das jahr *1rohr* vorhergesagt und in genau diesem jahr landeten cortés schiffe.
Als motecuhzoma davon erfuhr, glaubte er, das riesenfloß des quetzalcoatl sei zurückgekehrt. Vom glauben entmachtet, leistete er den wenigen spanischen eindringlingen keinen widerstand, sondern empfing cortés in allen ehren. Jener verbündete sich mit den unterdrückten volksstämmen und vernichtete das aztekische reich. Sein widerstandsloses handeln musste auch motecuhzoma mit dem leben bezahlen, sein eigenes volk steinigte ihn dafür.

## die spanier

Die schokolade eroberte ihrerseits spanien, unblutig versteht sich. Zunächst konnten die in mexiko verbliebenen spanier dem bitteren schokoladengetränk nichts abempfinden. Im laufe der zeit gab es mischehen und die kulturen und geschmäcker kamen sich näher. Die spanier begannen die schokolade mit rohrzucker zu süßen. Damit gelang der schokolade der durchbruch, natürlich streng nach etikette.

25.000 zentner kakaobohnen hatte cortés aus der schatzkammer motecuhzomas geraubt. Er brachte die bohnen nach spanien und 1528 kam kaiser karl V. als erster europäer in den genuss von schokolade. Ob sie ihm geschmeckt hat ist leider nicht überliefert. Doch cortés brachte nicht nur die kakaobohnen mit, sondern auch gleich das zubehör, um eine trinkschokolade zuzubereiten. Die gesamte schokoladen-kultur wurde importiert.

## oder wie ein jahrhundert lang das geheimnis gewahrt wurde

überfahrt

Ein jahrhundert lang wahrten die spanier das geheimnis von schokolade. Zwar kamen auch andere europäische herrschaftshäuser auf den geschmack, doch mussten sie ihre schokolade aus spanien importieren. Niemand wusste wie man zu dem herrlichen stoff kam und spanien hielt das handelsmonopol. Wie einst kolumbus warfen auch britische und holländische seeleute, wenn sie spanische schiffe kaperten, ganz ahnungslos die wertlosen bohnen ins wasser.

Währenddessen wurde schokolade zu einem teil der spanischen lebensart. Im ganzen land eröffneten choclaterias.
Die spanier schätzten schokolade zur beruhigung des magens oder als ersatz für eine mahlzeit. Was so räsoniert anmutet, war in wirklichkeit nur ein deckmantel unter dem ein wahrer schokoladenrausch ausgebrochen war. Reihenweise verfielen die spanierinnen der schokolade. Man sagte ihnen sogar nach, dass sie so dünn seien, weil sie soviel schokolade genossen. Was auf den ersten blick paradox klingt ist es nicht mehr, wenn man bedenkt, dass sie ausschließlich schokolade genossen und auf andere mahlzeiten verzichteten. Bei denjenigen, die nicht ganz verzichten wollten, zog die schokolade auf den speiseteller. Noch heute wird schokolade von spaniern wie von mexikanern zum verfeinern von saucen zu wild, fleisch und fisch verwendet.

Doch letztendlich obsiegte die neugierde. Anfang des 17. Jahrhunderts brach das spanische monopol zusammen. Zum einen schmuggelten spanische seeleute kakaobohnen und trieben regen handel damit. Zum anderen sollen spanische juden auf der flucht aus ihrer heimat das geheimnis der schokoladenherstellung nach frankreich gebracht haben. Am ende konnten die spanier weder ihren überseebesitz halten noch verhindern, dass kakao auch in anderen erdteilen angebaut und zu schokolade verarbeitet wurde. Schokolade stieg zum modegetränk des 17. Jahrhunderts auf.

## die kirche im zwiespalt mit schokolade

Da die katholische kirche über die sitte wachte und völlerei mit der todsünde ahndete wurde schokolade natürlich zum thema. Lange zeit stritt sich der klerus über die fastenverträglichkeit von schokolade. Ob schokolade das speiseverbot in der fastenzeit breche, war natürlich eine auslegungsfrage und abhängig davon ob es sich dabei um ein getränk oder eine speise handele.
Jedenfalls erforderte die lage eine entscheidung, denn offensichtlich stellte schokolade die autorität der kirche in frage. In mexiko waren die edlen damen so versessen auf schokolade, dass sie sich schokoladen auch während der messe servieren ließen.
Als der bischof wagte, von der kanzel herab gegen diese unsitte zu wettern, kamen sie einfach nicht mehr zum gottesdienst. Deshalb gab er klein bei und die herrschaften genossen weiterhin ihre schokoladen.

Der bischof von chiapas hatte weniger glück als er im 16. jahrhundert das schokoladetrinken in der kirche verbot. Seine abendliche schokolade brachte ihn zur strecke, weil sie eine schokoladenliebhaberin vergiftet hatte. 1569 entschied papst pius V. in höchster instanz, dass der genuss von schokolade während der fastenzeit unbedenklich sei.
Er selbst fand den geschmack von schokolade abscheulich.
Dem konnte der italiener bonzoni nur zustimmen und titulierte 1555 schokolade als sautränke, die höchstens für schweine gut sei. Doch auch innerhalb der katholischen kirche waren die geschmäcker verschieden. Kardinal brancaccio beispielsweise war ein energischer verfechter des neuen getränkes. 1662 ordnete er an, dass schokolade neben bier und wein unter die salomonische regel fiel. Diese besagte, dass flüssiges das fasten nicht breche. Man kann sich redlich vorstellen, wie es in der fastenzeit umging, wenn auf leeren magen alkohol genossen wurde.
Wie in der kunst des bierbrauens verstanden sich die mönche bald darauf vortreffliche schokolade zu bereiten. Geführt wurde sie natürlich nicht als genussmittel, sondern als medizin oder indianisches heilmittel *cococulata indic*. Daher wurde kakao und schokolade bis ins 19. jahrhundert hinein vorwiegend in apotheken vertrieben.

Ende 16. jahrhunderts nahm die schokolade einzug in alle europäischen herrschaftshäuser. Denn auch in europa genoss die schokolade einen hohen gesellschaftlichen status und umgab sich mit der aura des elitären und exotischen.

## die europäischen herrschaftshäuser oder der königliche gaumen

In blitzlichter sei der siegeszug der schokolade festgehalten.
Zunächst wurde schokolade nur am hofe philipp II. von spanien genoss und tradiert. Auf königlichem weg kam die schokolade nach frankreich als ludwig XIII. 1615 die habsburgerische prinzessin anna von österreich, die tochter von philipp II., heiratete. Anna, die in madrid aufgewachsen war, liebte die schokolade sehr und machte sie hoffähig.
Spätestens maria theresia, die tochter von philipp IV., die seit 1660 mit ludwig XIV. verheiratet war, machte die schokolade in versailles endgültig heimisch. Die damen am hofe kamen schnell auf den geschmack, besonders als sich herumsprach, dass schokolade wie ein aphrodisiakum wirke.
Maria theresia selbst bekannte, *„schokolade und der könig sind meine einzigen leidenschaften."* Durch ihren maßlosen schokoladengenuss soll sie sich auch die zähne ruiniert haben. Allerdings lag das, wie man heute weiß, wohl nicht am kakao, sondern am zucker.

Versailles war nun zu zeiten ludwig XIV. das höfische vorbild, dem alle nachzueifern versuchten. Deshalb begannen natürlich alle herrschaftshäuser schokolade zu trinken.
Nur in deutschland taucht die schokolade relativ spät am ende des 17. jahrhunderts auf. Denn friedrich I. von preußen war bemüht die einfuhr ausländischer waren zu unterdrücken. Dies veranlasste ihn auch zu der erhebung einer schokoladen-steuer. Jeder der schokolade verzeheren wollte, musste zwei taler für einen erlaubnisschein zahlen. 1747 gebot auch friedrich der große der schokoladenverbreitung per gesetz einhalt. Das hausieren, vorallem mit schokolade, war verboten.
Währenddessen hatte man 1671 in frankreich eine weitere wichtige entdeckung gemacht, der jene anekdote gewidmet ist. Ein französischer küchenjunge ließ eine schüssel mit mandel zu boden fallen. Der wütende koch rügte ihn mit einer ohrfeige, woraufhin der junge noch einen topf mit heiß gebranntem zucker über die mandeln ausgoss. Da der duc du plessis-praslin, ein als feinschmecker bekannter marschall, bereits ungeduldig auf sein dessert wartete, servierte man ihm das malheur. Der marschall war entzückt und eine neue süßigkeit war geboren, die nach ihrem ersten genießer praliné genannt wurde.

Schokolade hatte sich durchgesetzt und man genoss sie immer und überall. Die erste schokolade trank man als belebungs- und stärkungsmittel meist schon morgens im bett. Die damen setzten ihren besuchern schokolade vor. Es gab kalte oder warme schokolade.
Viele damen tranken sechs tassen hintereinander und das zwei- bis dreimal täglich. Natürlich wurde der tag auch mit einer schokolade beendet. Selbst auf reisen durfte die schokolade nicht fehlen.
Ein schokoladenquirl gehört zur grundausstattung feiner lebensart und fehlte deshalb auch nicht im reisenecessaire.
Auch johann wolfgang von goethe packte stets schokolade in seinen koffer. Denn *„wer eine tasse schokolade getrunken hat, der hält einen ganzen tag auf der reise aus. Ich tue es immer, seit herr von humboldt es mir geraten hat."*

Lange zeit wahrte man die schokoladentradition der azteken. Die zubereitung und der genuss von schokolade wurden als kunst gehandelt, die bestimmte fähigkeiten und gerätschaften erforderte. Bis zur industrialisierung verwendete man den metate-mahlstein.
Experimentierte mit wertvollen zutaten, wie zimt, anis, muskatnuss, chili oder anderen pfeffersorten. Griff zu ätherischen ölen, wie rosen- oder orangenblütenwasser. Verfeinerte die schokolade mit gemahlenen nüssen, wie mandeln, haselnüsse, pinienkerne oder pistazien. Probierte anchiote und vanille.

Auch mit eigenen raritäten, wie moschus und ambra verlieh man jeder schokolade ihre eigene note.
Nur mit ganz exquisitem, durfte schokolade sich paaren. Selbst zucker zählte zu den kostbarkeiten jener tage. Man verwendete feinstes porzellan. Erfand einen schokoladenbecher mit eingebautem quirl. Oder bestückte die schokoladentassen mit zwei henkeln, weil auch die aztekischen schalen griffe hatten.
Doch irgendwann musste auch die belle epoque der schokolade zu ende gehen. Je weiter die schokolade ihre kreise zog um so stärker geriet die hohe kunst der schokolade in vergessenheit.

zotter-trinkschokoladequirler

## zotter quirlt die tradition wieder auf

Die zotter-manufaktur macht ihrem namen alle ehre, wenn sie die zeichen der zeit und die folgen der industriellen revolution umkehrt und den schokoladengenuss aufs neue belebt und ritualisiert.
Seit nun mehr zehn jahren ist die trinkschokolade ein fester bestandteil des sortiments.
Von beginn an war es josef zotter sehr wichtig ein getränk aus schokolade herzustellen. Denn üblicherweise bestellt man im café oder wirtshaus eine schokolade und bekommt stattdessen einen kakao. Dabei ist das nicht einfach ein namentlicher unterschied, sondern eine andere substanz und konsistenz. Schokolade enthält noch die wertvolle kakaobutterbestandteile, die im kakao bereits herausgelöst sind.
Zudem wird kakao oft mit künstlichen aromen versetzt, chemisch verändert und ist deshalb meilenweit von einem echten schokoladengenuss entfernt.

Es gab vorläufer, doch zotters trinkschokolade ist natürlich kein einfaches revival einer alten tradition, sondern traditionsbewusst und modern zugleich. Denn trinkschokolade gab es natürlich nicht als schokoladenstückchen und schon gar nicht in derart ausgefallenen geschmackskombinationen.

Man muss die milch natürlich zuerst erhitzen und mit einem milchschäumer aufschäumen.

Dann gibt man das schokoladenstückchen hinein und wartet ein bis zwei minuten, damit es sich auflösen kann.

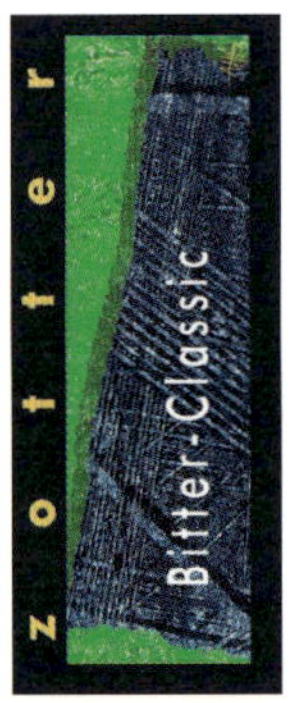

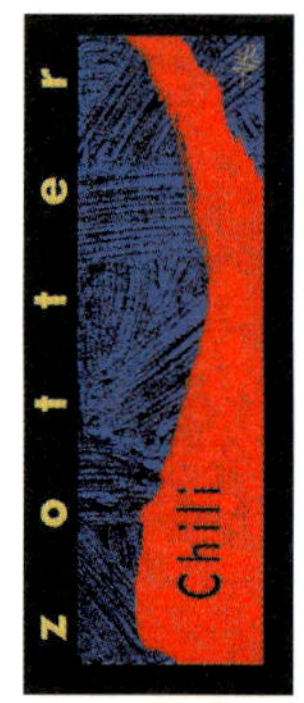

Anschließend wird die schokolade gequirlt, damit sie sich optimal im glas verteilen kann. Für diesen zweck hat josef zotter einen speziellen quirl entwickeln lassen, denn zu einer perfekten zeremonie gehört schließlich auch das passende besteck.

Danach sollte man sich auf jeden fall nochmals zwei minuten gedulden, damit sich die aromen voll entfalten können.

Kleine gefüllte zotter-schokolade verfeinert mit traditionellen trinkschokoladengewürzen, wie honig und zimt, chili, bourbon vanille oder als klare hoch aromatische edelbitterschokolade für puristen.
Als das sortiment in diesem jahr ausgebaut wurde, verließ zotter den traditionellen bereich und drang in andere gefilde vor. Italienisches pfefferminzöl, frischer fenchel auf orangen mit französischem akzent und india masala, als hommage an das indische nationalgetränk, das josef zotter von seiner reise mitbrachte. Edelbitterschokolade versetzt mit den extrakten dieses würzigen schwarztees. Kombiniert mit shitake pilzen, kardamom, sternanis und einer prise sze-chuanpfeffer ist die india masala ein wahres crescendo der gewürze.

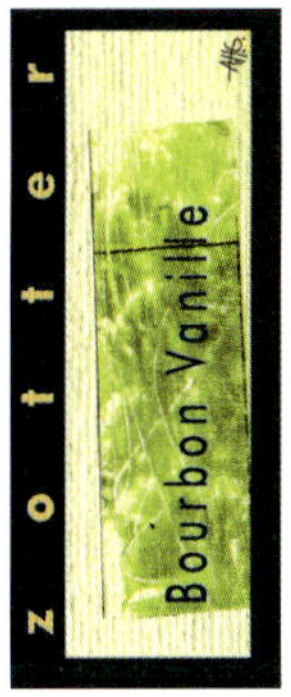

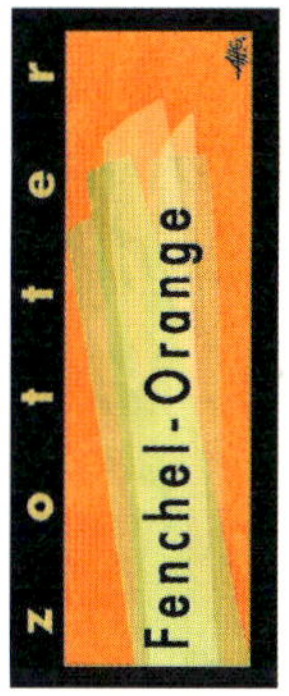

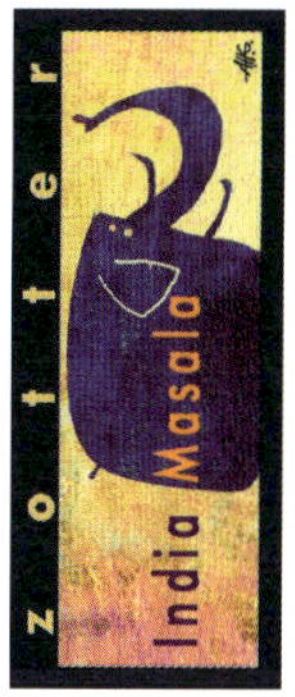

Bisher genügte es von der anbauregion zu sprechen, um die qualität des kakaos beurteilen und einzuschätzen zu können.

**eine neue kakaosorte entsteht**

Von kakaosorten war noch nicht die rede, da es nicht notwendig war, solang man sich bei der herstellung von schokolade auf eine sorte beschränkt hatte und die nuancen durch regionale zuschreibungen setzte. Von jeher nutzte man nur den criollo, den edlen, dessen bestände aus dem norden südamerikas kamen und irgendwann auch in mesoamerika heimisch wurden. Als die spanier kamen war es der geschmack des criollo, den sie kennen lernten und dem sie schließlich verfielen. Doch im 17. jahrhundert fand die blühende schokoladenkultur ein jähes ende. Eine seuche brach aus und verwüstete die kakaoplantagen. Den spaniern gelang es einfach nicht, die kakaokultur in mexiko jemals wieder auf das hohe niveau vor der seuche zu bringen. Sie mussten ihren kakao aus anderen anbaugebieten importieren lassen.

Der niedergang des criollos führte in der mitte des 17. jahrhunderts zum aufstieg des forastero. Der forastero war jene wildform des kakaos, die ihre ursprünge im amazonasbecken hat. Einheimischen war der forastero schon viel früher bekannt, doch wagten sie ihn nicht zur schokoladenerzeugung zu nutzen. Als die spanier ihn entdeckten, erschien ihnen die dickschalige frucht, auch fremdartig. Dieser eindruck prägte seinen namen, forastero, der fremdling. Seine keimblätter waren mittel- bis dunkelrot und nicht blütenweiß bis rosé, wie die des criollo. Seine kakaobohnen waren abgeflacht statt rundlich. Auch musste der forastero viel länger fermentiert werden. Doch auch nach der röstung schmeckten die bohnen bitter und säuerlich. Die schokolade, die man daraus gewann, war zwar sehr kräftig im geschmack, doch ließ sie die vielschichtigkeit des criollos vermissen. Anderes sprach für den forastero. Er war viel ertragreicher und außerdem schien er viel robuster und wiederstandsfähiger zu sein. Als wildpflanze gedieh er im schutz der mischkultur des regenwaldes prächtig, doch als monokultur der plantagen, war er nicht erprobt.

Die spanier sicherten sich gegen einen kakaoeinbruch auch auf anderem wege ab. Am ende des 17. jahrhunderts verteilten sie die kakaobestände und brachten sie nach asien, auf die philippinen und in gebiete von indonesien. Die kolonialmächte wetteiferten natürlich miteinander, um den kakao. So brachten sie ihrerseits forasterobestände nach westafrika. Im 19. jahrhundert wurde kakao in nigeria, ghana, kamerun und an der elfenbeinküste angebaut. Es entwickelten sich viele kakaovarietäten.
Allerdings erwies sich der als widerstandfähig gelobte forastero als anfällig für krankheiten. Wo er im großen maßstab angebaut wurde, brach eine seuche aus, die die gesamte ernte vernichtete. Hexenbesen, kakaowelke, schwarzfäule versetzten die kakaobauern in angst und schrecken.

1725 kam eine welle von epidemien und zerstörte die criollo-plantagen in venezuela. Jahre später pflanzten die bauern neu an. Eine neue kakaosorte entstand. Die neugepflanzten forasteros-bestände kreuzten sich mit den überbleibseln des criollo aus trinidad, einer benachbarten insel, der er seinen namen trinitario verdankt. Natürlich ist umstritten, ob es sich dabei um die erste kreuzung handelte. Zumindest war es die erste, die man als solche zur kenntnis nahm.
Der trinitario war widerstandsfähiger als der criollo und im geschmack besser als der forastero. Die goldene mitte. Im grunde genommen bezeichnet der trinitario keine bestimmte kakaosorte, sondern die vielzahl, der aus kreuzung entstandenen kakaosorten. So hat der trinitario viele gesichter.

neues licht im paradiesgarten

**das blatt hat sich gewendet.**

Während man damals schokolade nur aus criollo herstellte, deckt heute der forastero weltweit 90 prozent der kakaonachfrage ab. Dagegen sind die criollobestände ernsthaft bedroht und anteilig auf einen prozent gesunken. Flächendeckend gedeiht er nirgends mehr. Es gibt nur mehr ein paar regionen, in denen er sich behaupten konnte. vornehmlich in den küstentälern venezuelas, in der umgebung von chinandega, in nicaragua und im mexikanischen chiapas wahrt man die kultur des criollo.
Institute wurden errichtet, um die vielen verschiedenen arten des kakaobaumes zu sammeln und zu schützen, damit auch kommende generationen aus dem genpool schöpfen können. Auch die auswahlkriterien beginnen sich zumindest in der forschung zu wandeln.
Nicht die widerstandsfähigsten und ertragreichsten werden für züchtungen ausgewählt, sondern jene, die auch im geschmack überzeugen.

Versailles war ein auslaufmodell. Im großen stil feierte man sein ende im barock unter den vorzeichen des varnitas. Das bürgertum begehrte auf und die französische revolution schuf schließlich eine klare entscheidung. Doch schon im 17. jahrhundert genoss man in den europäischen salons schokolade.

## das bürgertum oder am ausklang einer ära

Überall sprossen schokoladenstuben wie pilze aus dem boden. Stadtfein gekleidet ging man schokoladisieren. Der erste öffentliche schokoladenausschank aus bremen ist überliefert. 1673 bat der holländer jan jantz van huesden, um *„alhir eine hanthierung von außländischen indianischen getränken, alß coffi, schokolati[]"* vornehmen zu können.
Dem bremer vorbild folgten hamburg und wien. Der konsum und die nachfrage nach schokolade stieg weiter an. Bereits 1756 entsteht in steinhude, niedersachsen, die erste deutsche schokoladen-fabrik. Gleichzeitig stellt man auch in frankreich schokolade erstmalig maschinell her, sodass sie auch für bürger erschwinglich wurde.
Auch die ersten bedeutenden erfindungen, wie die eisenbahn und neue maschinen, die die handarbeit obsolet machten, ließen die preise weiter sinken.

Doch erst als im 19. jahrhundert die ersten erfindungen im bereich der schokoladenherstellung gemacht wurden, ging die ära der schokoladenkultur zu ende und ein neues produkt entstand.

die blume der revolution und ihre sprösslinge

Van houtens erfindung ermöglichte die tafelschokolade. Doch auf den markt brachten sie andere.
1819 und 1826 machten sich francois louis cailler und philippe suchard die erfindung zu nutze und brachten die erste feste schokolade auf den markt.
Sie bestand aus flüssiger kakaomasse, kakaobutter und zucker.

## die industrielle revolution oder vom wandel der schokolade

1820 entwickelte der holländer conrad johannes van houten ein verfahren, um kakaobutter aus der kakaomasse zu pressen. Die schokolade zerfällt in ihre bestandteile. Damit endet die spanische schokoladen-tradition, in der feste und flüssige schokolade eins waren.
Das kakaopulver ward erfunden. Das getränk war keine trinkschokolade mehr, sondern jener kakao, den wir gut kennen. Der vorteil des kakaogetränks war, die leichte handhabung.
Ohne die fettanteile war das getränk einfach und schnell zubereitet. Die qualität des kakaogetränks konnte genau bestimmt werden. Da man die einzelnen bestandteile in ein beliebiges mischverhältnis bringen konnte.

Die europäische kakaotechnologie führte dazu, dass sich ein edles, geschmacklich vielschichtiges luxusgut in ein schlichtes alltagsprodukt verwandelte. Es war nicht mehr der vollwertige echte kakao, sondern ein synthetisiertes produkt. Und als solches verlor es seinen mythos.
Man verzichtete auf die teuren gewürze und spielte stattdessen mit den mischverhältnissen. Als nächstes erfand van houten die alkalisierung, wodurch das erste ergebnis verfeinerte wurde. Der kakao ließ sich noch besser in flüssigkeiten auflösen. Er war nicht mehr so körnig und rau, sondern dunkel und glatt. Nebenbei konnte man dank des verfahrens auch qualitätsmängel oder eine mangelhafte fermentation kaschieren. Eine dankbare erfindung durch die holland zum ersten großproduzenten von kakao und schokolade avancierte.

Mitte des 19. Jahrhunderts gelang es dem kindernahrungshersteller nestlé frische kuhmilch durch erhitzung zu konservieren. 1875 hatte der schweizer daniel peter die idee, dieses verfahren auch für die schokoladenherstellung zu nutzen und der kakaomasse milch beizugeben.
Die milchschokolade war geboren. Doch auch die milchschokolade kaschierte. Es war nicht mehr möglich den kakaogeschmack zu eruieren.
1879 erfand der schweizer roderich lindt das legendäre conchieren, wodurch die schokolade wieder verfeinert wurde und einen edlen schliff bekam.
Ähnlich wie bei den metate-mahlsteinen wurde die rohmasse so wie sie war oder unter beigabe von zusätzlicher kakaobutter in einer conche gründlich gerührt und gewalkt. Der vorgang dauerte sehr lange von 24 – 72 stunden. Währenddessen verdampfte überschüssige nässe und unangenehme bitterstoffe wurden beseitigt. Das ergebnis war eine zart schmelzende schokolade, die zunächst der pralinenherstellung diente, aber bald schon zum standard wurde. Nun war die schokolade formbar und konnte auch leicht für kuchen, kekse, torten und saucen verwendet werden.
Doch die sachertorte wurde beispielsweise schon 1832 am hofe von clemens von metternich erfunden.
Ein genialer jugendstreich eines sechzehnjährigen jungen.

1899 kauften richard sprünglis enkel die firma lindt auf. Das bild der schokoladenhersteller änderte sich durch zahlreiche auf- und verkäufe beständig. Oft zeugen nur mehr die namen von einer eigenständigen existenz. Doch auch wenn die verfahren zur erzeugung von schokolade standardisiert worden sind, gleicht keine schokoladenfabrik der anderen. In jeder stadt entstanden mehrere schokoladenfabriken.

In den goldenen zwanzigern war schokolade überall erhältlich. Schokolade wurde nun in allen gesellschaftsschichten gegessen und die trinkschokolade vom kakao verdrängt. Man ging davon ab die herkunft der bohnen auszuweisen und der preisverfall von schokolade hatte natürlich einen qualitätsverlust zur folge.

Doch jede zeit hat ihren segen und ihre nostalgie. Über die errungenschaften der industriellen revolution kann man durchaus geteilter meinung sein.

Auch die kleinen schokoladenfabriken hatten etwas für sich und nicht wenige hüteten ihr schokoladengeheimnis wie einen schatz. Es gab sogar fälle von spionage, wie im hause suchard-tobler. Ein junger angestellter stahl die rezepturen und verkaufte sie nach russland, china und saudi arabien. Dem vorfall stand man bei suchard-tobler einigermaßen gelassen gegenüber und kommentierte, *„man kann zwar die rezepte stehlen, aber man kann den berg von erfahrungen, die man zum schokolade machen braucht nicht stehlen."*

Doch auch diese vielfalt ging zu ende als großkonzerne an die macht kamen und ihre nebenbuhler einfach verschlangen. Eine vielfalt wurde nur mehr suggeriert, denn großkonzerne treten gleich mit mehreren marken auf dem markt auf.

Ganz unschuldig ist die gilde der schokoladenfabrikanten dabei natürlich nicht, denn die groß- und multikonzerne wuchsen immerhin aus ihren reihen.

Schon die volkstümliche schokolade fand viele kritiker, die die nase rümpften. Doch erst jetzt konnte man tatsächlich von einem massenprodukt sprechen, einem konsumartikel, der für jedermann erschwinglich und immer zu haben ist.

Einige großkonzerne rühmen sich, dass das produkt schokolade *„untouched by human hands"* produziert wird. Mit erfahrung ist da nicht mehr viel auszurichten. Das ergebnis ist ein geschmacksneutrales endprodukt, das jedem potenziellen kunden schmecken soll und garantiert jahr für jahr den selben geschmack und die gleiche konsistenz besitzt. Diese perfektion ist natürlich atemberaubend und mag für viele auch ganz richtig sein. Doch monokulturen sind in jeder beziehung gefährlich und gefährdet.

Seit den 90er-jahren hat sich ein kreativer pool, aus einer neuen generation von chocolatiers und den überbleibseln der traditionsbewussten häuser, formiert. Diese bewegung fokussiert sich aber längst nicht mehr auf die schweiz, sondern besitzt von ihrem ursprung her einen internationalen charakter. Dem alten geist der schokolade wurde neues leben eingehaucht und eine neue schokoladenkultur nimmt formen an.

**„Nie dürft ihr so tief sinken, von dem kakao durch den man euch zieht, auch noch zu trinken."**

ironischer kommentar zum thema von erich kästner

Vor der jahrhundertwende entstanden überall schokoladenfabriken. Eine kurze chronologie der namhaften firmengründung:
1815 Van houten, 1819 ciller, 1826 suchard, 1831 cadbury, 1839 stollwerck, 1845 sprüngli, 1851 sprengel, 1855 mauxion, 1857 monheim-trumpf und 1868 sarotti.

schokoladenüberzugsmaschine

# theobroma cacao oder der anbau und die verarbeitung des kakaos

Der kakaobaum stellt klimatische ansprüche. Gleichmäßige wärme und hohe luft- und bodenfeuchtigkeit sind voraussetzungen für sein wachstum. Deshalb begrenzt sich sein wachstumsgebiet auf die feuchttropischen zonen, die sich beiderseits des äquators bis zum 20. breitengrad erstrecken. Dieser raum ist auch unter dem namen welt-kakao-gürtel bekannt.
Da der kakaobaum in der heißesten zone der erde wächst, braucht er viel wasser und schatten. Deshalb wird er traditionellerweise zusammen mit anderen nutzpflanzen kultiviert, die ihm schatten spenden können. Auf den ersten blick erscheint ein kakaogarten alles andere zu sein, als eine stätte der kultivierung. Vielmehr erhebt sich vor den augen das dickicht des urwaldes, in seiner anarchistischen ordnung. Nur eingeweihte kennen sein geheimnis und geben ihr wissen von generation zu generation weiter.

Der stamm des kakaobaumes ist erstaunlich und aus schwachem holz. Deshalb hängen die kakaofrüchte auch nicht an seinen ästen. Die blüten sprießen direkt aus dem stamm oder aus den vergabelungen der hauptäste.
Er ist ein stammblütler, der das ganze jahr über in blühte steht. So kennt der baum auch keinen blüten-frucht-wechsel. Er blüht und trägt seine früchte gleichzeitig. Doch nur wenige der abertausend blühten reifen wirklich zu früchten aus. Pro jahr sind es vielleicht hundert. Denn die befruchtung ist äußerst schwierig und beruht auf einem empfindlichen system. Die kakaoblüte erblüht nämlich nur ein einziges mal für wenige stunden und muss dann von einer in mittelamerika beheimatete mücke bestäubt werden.
Vielerorts und natürlich in allen ländern außerhalb von mittelamerika ist man dazu übergegangen, den baum künstlich zu bestäuben. Sechs wochen nach der bestäubung bilden sich die ersten früchte. Weitere vier bis fünf monate vergehen bis diese zur reife kommen. Während dieser zeit ändern die früchte beständig ihre farbe und form. Überhaupt ist der kakaobaum ein symbol der vielfalt.

So wie sich die kakaobohne durch eine schier unendliche aromenvielfalt auszeichnet, so reich an farben, formen und oberflächenstrukturen ist ihre frucht. Gurkenförmig wächst sie heran und schwillt dann zu fünfzehn bis zwanzig zentimeter großen früchten heran.
Charakteristischerweise läuft die bauchige frucht an ihren beiden enden spitz zusammen. Doch jede sorte hat ihr eigenes charisma. Einige kakaofrüchte sind länglicher und andere eher rundlicher. Die schalen sind glatt oder gerillt, haben kerben oder sind mit noppen übersät. Das farbspektrum ist erfüllt von hellgrün bis blassgelb, von purpur über braunorange bis hin zu scharlachrot. Selbst die früchte eines einzigen baumes sind ganz unterschiedlich gefärbt. Aufgrund dieser farbenpracht ist es auch gar nicht so einfach die reife einer frucht zu bestimmen. Auch fällt die reife frucht nicht ab, da kakaofrüchte ihren mutterbaum niemals loslassen.

kakaowald

Bis zur ersten ernte des kakaobaumes vergehen vier bis fünf jahre. Neuere züchtungen können aber schon binnen zwei bis drei jahren erstmalig geerntet werden. Mit sieben jahren erreicht der kakaobaum traditionellerweise seine fruchtbarste phase. Bis zum fünfzehnten oder zwanzigsten lebensjahr trägt er früchte. Doch auch dann wird er nicht gerodet, sondern mit aufgepfropften stecklingen erneuert. In der natur erreicht der kakaobaum eine höhe von sechzehn metern. Auf plantagen wird er auf eine standardhöhe zwischen acht oder zwei metern gestutzt. Die angaben differieren hier und sind abhängig von den bräuchen des jeweiligen anbaulandes. Auch die erntezeiten sind regional sehr unterschiedlich und orientieren sich an der regenzeit.

Heute wird der meiste kakao nicht in den traditionellen anbauländern mittelamerikas geerntet, sondern in afrika. Wobei ein großteil der weltkakaoernte von der elfenbeinküste eingebracht wird. Weitere teile stammen aus ghana, nigeria, indonesien, ecuador, kamerun, venezuela, bolivien, brasilien und vielen anderen.

Mehr als 14 millionen menschen leben vom anbau und der ernte von kakao. Dabei zählt kakao zu den cash-corps, das sind landwirtschaftliche rohstoffe, die primär für den devisenhandel angebaut werden. Das endprodukt schokolade wird in europa und den usa. verzehrt. Die länder des nordens zählen in europa zu den spitzenverbrauchern. Vorneweg die schweiz mit einem pro-kopf-verbrauch von 10,6 kg und österreich mit 9,6 kg. Gefolgt von irland mit 8,8 kg, norwegen mit 8,6 kg, dänemark mit 8,4 kg und deutschland mit 8,2 kg.

Als 1854 die sklaverei abgeschafft wurde, musste der anbau von kakao neu organisiert werden. Heute wird kakao einerseits von kleinbauern im kleinen stil und andererseits von großgrundbesitzern oder kollektiven auf plantagen angebaut. Die plantagen sind ihrerseits in sektoren eingeteilt und werden zumeist von einer familie bewirtschaftet.

Kakao ist eines der wenigen nahrungsmittel die heute noch ausschließlich von hand geerntet werden. Wie vor 500 jahren werden die früchte mit einem scharfen messer, das am ende einer langen stange befestigt ist, vom baum abgetrennt.
Zunächst muss die harte schale, in deren inneren die kakaobohnen schlummern, aufgeschnitten werden. Man benötigt dazu viel geschicklichkeit, denn die kostbaren bohnen dürfen nicht beschädigt werden. Im glitschig, süßen fruchtfleisch, der pulpa, ruhen 25 bis 50 kerne. Doch bevor diese bitteren bohnen in irgendeinerweise an schokolade erinnern, müssen sie einen langen prozess der verarbeitung und veredelung durchgehen.

## von der ernte bis zur gewinnung des rohkakaos

Die bohnen bestehen bis zu 45 prozent aus kakaobutter, zu 14 prozent aus stärke und zu 9 prozent aus proteinen. Aufgrund ihres hohen alkaloidgehalts sind sie bitter.
Mit hilfe von modernen untersuchungsmethoden wurde die substanz der kakaobohne stofflich entschlüsselt. Über 400 aromastoffe wurden für die kakaobohne bestimmt. Doch in nicht fermentierten, sprich unbehandelten bohnen fand sich nicht eine davon. Erst durch die fermentierung und röstung entfalten die bohnen ihr aroma. Die fermentation ist also der erste wichtige schritt auf dem weg zur schokolade.
Im lexikalischen verständnis bedeutet fermentation *„[...] die umsetzung biologischer materialien, die durch enzyme katalysiert und durch sauerstoffentzug, belüftung, wärme, licht oder dunkelheit beeinflusst oder gelenkt wird. Die enzyme werden entweder aus dem biologischen material selber freigesetzt oder durch mikroorganismen (hefen, pilze bakterien) eingeführt [...]“.* Man kann also auch von einem gärungsprozess sprechen.

Die geernteten früchte werden aufgeschlagen, um die kakaosamen, samt fruchtfleisch aus der schale heraus zu lösen und für die fermentation zu sammeln. Oft wird nur der inhalt einiger hundert früchte zu einem haufen aufgeschichtet und mit bananenblättern bedeckt. Mancherorts wurden für diesen zweck kästen gebaut, die wiederum mit bananenblättern abgedeckt werden.
Bei der kastenfermentation wird die gärmasse üblicherweise öfter umgeschichtet. Durch die sauerstoffzufuhr lässt sich der fermentationprozess beeinflussen. Es mag simpel erscheinen, die bohnen ansonsten einfach vor sich hin gären zu lassen. Doch das gegenteil ist der fall. Da die fermentation für die aromenentfaltung ausgesprochen wichtig ist, kann eine zu kurze oder zu lange oder ungleichmäßige gärung zu einer aromaverflachung oder einer fehlentwicklung von aromen führen. Bei einer überfermentation können sich mitunter sogar schinkenaromen entwickeln. Dies ist nicht jedermanns geschmack, aber dennoch interessanterweise eine mögliche aromakomponente des kakaos.
Auch alle übrigen anscheinend artfremden aromen, wie bittermandel und tee oder käse rühren von der fermentation her und sind ureigene aromenbestandteile des kakaos, die während des prozesses freigesetzt wurden.

Chemisch betrachtet lässt sich die fermentierung in drei entscheidende phasen einteilen. Damit eine gärung überhaupt stattfinden kann dürfen die kakaobohnen nicht abgespült werden, und müssen in ihrem zuckerhaltigen fruchtfleisch verbleiben. Dieser zuckeranteil wird von hefen abgebaut, wobei ethanol entsteht. Welches von bakterien in essigsäure umgewandelt wird. Durch die säure wird die schale der kakaobohnen durchlässig.
Die essigsäure dringt in die kakaosamen ein und tötet deren keimling ab. Dadurch werden die gespeicherten proteine enzymatisch gespalten, wobei aminosäuren und peptide entstehen. Diese beiden stoffe bilden die grundlage für das kakaoaroma.
Je besser die bohne, um so schneller kann man die fermentierung abschließen. Während die besten criollos lediglich 24 stunden benötigen, brauchen andere bohnen fünf bis zehn tage. Doch nicht überall fermentiert man die bohnen sortenrein. Auf vielen plantagen werden die bohnen durchmischt und ein mittelmaß für die fermentation bestimmt. Das wirkt sich natürlich auf den geschmack aus. Doch geschmack ist nicht immer gefragt. Grundsätzlich lässt sich sagen, dass bohnen von bäumen, die im regenwald wachsen im geschmack besser sind als die von plantagen. Da nur eine optimale fermentation gute rohkakaoqualität gewährleistet. Hier werden die gleise für den geschmack der schokolade gelegt.
Nach der fermentierung werden die bohnen zum trocknen in die sonne gelegt bis der wassergehalt weniger als sieben prozent des gesamtgewichts beträgt. In regionen, wo der kakao in der regenzeit geerntet wird, müssen die bohnen künstlich getrocknet werden. Bei der trocknung entstehen bereits die ersten aromastoffe. Ihrerseits nimmt die trocknung einfluss auf die spätere aromaqualität des kakaos.

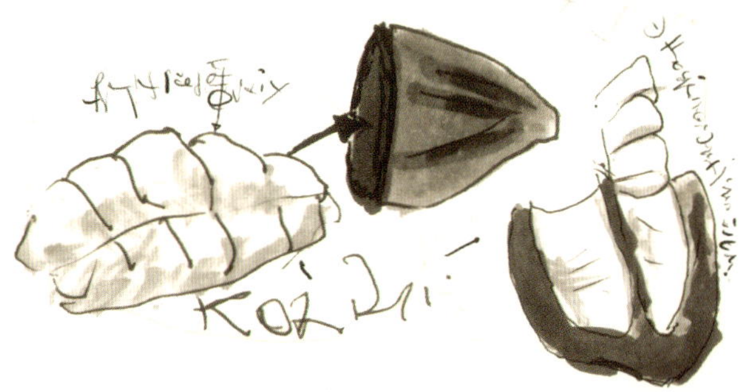

Wer einmal nach bergl kommt, sollte ruhig die gelegenheit ergreifen und vom fermentierten rohkakao, der dort ausliegt, kosten. Die bohnen sind zwar noch bitter, doch ein anflug der späteren aromen lässt sich durchaus erahnen.

Bevor der rohkakao in einen trockenhof gelagert wird, führen die arbeiter noch einen trockentest durch. Dazu werden an die 100 bohnen aufgeschnitten und nach ihrem erscheinungsbild beurteilt. War der criollo und trinitario ursprünglich weißviolett oder hellrot, erscheint er nun mittelbraun. Der forastero dagegen war ehedem rot und ist nun dunkelbraun. Wenn der test zufrieden stellend war, kann der rohkakao sein ursprungsland verlassen. Die bohnen werden nach größen klassifiziert, eingesackt und schließlich verschifft.

kakaofrucht auf dem seziertisch

## vom rohkakao zur schokolade

Die meisten schokoladenfabriken lassen ihren kakao von brokern einkaufen. Denn kakao wird regulär an der börse gehandelt. Da sich aus minderwertigem rohkakao keine hochwertige schokolade mehr machen lässt, entscheidet der einkauf über die qualität. Die herkunftsregion einer ladung ist nach wie vor das einzige qualitätsmerkmal. In der regel werden bio- und lebensmittelchemische qualitätskriterien noch nicht berücksichtigt. Bei fairtrade ist das anders.

In der schokoladenfabrik angelangt wird jeder sack rohkakao einer sorgfältigen prüfung unterzogen. Jede firma beschäftigt professionelle tester, die über qualität und verfall entscheiden. Auch wenn überall ein anderes maß angesetzt wird, kann man generell sagen, dass sich gute bohnen an ihrem bruch und an ihrer nierenförmigen struktur erkennen lassen. Beim geschmackstest werden die ghanesischen bohnen mit vorliebe als maßstab genommen, weil sie einen ziemlich neutralen geschmack besitzen. Nach der testphase folgt die verarbeitung.

Zuerst werden die bohnen nach sorten getrennt bei etwa 130°C geröstet. Die röstdauer hängt natürlich vom bohnentyp ab. Die edlen benötigen auch hier nur eine kurze zeit von etwa 20 bis 30 minuten. Beim rösten riecht man förmlich, wie sich aus den angelegten aromen, die vollen schokoladenaromen entpuppen.

Die schale der kakaobohnen hat sich bereits beim rösten zu lösen begonnen. Nun wird sie endgültig von dem kern gelöst und der kakao wird von letzten unreinheiten befreit. Diese prozedur wird maschinell vorgenommen und als brechen bezeichnet. Einstmals fanden die schalenteile noch verwendung als billiger kakao oder kaffeeersatz.

Dann wird der kernbruch in mühlen und walzwerken immer weiter zerkleinert. Beim mahlen wird das zellgewebe aufgerissen und die in den kernen vorhandene kakaobutter freigelegt. Durch die reibungswärme schmilzt die butter und der kakao kommt als flüssige masse heraus.

Nun kann man die gewonnene kakaomasse auf zweierlei art weiterverarbeiten. Wenn man kakaopulver und kakaobutter erzeugen will, wird die flüssige kakaomasse in hydraulische pressen geleitet. Unter einem druck von bis zu 900 bar wird sie derart zusammengepresst, dass die kakaobutter als goldgelbes öl abfließt. Zurück bleibt der kakaopresskuchen, der je nach verwendeten druck *schwach entölt* oder *stark entölt* weiter zu kakaopulver vermahlen wird. Die gewonnene kakaobutter ist eines der wertvollsten pflanzenfette und wird daher zur veredlung von hochwertiger schokolade verwendet. Oder sie dient als basis für kosmetika, die dann statt von innen von außen wirken.

Der andere weg führt direkt zur schokolade und zu praliné. Diesen vorgang bezeichnet man als mischen.
Nun entsteht der ureigene charakter jeder schokoladensorte, ihre geheime rezeptur sozusagen. Die gewonnene kakaomasse wird mit der einer anderen kakaosorte gemischt. Das vermengen der sorten darf man aber keinesfalls als *panschen* begreifen. Denn hier scheiden sich die nahverwandten geister der schokolade und des weines.
Vielmehr handelt es sich um eine kunstvolle form der kakao-veredlung, die von alten chocolatiers erfunden wurde, um synergien in der schokolade freizusetzten. Kurz gefasst entsteht hier der blend, der je nach bestimmung mit den bitteren, blumigen oder würzigen komponenten des kakaos spielt.
Auch der kakaoanteil, der die gesamtheit von flüssigen und festen kakaobestandteilen meint, wird festgelegt und so trennen sich auf diesem wege die edelbitterschokoladen, von den milch- und weißen schokoladen. Je nach rezeptur werden auch die übrigen bestandteile der schokolade, wie milchpulver, sahne, zucker und sojalecithin zu einer feinen paste vermengt.

Um der schokoladenpaste einen schmelz zu geben, befördert man sie zum walzenstuhl, die sie in mikroskopisch kleine partikel zerlegt. Die schokolade ist nur mehr ein hauch, fein wie puder.

Durch roderich lindts erfindung des conchierens, das längst zum unverzichtbaren standard avanciert ist, erhält die schokolade den letzten schliff.
Die fein zermahlene, trockene masse wird in speziellen, beheizbaren rühranlagen, den *conchen* bis zu 72 stunden lang gerührt. Der name rührt von der ursprünglichen form der chonche her, die stark an eine muschel erinnerte, die auf spanisch *concha* heißt. Eine letzte hommage an die spanische schokoladentradition.
Einstmals hatte man schokolade conchiert, damit sie ganz fein wird. Heute haben andere maschinen diese aufgabe übernommen. Sparen kann man sich den zeitintensiven vorgang des conchierens dennoch nicht, weil auch er für die aromenentfaltung von bedeutung ist.

Durch die wärmezufuhr von bis zu 90°C blühen die aromen voll auf, während die restliche feuchtigkeit entweichen kann.
Kakaobutter kann zur veredlung hinzugeführt werden und störende aromaanteile können während des rührvorgangs zu einem gewissen grad gemindert werden.
Selbst wenn die physikalischen und chemischen prozesse des conchieren wissenschaftlich noch nicht voll entschlüsselt wurden, so sollte man noch erwähnen, dass auch das conchieren ein maß besitzt.
Zu lange conchierzeiten können ebenso gut wertvolle aromen zerstören.
In 72 stunden erreicht die schokolade ihren höhepunkt. Daher lässt auch zotter seine kuvertüre solange kreisen. Im schnitt werden die schokoladen aber nur mehr 12 bis 24 stunden lang conchiert, im extremfall auch nur noch vier bis fünf stunden.
Und dann ist die schokoladenmasse fertig. Nun ist es an anderen ihr eine form und eine idee zu geben.

Beispielsweise ganz formlos und wandelbar als finesse im glas, die man vom löffel weg, als füllung oder brotaufstrich genießen kann.
Für die crème de la crème wird kaltgepresstes mandel- beziehungsweise haselnussöl in die schokolade eingerührt. Anschließend wird die mandel mit kirschessig und die haselnuss mit balsamessig abgerundet.

## ein kurzer nachtrag zur gesundheit und zur qualität

bis vor kurzem tanzten die arbeiter aus trinidad noch barfüßig auf ihren bohnen, damit der glanz uns betört.

Tatsächlich hat sich das bewusstsein für die qualität des kakaos verändert. Doch traditionelle sorten aus bestimmten regionen machen noch immer nur einen winzigen teil des kakaobohnenhandels aus. Das überleben von hochwertigen kakaosorten ist nach wie vor von der kaufentscheidung des konsumenten und von seinem qualitätsbewusstsein abhängig. Eine hochwertige schokolade bestimmt sich aber nicht nur über die sorten, sondern auch über deren anbau und behandlung. So können sogar forasterobohnen, die gut behandelt worden sind, als basis für eine exklusive schokolade dienen.

In letzter zeit wurde viel über den glücksfaktor von schokolade gesprochen. Über serotonin, das die stimmung hebt und über andere psychoaktive substanzen, wie das anregende koffein, das gefäßerweiternde theobromin, das stimmungsaufhellende phenyläthylamin und das berauschende anandamid. Außerdem ist schokolade ein quelle von polyphenolen antioxidantien. Jenem stoff, der in der wissenschaft für aufsehen sorgte. Ärzte und kosmetiker rühmen ihn, weil er den alterungsprozess verlangsamt und darüber hinaus krebs- sowie herzerkrankungen verhindert.

Ernährungswissenschaftler haben schokolade analysiert und sind zu der überzeugung gekommen, dass schokolade in all ihren bestandteilen wertvoll und gesund ist. Das wusste auch schon alexander von humboldt (1769-1859). *„Kein zweites mal hat die natur eine solche fülle von wertvollen nährstoffen auf solch kleinem raum zusammengedrängt, wie bei der kakaobohne."* Wohlgemerkt spricht er hier von der kakaobohne. Denn wirklich *gesund* ist schokolade natürlich nur, wenn sie einen hohen kakaoanteil besitzt.

links: darstellung der physischen und psychischen wirkung beim verzehr von schokolade.
oben: auswirkungen bei unkontroliertem genuss.

So lautet auch der ratschlag von dieser seite, wer sich etwas gutes tun will, sollte doch zu guten schokoladen greifen. Natürlich in maßen und nicht in massen.

Wer mehr zum thema erfahren will, lese john und suzy ashtons buch. *Schokolade ist gesund. Endlich: Schokolade essen, ohne schlechtes gewissen.*

## der strich in meiner hand

Nicht nur die schokoladen bestehen aus zwei komponenten. Das prinzip der hülle und fülle lässt sich auch auf die zotter-linie ausweiten. Diese linie meint die virtuose verbindung von kunst und schokolade. Die kunstfertigkeit der schokoladenerzeugung trifft auf die künstlerische gestaltung der zotter-schokoladen. Die kunst wird zum brückenschlag und zum verbindenden glied. Ähnlich wie die schokoladen, die als kultobjekte gehandelt werden, sind die ausgefallenen banderolen, die von eingeweihten auch als schleifen bezeichnet werden, begehrte sammlerstücke. Diese bildwerdung des geschmacks rettet die schokoladen aus ihrer vergänglichkeit und essbarkeit und leitet sie über die zeit hinaus. Betrachten wir die schokoladengeschichte von dieser seite aus.

## der keim der freundschaft wurzelt tief

Josef zotter und andreas h. gratze kennen sich schon ihr halbes leben. Sie waren noch keine zwanzig als sie einander begegneten. Das war beim militär. Für beide eine äußerst sinnlose zeit, die durch die freundschaft dennoch sehr wichtig und fruchtbar wurde. Dass die beiden beim bundesherr etwas deplatziert waren, ist einfach augenscheinlich gewesen. Josef zotter ragte als dünne, riesig große gestalt aus der kompanie heraus, während andreas h. gratze mit abstand der kleinste im bunde war. Als paar waren sie die attraktion. Da beide eine koch-kellner-lehre absolviert hatten, sollten sie für das leibliche wohl sorgen und wurden als köche im offizierscasino eingestellt. Vom ersten tag an haben sie sich sehr gut verstanden. Sie teilten ihre auffassung über natur, menschen und alle möglichen dinge, sowie ihren humor und legten eine gewisse unernsthaftigkeit für diese art von ordnung an den tag.

herbsthände im diskurs

Was andreas besonders an seinem freund faszinierte, waren dessen hände. Irrsinnig groß und dennoch zu jeder feinheit begabt. Es war ihm eine freude zu sehen, wenn zotter kleine teile zerlegte.

## der künstler im werden oder die künstlerische umlaufbahn

Diesen händen widmete andreas eine tonarbeit. Eine figur deren proportionen verschoben waren. Und wenn er sonst kopffüßler formte, war dies ein handkörperling. Diese skulptur gab andreas seinem freund mit auf den weg, als sich ihre eigenen wege trennten. Angeblich hat zotter sie immer noch, doch so genau weiß andreas das nicht. Diese hände hat er später in seinem herbstzyklus noch einmal aufgegriffen und in acryl und kreide verewigt. Die *komposition 3* ist ein beeindruckendes bild, dass in herbstlichen tönen kraftvolle hände zeigt. Hände, die gleichzeitig blätter sein könnten und so fragil, wie das laub sind. Nun ist das bild im privatbesitz von zotter. Doch als sie sich damals trafen hatte zotter von kunst noch keine ahnung, selbst andreas musste noch lernen. Er war ein autodidakt.

Die künstlerische laufbahn hatte ihm niemand geerdet. Seine eltern hatten ihm eine sportlerkarriere oder eine handwerkliche tätigkeit zugedacht. Damit lagen sie auch gar nicht so falsch, denn andreas hatte das handwerkliche geschick von seinem vater geerbt. Doch er schulte es in eine andere richtung als erwartet. Eine frühe prägung und bewunderung hegte er für die chefin seines vaters. Die hat alles gemacht und alles gekonnt. Ihr herz schlug für die steirische volkskunst und religiöse motive. So fand andreas über die religion zur kunst. Die literatur gab ihm seine tante mit auf den weg. Doch die laufbahn eines künstlers einzuschlagen war zuerst undenkbar. Mit fünfzehn sollte er eine entscheidung treffen, doch sollte diese auch bodenständig sein. Deshalb ging er den umweg über die kulinarik. Doch selbst dort blieb sein talent nicht lang im verborgenen. Schließlich musste er für alle mitschüler die speisekarten gestalten und für seine lehrer metergroße zierbutterfiguren formen.

Im café sitzend übte er seinen strich und skizzierte vorüberhuschende. In sekundenschnelle versuchte er ihre charakteristik zu erfassen. Diesen wandelnden modellen verdankt er heute seinen schnellen strich.

Als seine ausbildungszeit vorüber war und er wieder einmal in einem café saß, traf er einen freund, der gerade im begriff war, sich für das bühnenbildstudium zu bewerben. Ohne lange zu überlegen rannte andreas nach haus, sammelte einige blätter ein und stand eine stunde später vor dem sekretariat der universität. Und tatsächlich lud man ihn zur aufnahmeprüfung ein.

An seinem großen tag kam er leider zu spät und verpasste das thema. Ein bühnenentwurf für ein café, eine kaserne oder ein gefängnis, soviel brachte er in erfahrung. Trotz alldem gelang es ihm aus seinem rudimentären informationen einen überzeugenden entwurf zu kreieren und er bekam einen der begehrten ausbildungsplätze. Zu einer anderen zeit an einem anderen ort verirrte zotter sich in wien und kam ebenfalls an seinem ersten arbeitstag im hilton zu spät.

Während zotter auf dem internationalen parkett laufen lernte, lernte gratze die bretter die die welt bedeuten kennen. Er entdeckte das absurde theater. Lernte durch ionesco und jarry, wie man mit humor und äußerst reduzierten mitteln die welt ad absurdum führen kann. Schließlich entwickelte er eine eigene theaterform, in der sich tanz zu bildern und natürlich zu musik gesellt. Einige seiner ausstellung setzte er derart in szene. Und als er eines tages die glacisstraße entlang schlenderte, entdeckte er den bekannten namen. Die erste zotter-konditorei ist gerade vor ein paar monaten eröffnet worden. Er ist hinein und seitdem haben sich ihre wege nie mehr entzweit. Was der andere in der zwischenzeit getan hat, erfuhren sie erst über die jahre. Es war einfach keine zeit über die zwischenzeit zu sprechen. Denn das leben stand ihnen noch bevor und es gab reichlich zu tun. Andreas wurde auch gleich eingestellt, für zwischendurch, falls er mal geld für farben benötigte.

## bilder aus kakao

Die torten waren sehr beliebt. Oftmals aßen die damen und herren gleich zwei bis drei tortenstücke, was eher ungewöhnlich ist. Aber zotters torten waren nicht so üppig und cremig, sondern eher leicht und frisch. Schon damals besorgte zotter die milch vom nachbarsbauern und brachte sie morgens in den betrieb. An seinem eigenen hof liefen 300 freilandhühner herum und legten frische eier. Nach feierabend gingen er und seine frau beeren pflücken in den bergen oder früchte auf vergessenen, unbestellten obstplantagen. Daraus zauberten sie dann ihre herrlichen fruchttorten. Durch die zusammenarbeit mit andreas veränderte sich auch das äußere der torten. Die marzipanfiguren bekamen einen ungewöhnlichen schliff und die ersten mit kakao gemalten bilder entstanden. Auch die formen begangen sich zu wandeln. Statt der gängigen runden tortenform, wuchsen diese zu landschaften, die aus eckigen und runden formen bestanden. Statt sich in die vertikale emporzuschwingen breiteten sich die torten horizontal aus. oftmals wurden auch unterschiedliche geschmacksrichtungen kombiniert, sodass eine torte im grunde genommen aus einer vielzahl bestand. Deshalb nannte zotter sie tiffany-torten. Woraus noch später *die funny*-torte wurde.

Die früchte waren immer frisch und auf die saison bezogen. So wandelte sich das bild zum winter hin und bot orangen, mandarinen oder eingelegtes obst. Auch von den geschmacksrichtungen her, war das experiment schon in vollem gange. Neben standards wie der kardinalsschnitte und der sachertorte, gab es auch schon die zucchinitorte oder kreationen aus zwetschken und holunder. Natürlich wechselte das angebot auch regelmäßig. Die kürbis-krokant und mohn-zimt-marillenbrand-torte, erzählt wohl am deutlichsten, wohin sich zotter entwickeln sollte. Obgleich seine kreationen wahnsinnig gut angekommen sind, war die konditorei nicht überfüllt, sondern gut besucht. Das publikum war bunt durchmischt. Vom politiker über künstler und poeten bis hin zur mitzi vom nebenhaus, die täglich dort ihr supperl aß. Ein laufpublikum gab es in dem sinne nicht. Dass waren vorrangig alles stammkunden, die extra vorbeikamen.

Turbulent wurde es erst durch die sich häufenden bestellungen zu hochzeiten und anderen festlichkeiten. Anfahrtszeiten von bis zu zwei stunden nahmen andreas und sepp in kauf, um vor ort die torte selbst anzurichten. Mit großen glasplatten, spiegeln, ästen, blättern und früchten ausgestattet, versetzten sie die gäste mit ihrer dekorativen performance in staunen. Und wenn die torten dann auch noch im geschmack überzeugten, war der ruf perfekt. Sie waren ein super team und zotter erkannte, dass andreas wahnsinnig gut ist und etwas schafft, was irrsinnig wenig menschen können. Er wurde sehr wichtig für ihn als immer wacher wegbegleiter, der an die sache glaubte und dennoch immer seinen eigenen kopf vertrat. So prägte gratze nicht nur das äußere der produkte, sondern mithin auch zotter selbst. *„Andreas war für mich und mein kulturverständnis, das ich letztendlich hab, sehr wichtig. Wenn ich heute musik anders höre, bilder anders betrachte und zusammenhänge anders begreife, so ist dies sein verdienst. Mittlerweile habe ich natürlich auch andere impulse bekommen, aber er hat mich auf den weg gebracht."*

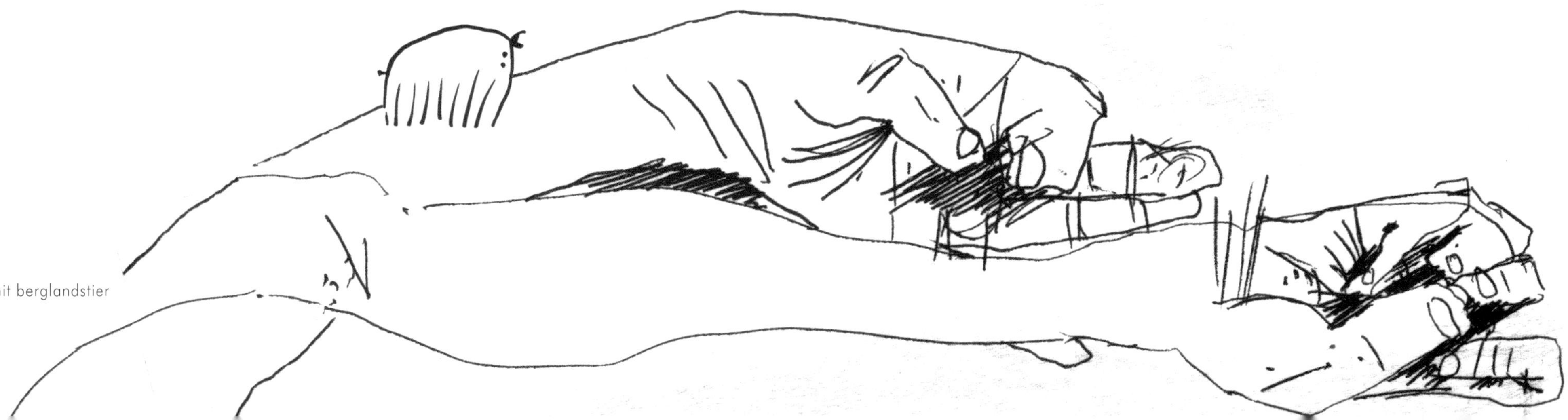

landschaft mit berglandstier

für zotter gestalteter tiefdruck zur zeit der auflösung und des neubeginns. 5 auflagen, privatbesitz

## die schokoladen im nebenzimmer

Begonnen hat zotter mit sechs sorten. Die erste war tatsächlich die kürbis, als klares bekenntnis zur region. Die milchschokolade und die champagner als standard. Während die marille und die himbeere, den hochprozentigen fruchtgenuss mitbrachten. Und natürlich die bitter classic in ihrer reinform. Der praxis halber unterschieden sie sich nur durch die komponenten, während die grundrezeptur gleich war. Die verpackung war ganz einfach und differenzierte sich nur durch die grundfarben, grün, blau, gelb und so weiter. Noch waren die schokoladen nur ein experiment, dass zotter nebenbei entwickelt hat, obwohl er bereits mit den torten zur genüge beschäftigt war.

Gratze, der eigentlich nur an den wochenenden arbeiten sollte, war jetzt schon fast täglich im geschäft. Ständig klingelte sein rotes telefon, weil immer mehr um bilder angefragt wurde. Und wenn zotter eine schokoladenidee entwickelte, rief er ihn gleich an, um seine meinung einzuholen. Wenn not am mann war, ist andreas immer zur stelle gewesen. Denn die beiden verband mehr als ein einfaches angestelltenverhältnis, das war schon eine partnerschaft.

Neben all den dingen, die zu tun blieben, während die anderen angestellten nach haus gegangen sind, half andreas auch oft mit, wenn zwei mal die woche die schokoladenproduktion anlief. Während der langen tage kamen sie auch auf allerlei ideen, wie jeder schokoladensorte ein anderes gussmuster zu verleihen, indem man leicht an der überzugsmaschine rüttelte. Und bei jeder sorte eben ein wenig anders schüttelte. Durchgesetzt hat sich dieses prinzip nicht, aber auch ohne weitere spezifizierung besitzt der schokoladenmantel einen unnachahmlichen charakter. Dafür war eine andere idee durchschlagender.

die begegnung mit der werbung als erkenntnis im tiefdruck umgesetzt. 1 auflage, privatbesitz

## adieu werbegrafik oder die kunst greift ein

Es war herbst und die hochsaison der konditoreien stand vor der tür. Da flüsterte ein werbekaufmann josef zotter ein, dass er doch zierrat wie weihnachtsmänner oder mädchen jagende kramperln auf seine schokoladen machen solle. Zwar waren dies die üblichen marketingstrategien, doch brachten sie zotter erstmalig auf die idee über ein design für seine schokoladen nachzudenken. Doch die entwürfe waren dann weniger überzeugend. Ein allerwelts-krampus nach vorlage, der natürlich auch sehr schulmäßig auf der verpackung platziert worden war.

Da andreas zu der zeit ständig im geschäft gewesen ist, sprang ihm der entwurf ins auge. Entsetzt entgegnete er zotter, dass er unmöglich so etwas machen könne. Am nächsten morgen legte er ihm einen neuen entwurf vor. Das war der schlingel und der brave, die von ihrer klaren linie her einfach perfekt waren. Zotter stieg ein und sie wurden der renner. Im nu waren alle schokoladen ausverkauft. Eine sensation für die konditorei.

Als die ersten schokoladen über den ladentisch gingen, waren schon alle vorbereitungen für die gesamte feiertagskollektion getroffen worden. Die weihnachtsmotive kamen, silvester und bald darauf die ersten hasen. Die zotterschokolade verabschiedete sich im großen stil von der konventionellen grafik. Während andreas h. gratze zielstrebig seine ideen umsetzte, fiel josef zotter der abschied nicht ganz so leicht. Sicher wusste und sah er, dass andreas gut war. Doch gleichzeitig war er einem ansturm von wohlgemeinten ratschlägen ausgesetzt, wie *„du bist wahnsinnig, wenn du so etwas buntes machst."* Das credo von seiten der werbung war einhellig. Diese linie habe keinen wiedererkennungswert, könnte niemals im supermarkt bestehen und sei deshalb zum scheitern verurteilt. Die gesaaten bedenken trafen, wie keile zwischen die beiden. Lange zeit noch glaubte zotter, dass er wie jedermann eine werbeagentur brauche, nur finanzieren konnte er sie nicht. Die zeit war gespannt. Heftig debattierte andreas h. gratze, wozu sie eine konventionelle grafik bräuchten, wenn sie doch sowieso nicht den ausgetrampelten pfad ins supermarktregal gehen wollten. Doch diese entscheidung musste noch getroffen werden. Die grafik-diskussion weitete sich aus und schließlich wurden einige grundlegende spielregeln festgesetzt und endgültige richtungsentscheidungen getroffen. Währenddessen häuften sich die argumente, die für die neue gratze-linie sprachen. Entgegen den prognosen fand jede neue idee, die gratze entwickelte, beim publikum sehr viel anklang.

Vom heutigen standpunkt aus lässt sich diese entscheidungsfindung natürlich recht einfach beurteilen, schließlich hat sich der kordische knoten schon gelöst. Die vielfalt der stile war einfach die bestmöglichste form, um die vielfalt der geschmacksrichtungen adäquat darzustellen. Tatsächlich hätte eine konventionelle grafiklösung mit zotters entwicklung nicht schritt halten können. Da sie von anbeginn an eine einschränkung darstellt und sich auf ein paar stilistische elemente reduziert, die gar nicht der art breit und variabel ausgebaut werden können, ohne in unkenntlichkeit zu verschwimmen.
Der spielraum blieb aber offen. Dafür stand die krampus-schleife pate. Diese schlichte linie war einerseits erheiternd und anderseits entspannend für auge und geist. Aus dieser linie lässt sich einfach alles formen und so setzte sie sich als grundprinzip der gesamten zotter-linie fort.

*Besessenheit ist ganz wichtig*

Auch wenn sich die krampus- und nikolofiguren relativ schnell herauskristallisiert hatten, arbeitete andreas h. gratze noch lange an deren haltung und positionen. Was diese detailfragen anbetrifft ist er perfektionist. Seine erfindungskraft ist eruptiv. Doch darauf folgt eine phase, in der er die idee von allen seiten betrachtet, wendet und bearbeitet. Das grundgerüst für eine schleife entsteht meist binnen weniger minuten, doch die ausarbeitung kann mit unter einige tage in anspruch nehmen.

Nachdem die krampusgrafik so gut angekommen ist, wäre für manch einen die arbeit schon getan und er würde weiterhin nur mehr dieser variante vertrauen. So die konventionelle methode. Dagegen setzt gratze bei jeder neuen schleife am nullpunkt an. Zuerst lässt er den geschmack imaginär auf sich wirken. Er bestimmt für sich, wie den beispielsweise ein bitterer geschmack beschaffen ist. Darauf folgt die frage, wie dieser bittere geschmack aussehen kann. Denn geschmack ist bildlos und damit per se abstrakt. Für diese bildfindung oder abstrahierung des geschmacks muss man natürlich synästhetisch begabt sein. Wassily kandinsky war einer der ersten bei denen sich diese fähigkeit bemerkbar machte. Er verwandelte klänge in farben und flächen. So wurde die abstrakte malerei durch seine musikalischen kompositionen auf leinwand im wesentlichen mitbegründet. Auch andreas h. gratze besitzt diese begabung. Die erste schleifenkollektion mit ihren strukturen und farbfeldern deuten ganz klar auf diesen synästhetischen abstraktionsakt hin. Die meisten dieser schokoladenbanderolen der ersten stunden hat gratze mittlerweile überarbeitet. Doch kann man dieses prinzip noch bei den ersten trinkschokoladen, wie der chili, nuss-nougat, bitter classic, honigzimt und bourbon vanille entdecken.

Natürlich hat gratze bei der entwicklung der banderolen nicht einfach nur seine geschmackswahrnehmung transformiert. Genauso wichtig ist für ihn die frage, wen er damit erreichen möchte. In anbetracht des recht heterogenen kontextes und publikums von zotter war diese definition sicherlich nicht einfach zu treffen. Doch was alle kunden gemein hatten, war die wertschätzung. Sie alle sind zu zotter gekommen, weil sie auf qualität wert legten. Darauf hat andreas h. gratze gesetzt. Für ihn muss das äußere, sprich die verpackung mit dem inhalt identisch sein. Man kann das niveau der verpackung nicht tiefer ansetzten, wie das des produktes. Dies gilt natürlich auch für den umgekehrten fall, wenn das produkt optisch sehr ansprechend ist, aber geschmacklich der erwartungshaltung nicht standhalten kann. Diese kombination muss immer stimmen, damit die erwartungshaltung des kunden nicht enttäuscht wird.

eine gruppe unterschiedlicher geschmacksrichtungen, welche sich zur gründung einer neuen sorte zusammengefunden haben.

Genauso wie zotter mit einigen vertrauten und beliebten sorten, wie der milchschokolade oder dem champagner gestartet ist, hat auch andreas h. gratze durch realistische zeichnungen von der marille und dem kürbis einen zugang für den betrachter zu seiner abstrakten linie geschaffen.

Doch war dieser kürbis, ebenso wenig wie die milchschokolade gewöhnlich. Gratze schuf keine naturalistischen abbilder. Wie bei den figuren überlegte er sich genau, welche attribute seines objekts zum tragen kommen sollten.

Er übertrug die erkenntnisse aus seinem figuralen studium der physiologie und der körpersprache auf die objekte und verlieh ihnen somit eine persönlichkeit. So wirkt der kürbis bereits in ansätzen wie ein manderl. Später lässt sich diese übertragung deutlicher bei der lassoschwingenden sellerie erkennen.

Alle früchte und zutaten verfügen über eine körpersprache. Hierin begründet sich auch ein deutlicher unterschied zur herkömmlichen grafik, die fast durchgängig steif, starr und klar ist, während andreas h. gratze auf dynamik setzt und seine motive belebt.

Zur eröffnung des dritten zotter-lokals am kaiser-franz-joseph-platz gab es gleich eine doppelte premiere. Josef zotter kreierte für diesen anlass eine spezielle schokoladensorte. Mit der mohn-zimt-marillenbrand-komposition setzte er sich von den klassischen schokoladengeschmackssorten ab. Das war der beginn der eigenen zotter-note. Gleichzeitig wurde die erste kunstschleife geboren.

## die einzelnen punkte werden zu einer linie verbunden

Auch hier gab es eine parallele entwicklung zwischen grafik und schokolade hin zur komplexität und mehrfach schichtung der geschmäcker oder bildmotive.
Dieses dritte lokal lag andreas h. gratze besonders am herzen. Es wurde in seine obhut gelegt und er baute es im schweiße seines angesichts aus. Sein künstlerischer einfluss war deutlich spürbar. Zur eröffnung gab es eine ausstellung mit seinen arbeiten, eine lesung und klavierbegleitung. Natürlich gab es auch eine schöne mohn-zimt-marillenbrand-torte und besagte schokoladen, die als sonderedition verschenkt wurden und den titel *bahnhof der illusionen* trugen.
So nannte gratze das café. Denn bei zotter konnte man noch, wie in einem alten wiener kaffeehaus, lange bei einem café sitzen, lesen oder sinnieren ohne auf zeitdruck konsumieren zu müssen. Für andreas war das kaffeehaus ein transitorischer ort. Eine durchreisestätte, wo viele leute auftauchen, verweilen, um dann weiter zu ziehen. In einem café wo zeit ist, bleibt diese auch für gespräche. So lernt man seine kundschaft kennen und erfährt viel über deren leben. Auch literatur gehört zum kaffeehaus und in diesem fall auch ein kinderzimmer für die kleinen gäste. Im *bahnhof der illusionen* setzte gratze seine vorstellungen um und die kultur hielt einzug.

Zum bildmotiv für die sonderschleife fand er über mehrere ecken. In dem anderen lokal führten sie damals noch illy-kaffee. Natürlich gab es da auch viel bruchgeschirr, welches er verwendet, um eine wand im neuen café am kaiser-franz-joseph-platz zu gestalten. Die schleife ist in anlehnung an diese wand entstanden. Statt der obligatorischen blumen wählte andreas h. gratze die kaffeetasse als bildmotiv, welches er seriell vervielfachte ohne sich dabei wirklich zu wiederholen.

Die präsentation ist sehr gut gelaufen. An dem abend waren sehr viele stammkunden und presseleute da. Das war der durchbruch für die zotter-linie. Gleichzeitig war dieser abend auch symptomatisch für die weitere karriere von andreas h. gratze. Die nächte vor der eröffnung hatte er sich noch um die ohren geschlagen um alles rechtzeitig fertig zu stellen. Doch dann vergaß man auf ihn und ließ den drucker seine lorbeeren ernten. Man feierte den beitrag desjenigen, der die große wundertat vollbrachte und die schleifen ausgedruckt hatte. Der auftakt war ohne den künstler gemacht und bis auf weiteres blieb es so.
Die schleife gab es dann noch solange das café bestand hatte. Allerdings wurde der titel geändert, damit man sie auch verschenken konnte. Von dem kaffeehaus hat sich andreas h. gratze dann auf seine art verabschiedet und einen fetzenmarkt veranstaltet bei dem die letzten bestandteile des cafés versteigert wurden. Mit witz und ironie wurde das ganze zu einem spektakel.

# die bilder fallen nicht aus dem rahmen

Mit dem umzug nach bergl und der errichtung der manufaktur änderte sich auch einiges am design. Bisher hatte andreas h. gratze nur die bilder gezeichnet und sie nach alter methode mit schere und kleber zusammengestellt. Manchmal ist auch josef zotter einen tag lang spurlos verschwunden. Dann saßen die beiden zusammen bei andreas im atelier auf dem boden. Ringsherum um sie lagen bilder verteilt. Sie wählten aus und schoben stundenlang die bilder auf der fläche herum, um den idealen ort zu finden. Da gratze keinen computer besaß wurde die fertigung einem anderen grafiker überlassen. Doch mit dessen vorstellungen kam er nie so recht überein. Der grafiker war ein verfechter dieser blassen, verwaschenen farben, die damals in mode waren. Dagegen hat sich andreas h. gratze gesträubt. Er wollte die farben dicht und konkret und nicht irgendwie schämenhaft und ungreifbar. Der geschmack der schokoladen war ja schließlich auch nicht verwaschen und blass. Als neuer betrieb müsse man auch was eigenes erfinden. Da wirkte die nostalgie irgendwie deplatziert. Wie zotter ist auch gratze niemand, der sich an einer modeerscheinung orientiert. Er wollte, dass die schokoladen sich von allem anderen abheben. Um seine ideen durchzusetzten, brauchte er endlich einen eigenen computer. Um diesen zu finanzieren ist er nachts auch noch arbeiten gegangen. Und dann hat er das gesamte design übernommen. Es verging einige zeit bis er tatsächlich einmal nach bergl hinaus fahren konnte, um die neue manufaktur zu bewundern. Denn während sepp und uli zotter umzogen, saß er zuhause und arbeitete sich in die computergrafik ein. Und dann musste noch das gesamte bestehende sortiment neu überarbeitet werden.

Manche bilder waren derart verschlissen, dass man sie gleich austauschen musste. Es gab viel zu tun bis die zotter-linie in neuem glanz erstrahlte. Die farben hatten sich verändert, doch gestaltet wirkte das design noch nicht. Denn obgleich gratze jetzt die fäden in der hand hatte, musste er noch das alte zotter-logo mitschleppen. Von der idee her sollte dieses logo immer mittig sitzen. Das ging aber nicht immer mit den bildideen von andreas konform. Ständig stieß er sich an diesem logo. Deshalb begann er die motive so zu wählen, dass das logo immer auffälliger störte. Nach einem jahr war dann auch josef zotter, der sich eigentlich nie von seinem logo trennen wollte, fest davon überzeugt, dass sie ein neues brauchten. So entstand das signifikante zotter-logo, mit einem einfachen zotter-schriftzug auf schwarzem grund, der zu einem rahmen und bildplatzhalter wird. Das format orientiert sich an der schokolade selbst, oder wie es andreas ausdrücken würde, die schokolade gibt dieses format vor. Die idee für diese art von logo verfolgte andreas h. gratze von anfang an. Denn natürlich strebte auch er einen wiedererkennungswert an. Nur versuchte er diesen wiedererkennungswert mit der heterogenität des bildraumes auf eine elegante weise zu verbinden. Alle glaubten, man müsse den zeichenstil vereinheitlichen. Mit der lösung durch ein einheitliches hintergrundformat hatte damals niemand gerechnet. Entwickelt hatte er diese rahmung, die das bild stärker in den vordergrund treten lässt, ursprünglich für seine monotypien. Das ist ein einmaldruck-verfahren, mit dem man durchaus auch ein mehrfarbiges bild herstellen kann. Jede farbe muss einzeln aufgetragen und exakt an die form angepasst werden. Ein recht aufwendiges verfahren, dessen sich heute kaum noch jemand bedient. Außer andreas h. gratze. Für die gestaltung der schleifen verwendete er mit vorliebe dieses prinzip. Die hauszwetschke sei beispielsweise genannt.

versuchung zwischen müßiggang und enthusiasmus, acryl und ölkreide auf leinwand, privatbesitz

Nachdem die beiden mit dem logowechsel gegen die goldene werbedesignregel verstoßen haben, überwand zotter auch schnell seine bedenken, was die veränderung der einzelnen schokoladen betraf.Und auch das hat funktioniert. Die kunden hatten überhaupt kein problem damit. Einige haben sich sogar gefreut, dass es ein neues motiv gab. So wächst und entwickelt sich die verpackung mit der schokolade mit. Durchlebt mit ihr veränderungen und riskiert etwas, wenn der geschmack es vorgibt.

In dem maße wie die geschmackskombinationen gewagter werden, nähert sich auch andreas h. gratzes gestaltung stärker seiner kunst an. Die schwelle zwischen kunst und werbung ist nur mehr unmerklich. Plötzlich tanzen verspielte mythologische wesen oder schrittzeichen auf den schleifen herum und eröffnen uns die welt eines gemäldes. Sowie josef zotter geschmackserziehung betreibt und den gaumen reifen lässt, formt andreas h. gratze die wahrnehmung. Peu a peu gewöhnt sich das auge an die schillernden neuigkeiten und plötzlich kann man eine andere welt wahrnehmen.

## wenn die kunst mit der werbung spielt

Nun kann man etliche wege einschlagen oder fragen verfolgen, um das schaffen von andreas h. gratze näher zu beleuchten. Am dringlichsten erschien mir ein paar grundlegende bemerkungen über kunst folgen zu lassen. Schließlich ist hier permanent von kunst die rede, obwohl doch über andreas h. gratzes bildern auf schwarzer fläche ganz deutlich ein logo prangert. Ein paar alte kunstklischees werden dadurch aus ihrem schlaf aufgestört. Immerhin handelt es sich hier um keine originale außerdem sind die bilder zweckgebunden. Das ist wahr und gleichzeitig muss man einwerfen, dass dieses kunstmodell ohnehin veraltert ist. Während wir hier in zusammenhang mit den schokoladen von kunst sprechen schwingt die werbung immer mit. Die stellung, die andreas h. gratze in diesem spannungsgefüge einnimmt, sollte ihm zumindest einen platz in der kunstgeschichte einräumen. Lassen wir das pendel der zeit kurz zurückschwingen, um die behauptung ein wenig zu fundieren. Die werbung ist im verhältnis zur geschichtsträchtigen kunst relativ jung. Seit ihrem ursprung am beginn des 20. jahrhunderts haben sich künstler für den bereich der werbung interessiert. Vergleichbar dem neueren phänomen der digitalisierung haben künstler die werbung sowohl kritisch seziert, impulse gesetzt als auch impulse bezogen.

In den 20ern begannen die dadaisten in ihren collagen und literarischen texten massenartikel zu verarbeiten und kommentarlos nebeneinander zu stellen. Sie thematisierten jegliche art von propaganda. Marcel duchamp öffnete mit seinen ready-made den kunstolymp für massenwarenartikel. Der weg setzte sich fort zu einem der bekanntesten protagonisten dieser szene. Andy warhol eliminierte für alle erkenntlich den unterschied zwischen kunst und werbung. Wie der name schon sagt, wurde das phänomen mit der pop-art popularisiert. Doch hinter schlagwörter wie factory und seriellen bildherstellungsverfahren, wie dem siebdruck schlummerte noch immer ein kritisches potenzial. Die handschriftliche signatur und die ideen blieben das einzige relikt des künstlers. Die reproduktion stellte sich schroff gegen das original. Das produkt beispielsweise in form der *brillo*-verpackung wurde zum kunstwerk erhoben, so wie es die massenkonsumgesellschaft vorlebte. Diese dem konsum anheimfallende gesellschaft wurde von der kunst thematisiert und porträtiert. Wie auch immer man zur pop-ästhetik steht, für die kunst war sie bahnbrechend. Zu dem kann sich auch niemand freisprechen, wenn das am häufigsten zitierte bild die marilyn monroe bleibt und nicht die siebdruckserien von verkehrsunfällen. Mit jeff koons plastikwahn wurde der höhepunkt überschritten. Ein übriges kommentar gaben die fäkalienkunstwerke, die immer noch en vogue sind. *Merda d´artista* von piero manzoni ist wohl eine der bekanntesten arbeiten in diesem bereich. 90 kleine dosen gefüllt mit der täglichen banalität erzielen heute preise um die 50.000 euro.

Der kunstkontext ist durchsetzt mit werbereaktionen doch der umgekehrte weg ist kaum bewandert. Außer der erfolgreichen *benetton*-plakatkampagne unter der federführung von oliviero toscani ist es kaum einem künstler gelungen die werbung kunstvoll zu unterwandern. Das niveau zu heben, ansprüche zu stellen und für ein reicheres, vielfältiges visuelles und intellektuelles angebot zu sorgen. Genau das hat andreas h. gratze geschafft.
Für ihn ist es uninteressant werbung im kunstbereich ständig zu thematisieren, zu imitieren und sich auf dieses niveau zu begeben. Gratze will seine kunst nicht aufgeben, nur weil er sich gelegentlich in den bereich der werbung begibt. Statt zu demontieren und zu kritisieren geht er konstruktiv vor. Er setzt visuelle impulse und zeigt, dass produkte auch anders gestaltet werden könnten als durch die bloße zurschaustellung des inhalts oder schöner menschen. Im bereich der naturnachahmung hat die fotografie der malerei und den traditionellen künstlerischen bildtechniken einiges voraus. Daher hat diese die malerei aus der werbung verdrängt.

Nun hab ich soeben toscani in einem atemzug mit gratze erwähnt, um ein beispiel für den künstlerischen aufbruch in der werbung anzuführen. Doch gibt es auch grundlegende unterschiede zwischen den beiden. Denn toscani arbeitet mit fotos, die ein hohes sozialkritisches potenzial besitzen, während gratze tatsächlich die traditionellen künste, wie die malerei und monotypie in den werbebereich einführt. Auch besitzen seine bilder einen anderen tonfall, der nicht anprangert, sondern eher einen konstruktiven ansatz verfolgt. Sagen wir es geht um die idee der ausweitung der imagination mit samt ihren mythologischen figuren und abstraktionen. Andreas knüpft die fäden der zeit zusammen und zeigt, dass traditionelle darstellungsweisen sehr wohl mit modernen ambitionen oder ausdrucksweisen vereinbar sind. Im gegensatz zu den schnelllebigen und sich verlebenden trends der werbung setzt er sich von der zeit ab. Seine kritik fußt in der frage, ob werbung tatsächlich so eingängig und simpel beschaffen sein muss, damit man ihre botschaft ohne viel nachdenken zu müssen gleich versteht.

Seine bilderserien laden zum verweilen und nachdenken ein. Wie der geschmack der schokoladen wirken auch andreas h. gratzes bilder lange nach. Sie sind charmant und zugleich subtil. andreas h. gratze stellt einen hohen anspruch an seine kunst. Um dies zu verdeutlichen kommen wir ganz kurz auf wassily kandinsky zu sprechen, den er sehr verehrt. Es gibt ein bildnerisches grundprinzip das kandinsky aufgestellt hat und das sehr deutlich ihn seinen bildern zum ausdruck kommt. Ihm zufolge ist der punkt, die linie und die fläche die ideelle bildnerische methode. Auch das design ist nach dieser methode aufgebaut oder hat sie sich zu eigen gemacht. Doch hierin liegt der unterschied. Während sich das design und allgemeiner gefasst die werbung auf diese formebene reduzieren lässt, verbirgt sich bei kandinsky und eben auch bei gratze ein ganzes metasystem hinter den bildern. Kandinsky verwandelt den klang und gratze komponiert geschmack. An diesem mehrwert scheidet sich eben die kunst von der werbung, egal in welchem bereich sie sich gerade bewegt.

Meiner meinung nach stellt sich die kunstgeschichte selbst ein armutszeugnis aus, wenn sie *kunst scheiße* stärker thematisiert und für diskussionswerter findet als ein ambitioniertes, künstlerische konzept, das zudem in seiner art einzigartig ist.
Dass andreas h. gratze noch keine diplomarbeiten und kunstgeschichtlichen abhandlungen gewidmet worden sind, mag auch an seiner stellung im kunstbereich liegen. Er steht außerhalb jeder bewegung und kunstrichtung, unzuordbar, wie einst picasso. Seine ideenfabrik ist ein solo-unternehmen. Er beantragt keine förderungen, bewirbt sich für keine staatspreise, weil er sich nicht in die mühlen der bürokratie begeben mag, die in der kunst nicht anders sind als sonstwo. Als quereinsteiger hat er natürlich auch keinen professor, der ihn protegiert oder dessen schule er zugerechnet werden könnte. All dies sind mögliche gründe für das schweigen der kunstgeschichte, die sie aber nicht auf ewig entlasten werden.

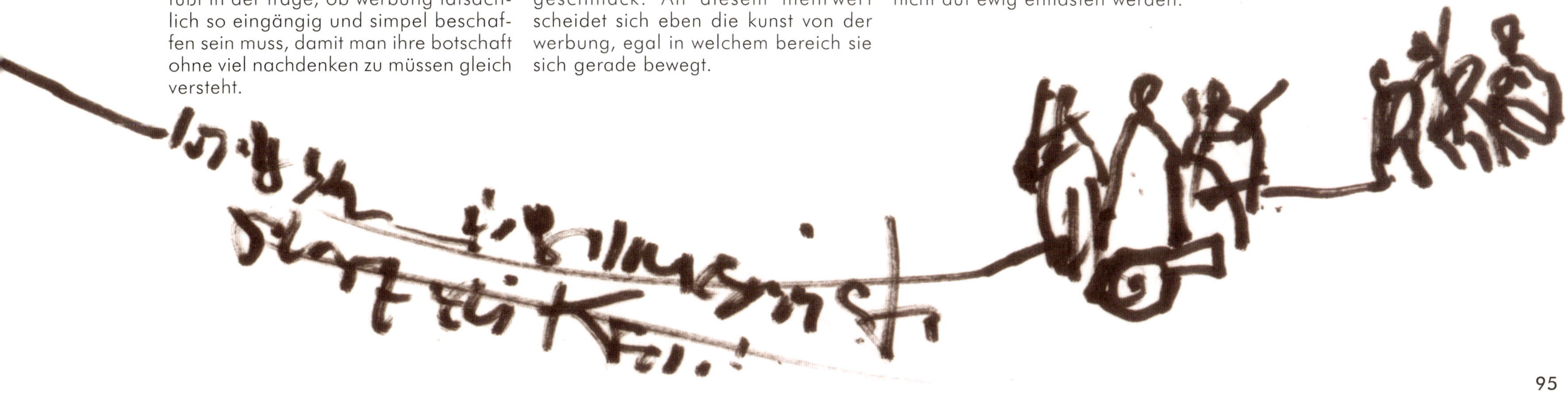

tiefdruck für dr michaela preiner, freundin und spezialistin in sachen rahmen – alt und neu – *„da sind meine kinder in guten händen."*

## vielfalt als herd der kritik

In der tat ist die systematisierung seiner arbeit kein leichtes unterfangen. Da gratze sehr vielseitig begabt und seine erfindungskraft unbändig ist. Er greift uneingeschränkt zu allen materialien und techniken, nur kopien sind tabu. Diese bildnerische vielfalt und ausdrucksstärke ist bezeichnend für ihn. Trefflicherweise hat er anlässlich seiner zehnjährigen retrospektive den ausdruck chamäleon für sich geprägt. Selbst wenn er an mehrern bildern gleichzeitig arbeitet, entsteht nicht zwingend eine serie. Er lässt sich auf die erfordernisse des bildes ein. Spricht jedem bild seinen ureigenen charakter zu. Dazu schöpft er aus seinem repertoire der techniken, die er einst erlernte, vertiefte und nun mühelos verknüpfen und kombinieren kann. So hat jedes bild seine eigene rezeptur in der ganz unterschiedliche rohstoffe verarbeitet werden. Spannungsgeladen und vielschichtig sind seine bilder. Bezeichnenderweise wird ihm auch nicht die vielschichtigkeit eines bildes angelastet, sondern die vielschichtigkeit seines gesamten schaffens.

Dass vielfalt zu einem vorwurf gedeiht oder als kritikpunkt herangezogen werden kann, ist für mich ein affront. Meines erachtens nach ist vielfalt immer eine bereicherung und zählt zu einem grundprinzip unserer existenz.

Seit den 80er jahren führt man diskurs über die fragmentierung des individuums, was meint, dass eine persönlichkeit immer breiter ausgefächert wird. Der mensch tritt als wandelbarer auf, doch dem künstler wird dieses nicht zugestanden. Die kritik der vielfalt, die andreas h. gratze begegnet, erscheint mir ähnlich sinnvoll, wie die kritik, die man an einen menschen richtet der mehrere sprachen beherrscht, wo er doch in einer sprache bereits alles ausdrücken könnte, was ihm beliebt. Ich würde vorschlagen gratzes ausdrucksrepertoire auch als einen sprachpool zu begreifen. Deshalb kann es auch vorkommen, dass man den einen oder anderen ausdruck nicht versteht. Schlussendlich denke ich, ist es an der zeit die absurde vielfaltkritik ad acta zu legen.

andreas h. gratze

Wir sprechen hier immer so allgemein von bildern, dass ist zwar zum jetzigen zeitpunkt legitim, weil sich die schokoladenschleifen mittlerweile sehr stark an seine kunst angenähert haben. Doch wo eine annäherung stattfinden kann, muss es zuvor eine distanz gegeben haben. Vom gestalterischen aspekt her waren sie schon immer künstlerisch, nur sind jetzt auch die motive gewagter geworden. Während er in seiner kunst konsequent den eigenen kopf durchsetzte, musste er sich bei der entwicklung der zotter-linie viel stärker mit den erfordernissen des produkts und den sehgewohnheiten des konsumenten respektive des betrachters auseinandersetzten. Dieses aufeinander bezug nehmen war in seinen frühen bildern bereits angelegt.

Wie die porträts der alten meister verstand sich gratze darauf, die physiognomie der figuren so zu gestalten, dass ihr blick auf den des betrachters trifft, auch wenn sich dieser ihm zu entziehen sucht. Die bilder suchen unseren blick. Sprechen uns stillschweigend an und suchen die kommunikation. Schrittweise hat sich gratze dem betrachter genähert und ihm einen zugang zu seinen bildern geschaffen. Denn jeder zeitgenössische künstler muss sich der problematik stellen, dass die kunst ihren betrachter verloren hat. Kaum jemand ist mehr in der lage zu verstehen, was in der kunst vor sich geht. Das ist das paradoxon der zeitgenössischen kunst, die selbst postulierte, dass sich ein kunstwerk nur durch den betrachter realisiert, sprich von ihm weitergedacht werden muss. Doch der betrachter schüttelt nur den kopf. Er hat leider den anschluss verpasst und ganz eigenständig brach sich die kunst weiter ihre bahn.

frühstück im freien, acryl und ölkreide auf leinwand, privatbesitz

Das 20. jahrhundert war für die künste mindestens genauso revolutionär wie für die technik und industrie. Befreit vom diktat der nachahmung durch andere bildmedien, wie der fotografie, und durch die erkenntnis der abstraktion löste sich die kunst vom boden der tatsachen. Nun war der betrachter anscheinend mit einer revolutionären umgestaltung des lebens zur genüge beschäftigt und ließ die kunst ihrer wege ziehen. Der betrachter ist also am anfang des 20. jahrhunderts stehengeblieben, während die kunst sich im 21. jahrhundert bewegt. Niemand kann sich jetzt hinstellen und erwarten, dass ihm die errungenschaften eines jahrhunderts schlagartig bewusst werden oder offensichtlich darliegen.

Was diese erkenntnis mit sicherheit erschwert, wenn nicht unmöglich macht, ist die tatsache, dass die thematik häufig den bildraum verlässt und hintergrundwissen erfordert. Bei kandinsky sieht man punkte, striche aber keine musik, geschweige denn das philosophische metasystem. So verbirgt sich hinter der oberfläche moderner bilder ein komplexes informationsgeflecht. Der sozialkritische realismus, der zur zeit in mode ist, bietet dem betrachter einen einfachen zugang und kann mit sicherheit als ein versuch verstanden werden diesen wieder einzufangen und von seiner eisscholle abzuholen. Deshalb musste auch andreas h. gratze zu anfang einen kompromiss schließen. Doch er wählte einen anderen weg. Da er sein publikum nicht auf kosten der ästhetik gewinnen wollte.

idealisten in verhandlung mit einer imaginären welt, acryl und ölkreide auf leinwand, privatbesitz

Er baute eine brücke, die traditionelles und modernes verbindet. So wählte er für die gestaltung der schilcher-schokolade trauben, die ganz klar für wein stehen. Doch überarbeitete und formte er sie noch stark. Auch auf der pistazienschokolade begegnet man pistazien, nur wollen diese kein stillleben mit varnitas vorzeichen sein, kein statisches tafelgemälde. Bewegung und leben treten ins bild. Diese bewegung kommt aus dem tanz, den andreas h. gratze aktiv betrieb und dem er viele studien widmete. Zu beginn arbeitete andreas seine schleifen hauptsächlich in monotypien aus. Mit der drucktechnik tritt das bild aus seiner aura des unikat und wird zur serie. Durch die entscheidung für die monotypie nimmt gratze die serialität des bildes vorweg. Gleichzeitig knüpft er mit der monotypie an die traditionellen druckkünste an.

Es ist immer der versuch soviel als möglich von der kunst in die verpackung zu übertragen. Da durch den druck die materialität der farben und der leinwand verloren geht, arbeitet gratze auch nicht mit monochromen flächen, sondern verleiht dem glatten papier strukturen durch schichtungen. Auch hier besteht eine deutliche parallele zwischen den schokoladen und den bildern. Denn auch gratze trägt seine farben schicht für schicht auf. So sind die bilder in sich schon vielschichtig. Unter den meisten bildern schlummert seine handschrift, die gratze als erstes aufträgt. Dieser text ist nicht lesbar, denn was ihn daran interessiert ist das visuelle potenzial eines schriftbildes. Auch hier verknüpft er die tradition mit der moderne und setzt eine nahtstelle zwischen der kalligrafie und dem digitalen code.

Auch dies ist eine meisterschaft von ihm. Verknüpfungen zu schaffen, parallelen aufzudecken und die dinge in beziehung miteinander zu bringen. Denn wenn man die weltgeschichte durchdenkt ist sie natürlich kreisrund, bestehend aus wiederholungen und wiederholungstäter und doch ist jedes ereignis einzigartig. Wenn man das bild dieser welt fassbar machen will, so nur durch diese verbindung aus altem und neuem oder tradition und moderne.

paneuropäer, acryl und ölkreide auf leinwand

Andreas h. gratzes kunst hat einen starken wandel durchlebt. Seine frühe phase war immer dunkel und aufbegehrend. Die zeit der revolte in der bilder im stil von edward munchs schrei entstanden sind. Klaus kinski und franz kafka waren seine geistigen paten und standen im modell für eine porträtserie. In dieser zeit entstanden auch mehrere selbstporträts. Sie zeugen von seiner suche nach einer stellung in der welt. Immer wieder spielt die figur des narrens in das selbstporträt hinein. Der narr über dessen witze man lacht. Der alle welt unterhält und gleichzeitig ganz abseits von ihr steht. Wissend um die wahrheit, die sich in seinem humor verbirgt. Die figur des narren und des künstlers verschmolzen immer weiter miteinander. Bis andreas h. gratze selbst ein teil seiner absurden welt wurde aus der steinbeisserchen und kopffüssler entschlüpften.

## des narren anderes gesicht oder vom wandel ins licht

Der humor schwingt sich durch seine handschrift. Die linie spielt mit dem comic-strip und der groteske. Doch gegen die reduktion auf der einen seite tritt die farbwucht auf der anderen seite. Dick aufgetragene farbtupfer verleihen der leinwand eine eigene materialität und körperhaftigkeit. Die farben werden nicht in flächen aufgestrichen und gleichmäßig verteilt, sondern üppig und punktuell aufgetragen. Eine wildform des pointillismus sozusagen. Betrachtet man eines dieser bilder, wird einem nach kurzer zeit klar, dass man nur die oberfläche des bildes sieht.

Denn unter all den farbschichten liegen x-bildvariationen im verborgenen. So erzählen diese bilder von dem künstlerischen prozess, der ebenfalls niemals zur gänze sichtbar wird. Diese aufgewühlte, verschwenderische oberfläche mit dem ergreifenden ozean an farben drängen in die dreidimensionalität. Gratze führt die linie weiter und lässt dreidimensionale objekte aus seinen bildern herauschreiten, die willentlich den raum erobern. Doch niemals baut er ungestaltete fundobjekte ein. Denn alles was er erschafft muss seine handschrift tragen. Bei der raumgewinnung und dem ausbruch der malerei aus der zweidimensionalität schwingt ganz bewußt sein bühnenbildnerischer hintergrund mit.

ausschnitt aus: drei phasen nach verlust der liebe, mischtechnik

Das schwarz, das die angst und das entsetzen der intelektuellen der 80er generation ausdruck verlieh, weicht einem postmodernen farbschwall zu beginn der 90er. Der witz des narren obsiegt. Selten bis niemals hat die malerei einen derart guten humor in farbe entwickelt. Hatte man ihn bislang nur seines könnens wegen gelobt und eher vereinzelt bilder erworben, fand seine neue linie viele bereitwillige käufer. Doch trotz der farbenpracht ist seine kritik nicht versiegt. Sie hat sich verkehrt, ist konstruktiv geworden. Der imaginären welt räumt er einen großen platz in seinen bildern ein. Er stellt ein utopisches modell in aussicht. Er hinterfragt keine handlungsmotive, die zum übel dieser welt beitragen, sondern führt eine geisteshaltung vor, der derartiges ohnehin fremd ist. Es ist die sensibilität, die sich wie ein roter faden durch sein schaffen zieht. Diese sensibilität sät er in die welt der egoismen, die sich aufgrund der verhärtenden wirtschaftlichen lage, immer weiter verdichten. Diese sensibilität ist immer auf der suche nach einem prinzipiellen verständnis, nach dem verstehen der dinge, dem vertraut werden mit ihnen. Andreas h. gratze ist diese sensibilität selbst.

Dem schließt sich ein weiteres großes themenfeld an – die liebe. Er untersucht alle formen der liebe, fädelt sie auf stellt sie nebeneinander. Sollte die liebe doch körperlich werden obsiegt auch hier die senisibilität. Gratze fällt nicht den klischees des eros anheim, sondern entwickelt eine neue form der sinnlichkeit, die hier körper wird. Im liebesakt unterwirft er seine figuren nicht der schaulust des betrachters. Es gibt keine opfer der liebe. Sie ist gleichberechtigt, zärtlich, innig und mitunter geschlechtslos. Es ist die poetische überhöhung der berührung, deren kraft der welt ihren atem stocken lässt. Die kleinste geste wird zu der größten liebeserklärung. Sein blick leitet ins detail. Im kleinen wird die welt verändert, jeder hat die kraft und die fähigkeit dazu. Dieser blick auf den microkosmos kündigt sich in seinem großformatigen bild *clonliebe* an und kulminiert in der betrachtung des samens, der erbse und des kernes. Das ist der kulminationspunkt an dem sich zotter und gratze am nächsten stehen.

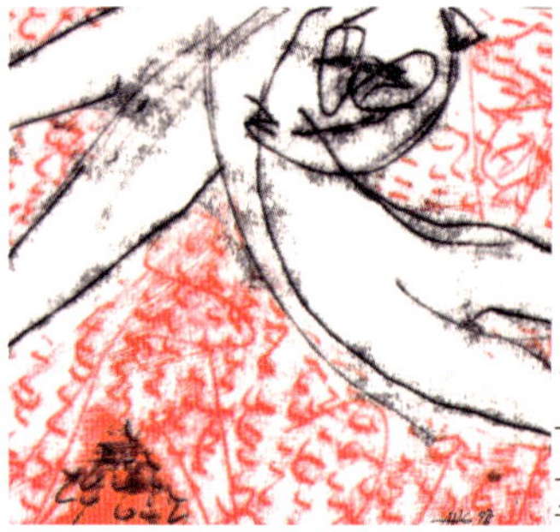
liebesknoten

Langarmige figuren hüten oder betrachten einen kern. Die aufmerksamkeit wird fokussiert. Ein kleiner kern, der alles sein kann. Sie halten und hüten ein geheimnis in händen. Dieser unscheinbare punkt richtet sich auf die zukunft. Ist das werden und zugleich auch ein starkes bekenntnis zu der natur. Durch beobachtung erlangt der mensch sein bewusstsein. Zotter und gratze werden zu dieser figur. Während auch die schleifengestaltung ganz dicht an das künstlerische schaffen heran drängt. Die distanz ist aufgehoben und andreas h. gratzes kunst hält einzug in das schwarze quadrat über dem ein logo steht. Gratze ist in der werbung angekommen, ohne von ihr vereinnahmt worden zu sein. Er begründet eine neue kunstform, die pack-art. Die nicht stereotyp ist, sondern individuell. Die pack-art setzt sich betont ab, sticht hervor, fordert aufmerksamkeit, setzt das niveau hoch an, will nicht einfach konsumiert werden und ist grundlegend anders.

grazyloveland, acryl und ölkreide auf leinwand

## kunsthoffnung

Nach all den kämpfen, zweifeln und interventionen durch dritte hat sich gratzes konzept durchgesetzt. Wenn man josef zotter nach der zukunft fragt, richtet sich diese an die kunst, darin liegt der keim. *„Ich glaube, dass der andreas sehr bekannt wird und dass historiker über ihn schreiben werden. Es ist zwar traurig aber gängig, dass das erst spät kommt, aber es wird passieren. Ich tät es ihm wünschen, weil er so gut ist und soviel zu sagen und zu geben hat. Die menschen sollen es nehmen, es ist da."*

**im grunde sind es nur kratzer in farbe, die uns sehend machen.**

## sortenreich

Vor über einem jahrhundert hat der mensch seine individualität entdeckt. Gleichzeitig lernte er mit einem paradox zu leben, denn die industrie antwortete auf die individuellen bedürfnisse mit immer neuen massenprodukten.
Gegen diese monokultur setzt sich die zotter-schokolade in ihrer artenvielfalt und dem geschmacksreichtum belebend ab. Denn josef zotter hasst es, wenn von tokio bis wien alles gleich schmeckt. Stattdessen zeigt er, was man allein aus den reichtümern einer region alles zaubern kann, wenn man mit den rohstoffen vertraut ist und sich auf längst vergessene traditionen besinnt. So wurzelt die vielfalt in der regionalität. Wer weiß, vielleicht wird man eines tages josef zotter recht geben und regionalität als ein synonym für spezialität verwenden.
Jedenfalls setzt die zotter-schokolade deutliche zeichen für den aufbruch des individuellen geschmacks, der sich vom normierten genuss abhebt. Das ist der beginn einer neuen schokoladenkultur.
Denn die zotter-schokolade ist nicht oberflächlich bunt, sondern tiefgründig anders. Sie bietet die möglichkeit was anderes zu essen und zu genießen und dabei ein stück weit, man selbst zu werden.
So wie jeder mensch ein unikat ist, versucht auch jede schokoladensorte eine eigenständige persönlichkeit zu sein, die ihre ureigene geschichte besitzt. Angefangen bei anekdoten über die entstehungsgeschichte, hin zu herstellungs- oder anbauverfahren der rohstoffe bis hin zur bildlichen auflösung des geschmacks, durch andreas h. gratze erzählen diese geschichten.
Vielleicht mag man nur ein wenig über seine lieblingsschokolade erfahren, doch kann man die schokoladengeschichten auch nutzten, um die zotter-geschichte mal ganz anders zu lesen – achronologisch und verspielt. Denn jede geschichte ist ein baustein.

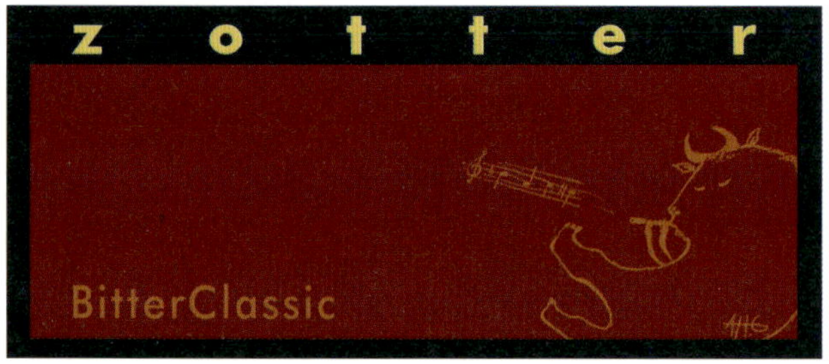


**cremig gerührte zartbitterschokolade als fülle**
und edelbitterschokolade als hülle. Ein klassiker. Um den geschmack zu verbildlichen wählte andreas h. gratze ein wesen aus der klassischen, griechischen mythologie. Der minotaurus, der stiermensch, faszinierte ihn schon seit langem. Selbst picasso schlug er in seinen bann. Die ursprüngliche rauheit des stiers passt gut zur herben klarheit der dunklen schokolade. Doch ist das raue auch besänftigt, hier durch den musikalischen genuss und dort durch eine cremige füllung. Da hülle und fülle zu einer potenzierten edelbitterschokolade werden, verdoppelte andreas h. gratze seinerseits das klassische motiv. Auf seiner flöte spielt der minotaurus eine klassische melodie. Doch nur experten erraten, dass es sich dabei um die endlosschleife b-a-c-h handelt. So klingt das bild mit dem hinweis auf die unvergänglichkeit des klaren, reinen schokoladenaromas aus.

**bricht alle erwartungen, die man mit einer milchschokolade verbindet.**
Allein aufgrund dieser vergleichsmöglichkeit, die sich bei ausgefallenen sorten, wie apfel-berberitze nicht bietet ist diese milchschokolade in einer milchschokolade interessant. Die füllung macht den unterschied. Gesüßt mit honig und mit frischer milch vom benachbarten bauernhof verrührt, schmeckt sie so, wie sie aussieht. Klassisch klar und doch sehr besonders.
Bei chocolatiers und passionierten schokoladenliebhabern ist milchschokolade, aufgrund ihres geringen kakaoanteils, immer eine sehr umstrittene sache. Am liebsten würde josef zotter nur dunkle schokoladen machen. Trotzdem zählt diese schokolade mit einem kakaoanteil von 45 prozent bei einem gesetzlich vorgeschriebenen mindestanteil von 30 prozent zu den besten ihrer art. Dabei ist der handelsübliche, geringe kakaoanteil einer milchschokolade kein muss, sondern eine methode zur gewinnmaximierung. Wenn josef zotter pure schokolade ohne füllung herausbringen würde, hätte seine milchschokolade mindestens 50 bis 60 prozent.

**eine wahre alternative für kinder, die süßkram lieben.**
Eine hochwertige milchschokolade, der steirischer blütenhonig und bienenbrot beigesetzt wurde. Letztes ist eine rarität und als solches kaum bekannt. Bienenbrot, welches auch unter dem namen perga bekannt ist, dient den bienen selbst als nahrung. Es enthält, fett, eiweiß, kohlenhydrate und reichlich vitamin k. Frischer Blütenpollen wird von den bienen so eingelagert, dass ein natürlicher fermentierungsprozess ausgelöst wird, der die Inhaltsstoffe des pollenkerns frei legt. Andreas h. gratze widmete dieser schokolade eine seiner mythologischen figuren. Denn der mythos schreibt sich weiter und wandelt seine gestalt. Diese figur sät poesie und sensibilität.

**ist so etwas wie zotters zweite identität.**
Natürlich ist die steiermark für vielerlei spezialitäten bekannt, doch keine ist so typisch, wie der kürbis. Unter den 800 bekannten kürbisarten existiert jene sonderform des gartenkürbisses, die ausschließlich in österreich, und zwar zu 90 prozent in der steiermark angebaut wird – cucurbita pepo var. styriaca, der steirische ölkürbis mit schalenlosen samen. Dieser keim ist der träger von zotters philosophie, weil er so typisch für die region und zugleich einzigartig ist. Andreas h. gratze erdete den kürbis in einer wiese und erhob ihn gleichzeitig durch eine rahmung. Im gegensatz zu anderen bildern würde er dieses auch nie verändern. *„Das ist einfach unser logo"*. Geschmacklich hat sich die schokolade aber sehr wohl verändert. Eine spur von eierlikör, natürlich von freilaufenden hühnern, belebt den geschmack. Denn josef zotter weiß, dass lebendiges material einer ständigen veränderung unterliegt und diese auch braucht. So wird denn die schokolade von zeitzeichen und wechselinspiration beeinflusst.

**mit dieser schokolade machte zotter sich im ersten jahr einen namen.**
Um die weihnachtszeit herum war die schokolade mit walnüssen aus der region blitzschnell vergriffen. Schließlich hat die welt lange genug warten müssen bis die traditionelle weihnachtsschokolade erfunden ward. Übers jahr kommt die walnuss-marzipan mit einem klaren design. Betrachtet man die form der walnüsse, muss man nicht lang überlegen wofür sie gut sind. Und da unser hirn nicht nur zur weihnachtszeit geölt gehört, gibt es die schokolade das ganze jahr über.
Im ofen grilliert erblühen die walnussaromen. Klein gehackt und vereint mit marzipan erlebt man ein wahres geschmackscrescendo.

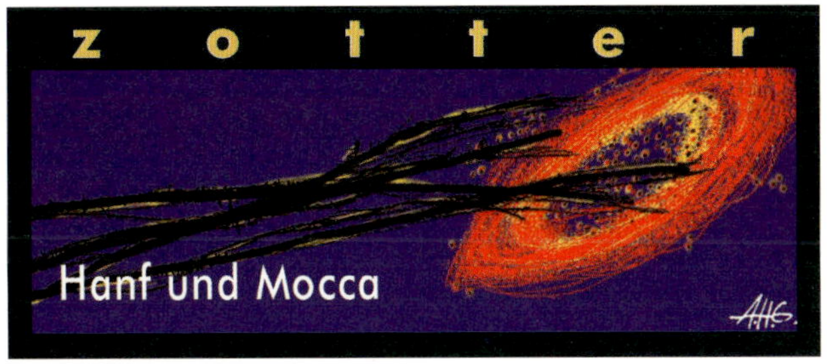


**sorgte für aufsehen.**
Es gab unzählige anfragen, bedenken und berge von fanpost. Interessanterweise hat niemand über die mohnschokolade debattiert. Hanf ist einfach ein reizthema auf das man sensibilisiert wurde. Bezeichnenderweise ist die hanfschokolade der verkaufsschlager. Selbst handelsriesen, wie carrefour wollten sie unbedingt ins programm nehmen. Allerdings sind riesen keine rechten verhandlungspartner für zotter, weil sie einfach nicht in der lage sind zu verstehen, dass sich nicht alles um profit dreht und schon gar nicht aus dem gedanken heraus entsteht. Es war einfach nur das samenkörnchen hanf, das josef zotter interessiert hat. Die idee dieses samens hat er in einer komposition aus geschälten und gerösteten hanfsamen und haselnüssen verdichtet und mit einer weiteren schicht aus leichter kaffeecreme verbunden.
Das bild lässt sich seinerseits auf keine stereotypen hanfblätter ein, sondern legt den schwerpunkt auf die samen. Dynamische hanfstiele leiten den blick in einen magischen kreis, in dem hanfsamen schweben. Die dynamische form symbolisiert einen aufbruch, der in die ganzheitliche form des kreises mündet. Ein umdenken deutet sich hier an, gezeugt aus der spirituellen farbgebung. Umso mehr mag es verblüffen, dass dieses bild die erste zeichnung war, die rein am computer entstanden ist und doch so wenig mit der klaren computerästhetik gemein hat. Für andreas h. gratze ist der computer einfach ein werkzeug durch das er seine linie fortführen kann ohne sich einem ästhetischen diktat zu unterwerfen.

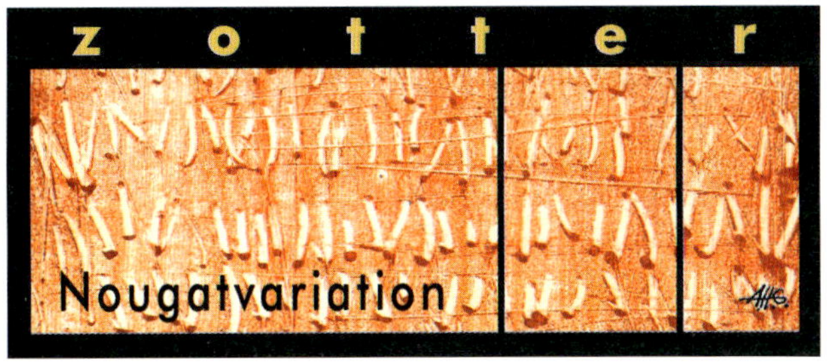


**ein klassiker,**
weil nüsse, einfach von ihren aromen her, ideal zu schokolade passen. Einfach ist diese schokolade trotzdem nicht, denn josef zotter präzisiert den geschmack durch die kombination einer dunklen und einer hellen nougatschicht. Den richtigen biss bringt ein walnusskrokant.
Andreas h. gratze beginnt seine arbeit natürlich über farbassoziationen, mit denen er spielt oder gegen die er arbeitet. In diesem fall hat er den farbton von frisch angerührtem nougat sehr genau getroffen. Hauchdünn hat er die farbe aufgetragen und mit einem streichholz striche hinein geritzt. Um es dynamischer erscheinen zu lassen, wurde das bild gedreht. Und wie der zufall es will, sind dadurch eben jene streichhölzer sichtbar geworden, mit denen er das bild geschaffen hat. In dieser frühen arbeit zeichnet sich in ansätzen die künstlerische entwicklung von andreas h. gratze ab. Die ersten schriftzeichenspuren tauchen auf und der hang zur rahmung der bilder wird deutlich, doch erst im signifikanten logo von zotter zur vollendung gebracht.

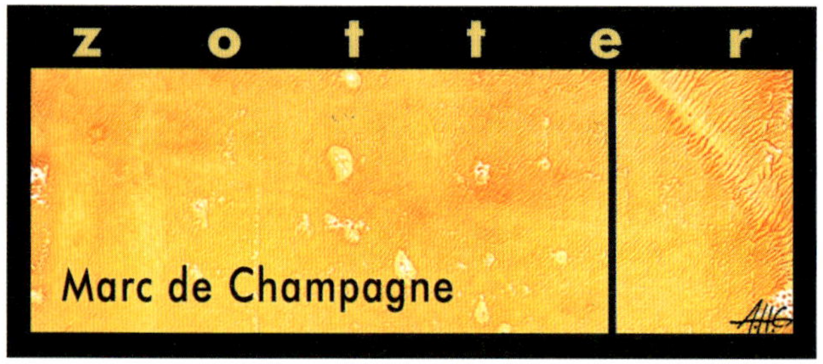


**war am anfang sehr wichtig für zotter.**
Für den champagner hat er sich ganz bewusst entschieden, weil champagner so beliebt ist und einfach ein gutes image besitzt. Champagner steht für qualität, regionalität und natürlich verbindet man auch exklusivität mit ihm.
In erster linie assoziiert man natürlich sekt mit der champagne, obwohl dort noch viel mehr alkoholische erzeugnisse produziert werden. So ist denn der marc de champagne kein sekt, sondern ein tresternbrand, der im zuge der champagnerherstellung, aus dem trestern von bereits gepressten weintrauben gewonnen wird. zunächst wird er eingemaischt, damit aus dem zucker der trauben, alkohol entsteht. Dann wird er zweimal gebrannt als rohbrand und feinbrand, dabei steigt der alkoholgehalt auf 71 prozent. Anschließend wird der feinbrand mindestens 18 monate lang eingelagert und mit destilliertem wasser verdünnt, um den alkoholwert auf 60 prozent zu reduzieren. Danach wird der marc de champagne zwischen vier und zehn jahren in eichenfässern eingelagert bis er eine braungelbe färbung bekommt.

**das feine pendant zur kürbiskernmarzipan.**
Des kürbis zweites gesicht, das auch schon vom bild her viel femininer wirkt. Andreas h. gratze hat sich hier auf die blüte des kürbisses konzentriert. Jene gelben blüten waren es auch, durch die der botaniker charles naudin 1859 einen hartnäckigen irrtum aufklärte und den kürbis als solchen identifizierte, statt ihn weiter zu den gurken und flaschenkürbissen zu zählen. Der flaschenkürbis war in europa seit jeher weit verbreitet, jedoch ungenießbar. Erst durch die eroberung der neuen welt kamen die garten-, riesen- und moschuskürbisse auch auf den hiesigen markt und acker. Christoph columbus notierte am 3.12.1492 seine erste begegnung mit dem kürbis auf kuba. Da der neu entdeckte amerikanische kürbis den gleichen namen, wie der heimische flaschenkürbis erhielt, ist eine große botanische verwirrung entstanden. Das althochdeutsche churbiz leitet sich von cucurbita ab und aus kürwes, kirbes, korbs, kabirz, kürbse entwickelte sich schließlich der kürbis. Aufgrund seines samenreichtums und der prallen form galt der kürbis seit urzeiten als symbol der fruchtbarkeit und sexualität. Zahlreiche riten zeugen von dem glauben an seine magischen kräfte. Bei den pueblo-indianern in neumexiko wurden die neugeborenen mädchen durch einen kürbis auf den bauch auf lebzeiten mit fruchtbarkeit gesegnet. In china aßen kinderlose ehefrauen an einem bestimmten tag im jahr kürbis. Umgekehrt konnten auch frauen dem kürbis ihre fruchtbarkeit verleihen, wenn sich die bäuerinnen beim aussäen immer wieder auf die erde setzten oder jungfrauen in der walpurgisnacht ihre unterhemden im acker vergruben. So lässt sich schlussfolgern, dass die steirer wohl niemals ernsthaft vom aussterben bedroht werden.

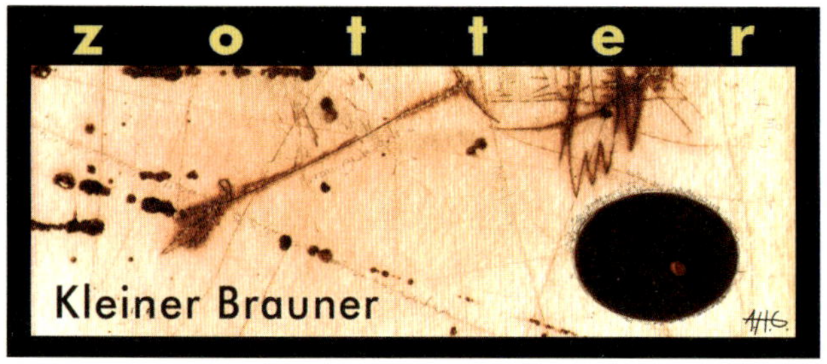


**da spricht der österreicher.**
Es mag verwundern, dass sich in deutschland, das lange zeit in sachen kaffee als entwicklungsland galt, nicht die verwandten österreichischen, sondern die italienischen kaffeebezeichnungen durchgesetzt haben.
Doch selbst josef zotter lässt seinen kaffee aus italien kommen. Nur die bezeichnung erinnert noch an die charmanten alten wiener kaffeehäuser, die vom glamourösen nebel der jahrhundertwende umhüllt werden. Die schokoladenhäuser, die neben den kaffeehäusern existiert haben, sind dagegen längst in vergessenheit geraten. Über die gemeinsame kulturgeschichte hinaus, bestehen auch parallelen in bezug auf das anbaugebiet und die verarbeitung, die das duett aus kaffee und schokolade so unheimlich harmonisch erscheinen lassen.

**des meisters liebste.**
In der brennerei von alois gölles werden süße schwarze herzkirschen zu einem brand verarbeitet, der das aroma der kirschen konzentriert. Ein klarer fruchtbetonter klassiker mit einer zart nuancierten note marzipan. Die angenehme mandelnote entsteht beim maischen durch die zugabe von zehn bis fünfzehn prozent der kirschkerne. In der schokolade blühen die mandelnoten des herzkirschbrandes durch die kombination mit selbstgemachten marzipan erst richtig auf. Dazu betten sich getrocknete kirschen und nochmals beginnt der herzkirschbrand sein spiel in einer leichten schicht buttercanache. Schokolade, kirschen und marzipan entpuppen sich als eine unvergessliche allianz.

**der highflyer.**
Der grand marnier zählt trotz seines hohen alkoholgehaltes von 40 prozent zu den likören. Aus den getrockneten schalen karibischer bitterorangen wird ein destillat gewonnen, dem außerdem noch zuckersirup und cognac beigesetzt werden. Der grand manier ist einer der besten seiner klasse.
Das geheimnis dieser zotter-schokolade sind ganz einfach. Echte orangen, die mit haut und haaren verarbeitet werden. Sie potenzieren den hervorragenden geschmack des franzosen und explodieren in fein gerührter buttercanache. Weich, warm, fruchtig und süß, sei sie, meint andreas h. gratze. Eine schokolade, wie sie frauen lieben.
Bildgebend war deshalb auch nicht der rohstoff, sondern die frau an sich. Entstanden ist ein frauenakt, der mit konventionen bricht, weil er die frau nicht nur als objekt verwendet, sondern sie als betrachter anspricht. Konsequenterweise verfällt andreas h. gratze nicht in typische aktdarstellungen, sondern geht neue wege der sinnlichkeit, indem er die frau diskret von hinten erforscht. Im grunde sehen wir nicht viel mehr als die rückansicht eines liegenden torsos. Den erotik funktioniert auch ohne brüste und schamteilchen als eine ahnung, die von den formen und der stofflichkeit genährt wird. Es ist erstaunlich wie wenig es braucht, um einen körper zu assoziieren und erotik zu erzeugen. Dieser akt und seine intension ist eine rarität, die ihresgleichen sucht. Denn zu oft bedienen selbst künstlerinnen nur stereotypen.

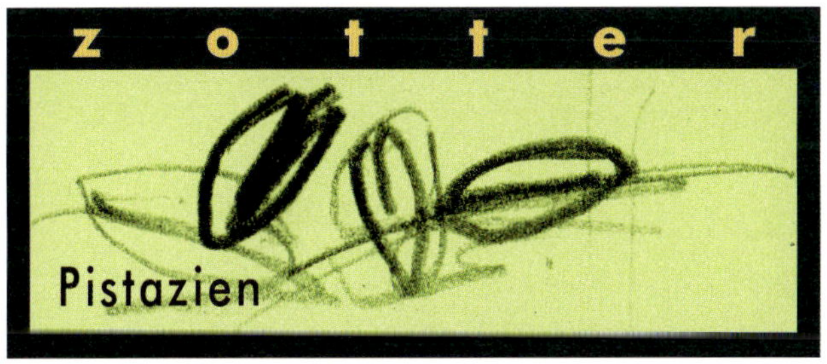


**ist auch ein klassiker.**
Eine uralte nuss, die schon seit biblischen zeiten bekannt ist. Seit mehr als 5000 jahren werden pistazien vor allem in palästina, im iran und irak, in teilen indiens und in der türkei angebaut. Pistazien sind die samen einer steinfrucht, die an immergrünen bäumen wächst. Josef zotter hat aus pistazien ein hervorragendes marzipan gezaubert, der mit einer spur grappa und anistee versetzt wird.
Grafisch lösen sich die pistazien in dynamischen kreidezeichnung auf. Denn nicht nur andreas h. gratze zufolge, bringen nüsse schwung ins essen.

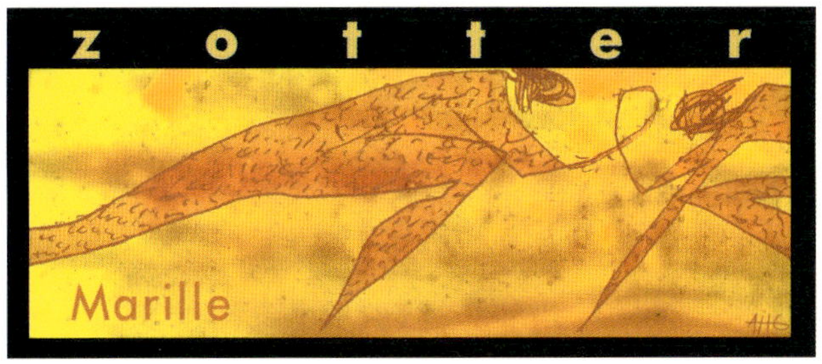


**aus der wachau.**
Marillen sind die seele dieser region. Es gibt dort dörfer in denen 700 menschen leben und 70 davon marillenbrand brennen. Da ist die auswahl schon recht groß. Doch bei der verkostung hat sich josef zotter eindeutig für den marillenbrand von karl holzapfel entschieden, der der *quinta essentia* angehört. Einer vereinigung der österreichischen spitzenbrenner, die klare qualitätskriterien schaffen. Die fruchtige note bringt ein fruchtgeleekern aus wachauer marillen. Selbst das bild erzählt von der klassik der marillentradition.

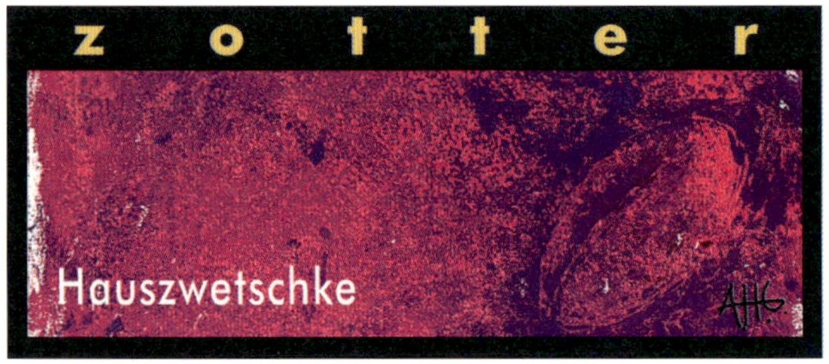


**typisch steirisch.**
Die zwetschke ist so urig, aromatisch und einfach gut, deshalb liegt sie josef zotter auch so am herzen. Die europäische zwetschke ist eine alte bekannte, die dem kaukasus entsprang, und sich in heimischen gärten einnistete. Weltweit gibt es mehr als 2.000 sorten. Eine davon ist die spät reifende hauszwetschke, die in den obstgärten der schnapsbrennerei gölles gedeiht. Natürlich orientiert sich gölles dabei an naturnahen anbaumethoden, denn schließlich ist das aroma der früchte die basis für einen guten schnaps. Chemikalien und zusätze sind da tödlich und haben den international üblichen gepflogenheiten zum trotz, auch nichts mit einer traditionellen lagerung zu tun. Da wird caramel zum färben und bonifikateur zum süßen verwendet, um eine lange lagerungszeit zu imitieren.
Bei gölles ist das anders. Da hat der brand die zeit, die er braucht, um zu reifen. Der alte zwetschkenbrand hat sich seinen namen redlich verdient, immerhin wird er mindestens sieben jahre im eichenfass gelagert. Der klare brand färbt sich goldgelb und dunkelt mit zunehmenden alter immer mehr nach.
Entsprechend der lagerzeit tritt auch der fruchtcharakter immer mehr in den hintergrund. Jede frucht hat ihre reifezeit, da braucht es schon viel erfahrung, um die optimale lagerungszeit zu bestimmen. Der moderne schnapsbrenner überlässt alles der natur, aber nichts dem zufall, wie alois gölles treffend bemerkt hat. Deshalb hat sein alter zwetschkenbrand auch ein sehr ausgewogenes, zartfruchtiges und harmonisches aroma. Umrahmt wird das bukett von vanillenoten, die durch die symbiose von eiche und frucht entstehen.
Auch im bild sind spuren von zeit. Andreas h. gratze hat die fasslagerung in einem mehrmaligen monotypieprozess verbildlicht. Mit dunkelblau hat er begonnen und ist ins rote gegangen. Violett ist die zwetschke, ein abdruck ihrer selbst, verblassend, kaum greifbar, das alter beschreibend.

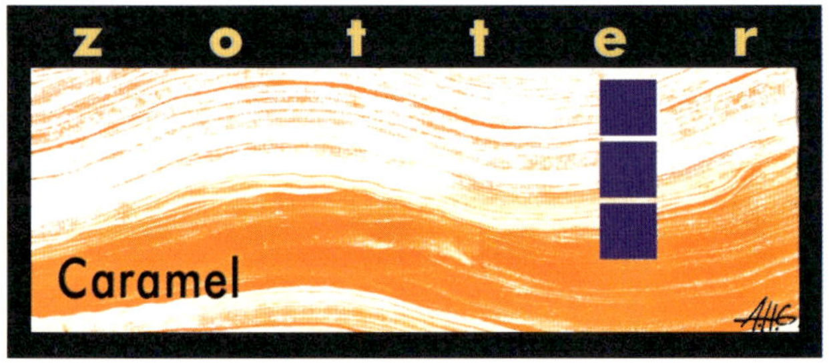


**caramel, da denkt man an die ersten bonbons.**
Gefüllt mit zähflüssiger, goldgelber caramelmasse, die vom bild in den mund fließen. Kontrastiert in blau. Mit drei blauen bauklötzchen als persiflage auf das zeitgenössische grafikdesign.

**ein klassiker,**
bei dem man gleich an kuba oder die karibik denken muss. Aber wer hätte gedacht, dass die österreicher eine eigene rumtradition pflegen? Der inländer-rum ist ein kartoffelsprit mit sehr viel vanillaroma. Vor rund 150 jahren ist er auf den markt gekommen und ist seitdem aus der österreichischen geschichte nicht mehr wegzudenken.
Bevor sich die tore der eu geöffnet haben, wurde der 80-prozentige inländer massenweise über die grenzen geschmuggelt. Das waren noch zeiten, in denen man verknappung nicht erst künstlich erzeugen musste. Jedenfalls hat der hauch von kriminalität seinem image in keinsterweise geschadet.
Auch wenn josef zotter die regionalität sehr wichtig nimmt, ist die bloße herkunft eines produktes noch kein hinreichendes argument für ihn. Nur qualität und die kraft der aromen vermögen ihn zu überzeugen. Deshalb musste sich der inländer-rum auch einem vergleich mit vielen verschiedenen rumsorten stellen, um zu beweisen, was er kann.
Einzig die kokosnuss gedeiht nun wirklich nicht in österreich. Einstmals hieß die kokos kokus, doch das wortspiel brachte zu viele universitätsprofessoren um den verstand.

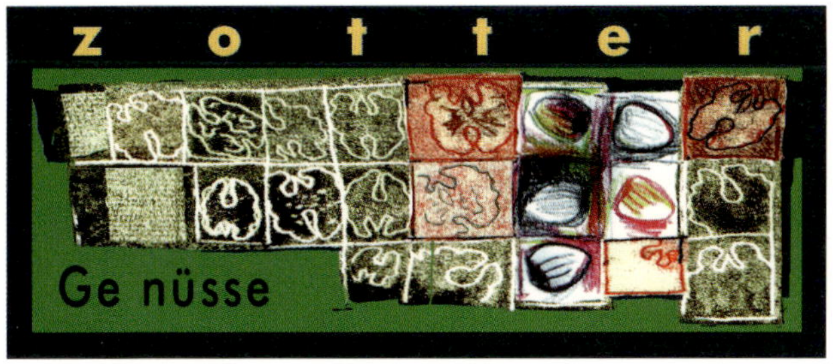


**josef zotter meint, die ge nüsse seien ein unfall gewesen.**
Beim telefonat mit andreas haben sie gemeinsam ihre wortspiele betrieben. So ist erst der name entstanden und anschleißend die passende rezeptur. Feingemahlene und geröstete haselnüsse treffen grob gehackte walnüsse und mandeln.
Für die collage hat andreas h. gratze auf seinen fundus zurückgegriffen und ein paar entwürfe für die walnussschokolade recycelt. Auch von den techniken her, die von kreide bis monotypie reichen, kann man von einer collage sprechen. Das bild führt beinah exemplarisch und gleichzeitig höchst sinnlich vor, wieviele darstellungsmöglichkeiten in einem einzigen bild stecken. Nicht nur die techniken, sondern auch die ausschnitte und formen changieren. Mal als ganzes oder in teilansichten wird deutlich, wie wandelbar und reich an assoziationen die walnuss ist.

**klingt simpel, ist aber die perfektion selbst.**
Haselnuss *delice* klingt simpel, ist aber die perfektion selbst. Haselnuss und schokolade ist einfach das non plus ultra. Die bezeichnung delice – das beste hat josef zotter schon lange parat gehabt. Oftmals hat er sich gefragt, welche schokolade diese auszeichnung verdient. Nun ist die entscheidung gefallen und die haselnuss gekrönt. Haselnuss klingt vertraut, doch wird sie bei zotter ganz anders gefertigt und mit einem gewürztraminer, marzipan und zimt kombiniert. Schon der alte volksglaube wusste, um die besonderheit der haselnuss und sprach dessen strauch zauberkräfte zu, die zu wohlstand und reichtum führen. Die gebrüder grimm haben diesem mythos ein märchen gewidmet – die geschichte vom aschenputtel.
Wunder hat sie zwar noch nicht bewirkt, trotz alledem ist das andreas h. gratzes lieblingsschokolade.

**ein spezialthema.**
Von der masse heiß geliebt und in fachkreisen sehr umstritten, weil sie keine kakaomasse enthält. Eben jenen teil der schokolade, der sie aus ernährungswissenschaftlicher sicht so wertvoll macht. Im grunde genommen ist die weiße schokolade das resultat einer langen entwicklung, die mit der industrialisierung der schokolade eingesetzt hat. Doch populär geworden ist sie erst in den 60ern.
Auch bildlich löst sich die schokolade vom rohstoff. Doch gegen die schwarz-weiß-malerei hebt sich ein fuchs ab. Der schelm hat auf die schieferntafel gekritzelt und schleicht sich jetzt davon, wie ein kleiner schuljunge.

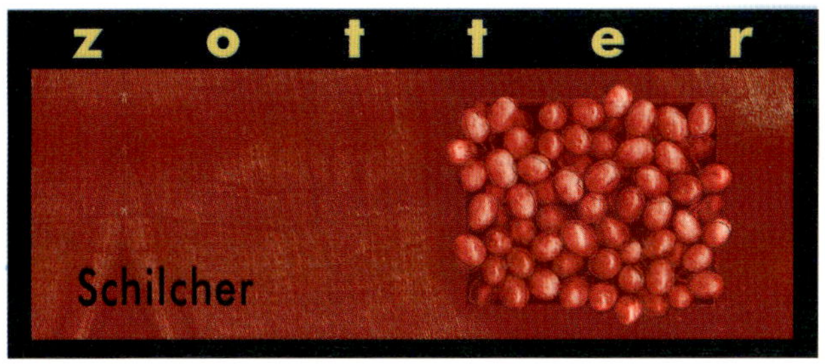


**eine der allerersten schokoladenkreationen.**
Der schilcher ist eine ganz spezielle weinsorte, die ausschließlich aus der rebsorte blauer wildbacher gekeltert wird. Das ist die älteste und ursprünglichste steirische weinsorte. Bereits im 16. jahrhundert wurde sie schriftlich erwähnt.
In der oststeirischen schnapsbrennerei gölles bei riegersburg, entsteht aus dem schilcher ein feiner schilchertresterbrand. Trester ist der originelle, steirischer grappa, den einheimische auch trebern nennen. Der schilchertresterbrand ist ein 100 prozentiges fruchtdestillat mit 40 prozent alkohol. Die trauben werden nicht so stark ausgepresst und bleiben sehr saftig, damit man die sorte, das terroir und die handschrift des winzers noch ganz deutlich spüren kann.
Motivisch hat sich die banderole so oft gewandelt, wie der ruf dieses weines. Eine zeit lang war der schilcher sogar verboten, weil man ihm nachsagte, dass er aggressiv mache. Im volksmund nennt man ihn deshalb auch heute noch don rabiato. Wahrscheinlich hat das verbot und sein ruf, wie beim absinth, dazu beigetragen, dass er international sehr bekannt und begehrt worden ist. Doch keine angst, seit 1988 unterliegt der klassische schilcher strengen bestimmungen und wird mit der schutzmarke *weißes pferd* gekennzeichnet.

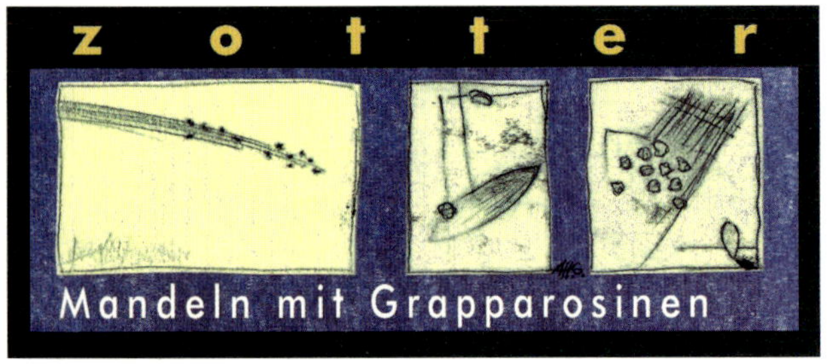


**das sind fleischige rosinen,**
die in mandelnougat aus sizilianischen mandeln gebettet werden. Eine italienische geschichte. Dennoch ist die bildidee auf einer kroatischen insel entstanden, an dessen steinmeer herr gratze saß. Umgeben von höchst abstrakten dingen, wie olivenzweigen, trauben und steinen, die mit stroh bedeckt waren. Traditionellerweise trocknet man rosinen auch auf stroh. Doch heutzutage bevorzugt man den maschinellen weg. Deshalb taucht in feinen strichen das strohige und holzige als hommage an die verarbeitungsweise im bild wieder auf. So entstehen bildgeschichten, die aus dem riesigem archiv von zotter und gratze wachsen. Angefüllt mit reisenotizen und skizzen ist dies archiv im wesentlichen aber geistiger natur.

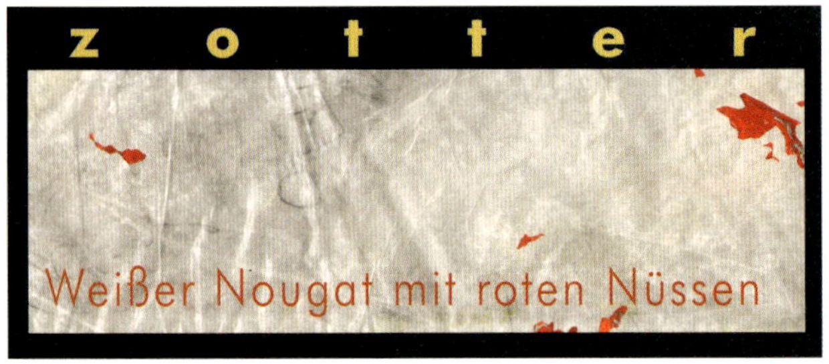


**ist bildlich schon sehr stilisiert mit klaren kontrasten.**
Für den weißen hintergrund hat andreas h. gratze originalmaterial eingescannt, um die stofflichkeit zu erhalten. Das ist ganz herkömmliches verpackungspapier, das er spezialbehandelt hat. Dadurch entsteht die plastizität und transparenz. Außerdem kann man darauf gleich mehrschichtig malen. Das schichten von bildelementen ist bei andreas h. gratze ein beliebtes sujet. Er verwehrt sich gegen eindeutigkeiten und spielt stattdessen mit verborgenen ebenen, tiefen und hintergründen, doppeldeutigkeiten und fallen.
Selbst josef zotter meint, dass der weiße nougat mit roten nüssen ein optisches spiel mit den rohstoffen sei. Denn schließlich soll die schokolade alle sinne ansprechen. Rote nüsse sind rote walnüsse. Eine rarität. So ist es auch schon vorgekommen, dass ein rohstoffengpass entstanden ist. Doch josef zotter wusste sich zu helfen und legte normale walnüsse, nach der röstung in holundersaft, zucker und gewürzen ein. Anschließend wurden sie ein zweites mal geröstet bis sie leuchtend rot waren. Und wie so oft gebar die not eine tugend. Die schokolade wurde geschmacklich viel besser und seitdem behandelt er auch die roten walnüsse so.

**eine hommage an christine ferber.**
Auf einer kulinarischen expedition ins elsass hat es josef zotter nach nierdermorschwihr zu christine ferber verschlagen. Sicher nicht ganz zufällig, denn die junge dame ist ja schließlich eine patissier-, confiseur- und chocolatier-meisterin mit ausgezeichneten ruf. Man nennt sie die könig der früchte. Da ist sie mit ihren marmeladen berühmt geworden ist. Weiße kirsche mit pfefferminze, hagebutte mit orange, wildapfelgelee mit zimmetrinde oder schwarzem tee, heidelbeere mit lakritz oder grüne zitronen. Bei so vielen ausgefallenen kreationen kann es nicht verwundern, dass sie josef zotters sympathie gewonnen hat. Ohne frage haben die beiden sogar sehr viel gemein. Wie zotter ist auch sie nach ihrer ausbildung in namhaften häusern zu ihren wurzeln, in die dorfbäckerei ihrer eltern, zurückgekehrt. Diese regionale verbundenheit ist auch das geheimnis von zotters einzigartigen schokoladen und ferbers unnachahmlichen marmeladen. Und schließlich bringt erfahrung, kreativität und ehrgeiz die beiden ans ziel; und zwar in mühvoller handarbeit. Hinter den türen in nierdermorschwihr entkernt und schneidet eine muntere schar junger damen pfirsiche, während die kupferkessel dampfen und das fruchtparfüm zerstäuben. Geschäftig wirkt es hier, doch man weiß dennoch, das alles seine zeit braucht.
Josef zotter ist ein mann, der sich von trends nicht beirren lässt. Deshalb ehrt zotter christine ferber nicht, wie viele andere vor ihm für ihre marmeladen, sondern für ihr hauskonfekt aus blätterkrokant und lavendel.
Das bild schafft schließlich die verbindung zwischen rohstoff und konsument. Greifbar sind die französischen nationalfarben, der rest basiert auf erzählungen. Da andreas h. gratze christine ferber nicht persönlich kennen gelernt hat, bleibt sie eine ahnung. Ausgestattet mit viel temperament und charme. Selbst die charakteristische unterschrift scheint nur authentisch zu sein. Entworfen wurde sie vom mann der tausend handschriften, dessen eigene handschrift ironischerweise fast unleserlich bleibt.

**frisch gepflückt.**
Die steiermark ist als obstgarten österreichs voll mit äpfeln, die fast schon einen symbolischen status besitzen. Deshalb war es für zotter eine herausforderung eine schokolade mit äpfeln zu kreieren. Am benachbarten obsthof kaufmann, der sich sehr für die erhaltung alter apfelsorten einsetzt, ist er fündig geworden. Zu den getrockneten rubinetten gesellen sich berberitzen. Denn die wachsen in der steiermark auch überall. Allerdings sind das eher ziersträucher, deren kerne riesengroß sind, so dass die beeren fast kein fruchtfleisch besitzen. Zudem ist es enorm aufwendig die stachligen beeren zu ernten. Niemand tut dies hierzulande. Vielleicht auch weil man glaubte, dass sie giftig seien, obwohl sie aufgrund ihres vitamine-c-gehaltes sehr gesund sind und sogar helfen den cholesterinspiegel zu regulieren. Als zotter über den naschmarkt in wien schlenderte, entdeckte er sie und ließ sie aus dem iran importieren. Frisch und fruchtig schmeckt die kombination der äpfel mit den säuerlichen berberitzen und ganz nebenbei vereint sich so die regionalität mit der interkulturalität.

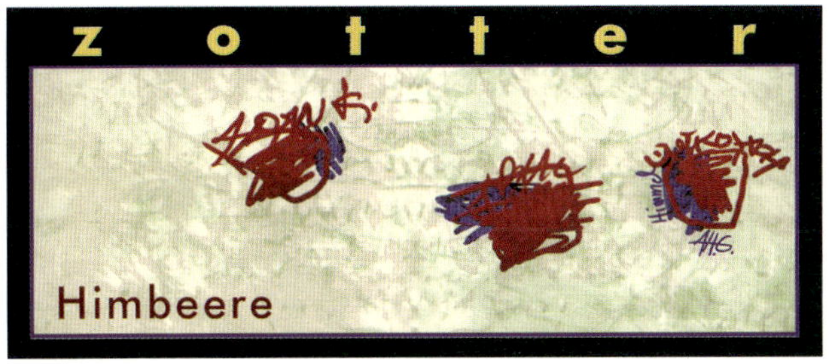


**die frucht gibt hier den ton an.**
Milchschokolade mit himbeergelee und himbeerbrand. Andreas h. gratze favorisierte hier die abstraktion. Obgleich ihm die entscheidung nicht leicht gefallen ist. Schließlich gab es noch eine verspielte variante, die aus himbeeren himmelbeeren in bärengestalt werden ließ.

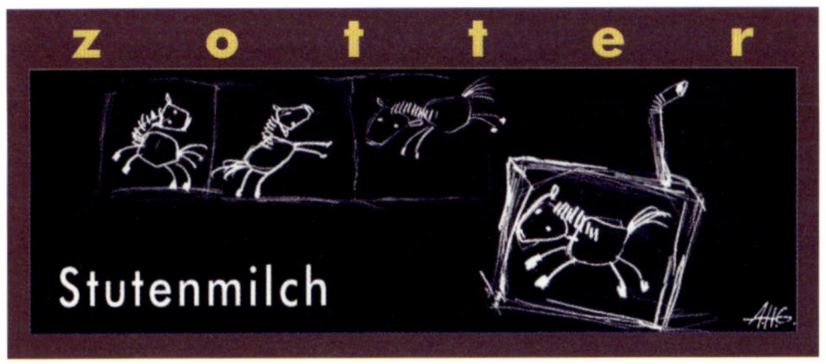


**ist in erster linie eine alternative milchschokolade**
für kuhmilcheiweißallergika. Deshalb sieht sich josef zotter oft mit den erwartungshaltungen der kunden konfrontiert, die den gewohnten milchgeschmack vermissen. Aber an der tatsache, dass stutenmilch ganz anders als kuhmilch schmeckt, lässt sich eben nichts ändern. Das irritierende ist, dass sie beinah geschmacksneutral und zudem sehr wässrig ist. Daher bleibt die füllung auch ganz dunkel. Im grunde genommen schmeckt man den reinen kakaogeschmack. In verbindung mit der cremigen füllung ist das trotzdem ein geschmackserlebnis der besonderen art. Zudem ist stutenmilch vom ernährungswissenschaftlichen standpunkt aus betrachtet sehr gesund, da sie im vergleich zur kuhmilch der menschlichen milch viel ähnlicher und damit eben auch viel verträglicher ist.
Ein fohlen hat keinerlei abwehrstoffe, wenn es auf die welt kommt. Erst über die milch bekommt es sie und baut sein eigenes immunsystem auf. Wenn die mutter nicht da ist, stirbt das fohlen. Deshalb ist es auch so schwierig stutenmilch zu gewinnen. Während man der kuh das kalb wegnehmen und mit milchpulver aufziehen kann, verebbt die milch der stute sobald das fohlen weg ist. Deshalb wird zwischendurch gemolken, aber eben auch nicht zu viel damit noch genug für das fohlen übrig bleibt. Daher ist die stutenmilch verhältnismäßig teuer.

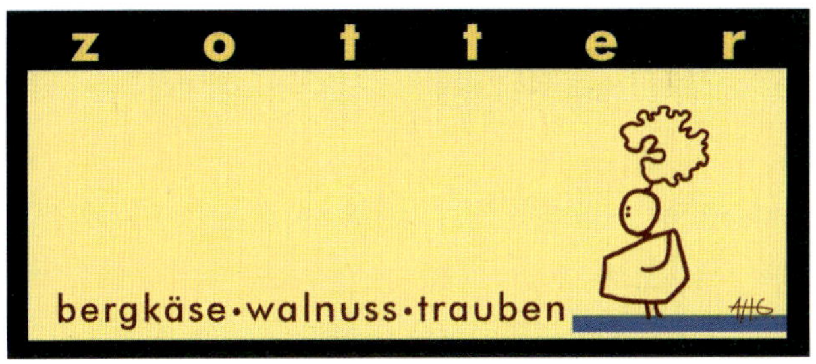


**war bis vor kurzem noch der fontinakäse aus dem aostatal.**
Aber wozu in die ferne schweifen, wo es doch so guten käse in österreich gibt. Das bekenntnis zur regionalität war ausschlaggebend für den wechsel und für die entstehung herwig ertl, der spezialitäten-nahversorger aus kötschach-mauthen, der sie einst in auftrag gab. Nachdem sie so gut angekommen ist, übernahm sie zotter ins reguläre sortiment und andreas h. gratze verlieh ihr ein neues gesicht, indem er käse, traube und walnuss in einem strich zu einem ritterlichen manderl* werden ließ.

*zu dt.: männchen

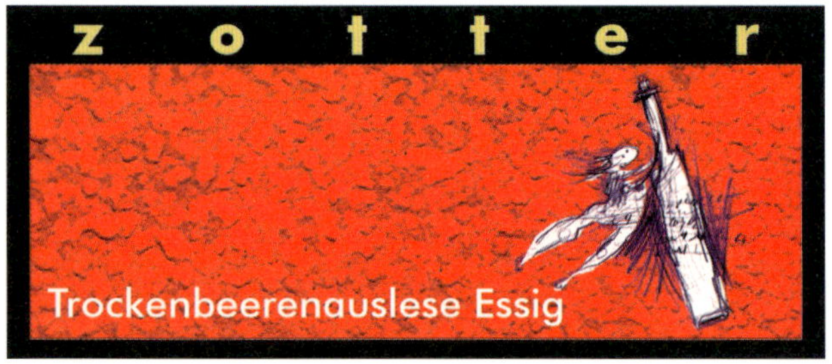


**ist ein weinessig mit einer fruchtigen note.**
Trockenbeerenauslese bezeichnet die prädikatsstufe des reinsortigen weißweines, der aus pamhagen im burgenland stammt. Im bio-weingut michlits wurde er nach den vorgaben des renommierten essigmachers gegenbauer produziert.
Nach wie vor unterliegt das essig-machen einer großen mystifikation und viele essigmacher hüten sich auch heute noch davor, ihre erfahrungen preis zu geben. Um so bemerkenswerter ist der einblick, denn uns gegenbauer in die herstellungsweise des essigbrauens gewährt. Zunächst wird aus dem wein eine reinsortige essigbakterienkultur gezüchtet. Anschließend wird der wein mit den bakterien geimpft. Bei der essigfermentation findet eine kontrollierte gärung statt. Denn um eine wirklich hohe qualität zu erreichen, muss die temperatur und die sauerstoffzufuhr ständig beobachtet und reguliert werden. Nach der gärung wird der jungessig in kleinen eichenfässern gelagert, mehrmals vom trub abgezogen und anschließend zur reifung in glasballons gefüllt. Am ende entsteht ein kostbarer rohstoff, dessen wert wir oft verkennen, weil unser gaumen durch billige apfelessige und balsamicoimitationen in die irre geführt wurde.
Tatsächlich zählt essig neben wein und olivenöl zu den ältesten kulturgütern. Im altertum wusste man bereits, dass sich alkoholhaltige flüssigkeiten bei längerem lagern zu essig verwandeln. In mesopotamien genoss man schon vor 4000 jahren *saures bier*, also bieressig. Die römer experimentierten gleich mit feigen, traubenmost oder mit einer bestimmten getreideart, um essig zu gewinnen. Mit vorliebe mischten sie wasser und essig zu einem säuerlichen getränk namens *posca*, welches als erfrischung und kraftspender noch bis in unser jahrhundert hinein von einfachen leuten getrunken wurde.
Essig diente aber nicht nur als durstlöscher, sondern wurde auch als heil- oder konservierungsmittel, zum säubern von wunden oder als badezusatz und sogar als parfum verwandt. Zotter dient der essig als säureregulator, deshalb werden sehr viele schokoladensorten mit essig und salzen abgerundet. Doch nur die tba bekennt sich vollends zu diesem rohstoff und räumt dem essig jenen hohen stellenwert ein, denn er verdient.

**eine hommage an seinen lehrer werner matt,**
der ihn in die geheimnisse des kochen eingeweiht hat. Damals hat er begriffen, dass man nur mit liebe kochen kann und dass man die sorgfalt, die man für all die dinge aufwendet, tatsächlich schmeckt. Wenn es sonst keine vorbilder gab, so doch ihn als koch. Werner matt hatte einen ausgeprägten sinn für schönheit und ästhetik. Dabei hat er oft mit sehr bodenständigen sachen gearbeitet und einfach nur ihr image verändert, wie das der sellerie. Berühmtheit erlangte er durch seine selleriesuppe, die in einer ausgehöhlten sellerie serviert wird. Sellerie und trüffel harmonieren von sich aus. Dazu der portwein in dunkler schokolade. Mehr kräfte kann man nicht vereinen – eine reine powergeschichte.

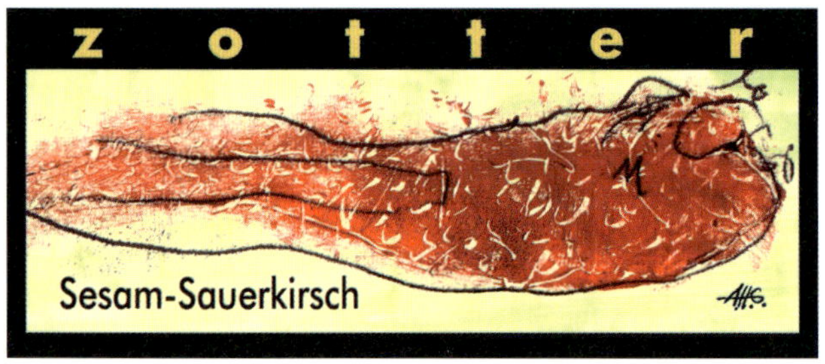


**war sofort ein bestseller.**
Eine ganz spontane idee, die gar nicht geplant war. Die kombination ist zwar nicht naheliegend, doch geschmacklich kann sich das jeder vorstellen. Fein und feminin wirkt der geschmack des gerösteten sesams und der getrockneten sauerkirschen, die zum püree verarbeitet werden. Dabei unterstützt der sesam den kirschgeschmack, indem er die säure neutralisiert.
Das bild hat der sesam-sauerkirsch einen körper verliehen. Ein archivbild, in dem sich nur scheinbar zwei figuren vereinen und eine harmonie suggerieren. Obwohl sauerkirschen viel dunkler sind und fast ins schwarze gehen, hat sich andreas h. gratze für rot entschieden, das man intuitiv mit kirschen verbindet. Die farbe bricht aus der kontur heraus und behauptet ihre unabhängigkeit. Dieses beliebte sujet von andreas schafft nicht nur revolutionäre bilder, sondern beschreibt die revolte eines lebens.

**das ist herbst.**
Die steiermark ist voll von kastanienbäumen, überall in den straßen stehen maronibrater, die mit bloßen, kohlrabenschwarzen, rissigen händen die begehrten kastanien aus dem feuer holen und sie in selbstgefalteten zeitungspapiersackeln den frierenden überreichen. Und wie die hände erwärmt sich das herz. Auch die schokoladenbanderole entflammt in dynamischen herbsttönen. Andreas h. gratze beschrieb einen farbspaziergang im wald und schuf aus den eigentümlichen, stachligen schalen der maroni wunderbar picksige geschöpfe, die unsere entferntesten kindheitserinnerungen wachrütteln. Deshalb kommt die maronischokolade auch gut an. Natürlich hat sie auch einen sehr feinen geschmack, deshalb erscheint sie im verhältnis zum kakao eher verhalten. Wo sich manch einer mehr wünscht, doch mehr geht eben nicht.

**dafür wird josef zotter geliebt und gesteinigt.**
Doch genau diesen zwist zwischen den geschmäckern liebt er. Alles andere wäre ein einheitsgeschmack. Stolz bekennt zotter, dass die mossbeerthymian allen widerständen zum trotz machbar ist. Der griechische pflanzenname des thymians thymos meint eben diesen *„geist, mut"*, den es braucht um solche schokoladen zu kreieren und zu verteidigen.
Moosbeeren ähneln kanadischen preiselbeeren und wie der name schon sagt, gedeihen sie im moos. Auch die grafik verweist auf ihre ursprünge. Anhand von entwürfen führt andreas h. gratze vor, wie eine frucht entsteht. Riskiert man einen vergleich mit der grafischen lösung für die vogelbeere, die zur selben zeit auf den markt gekommen ist, wird deutlich über was für ein grafisches spektrum andreas h. gratze verfügt. Dabei meine ich nicht die größtmögliche vielfalt der ausdruckmöglichkeit, die ja bereits ein blick auf die sortimentsgestaltung zur genüge beantwortet, sondern den umgang mit verwandten grundkonstellationen, wie die auflösung der beerenthematik in rot-grün-kontrasten und deren unterschiedlichen ausgang.

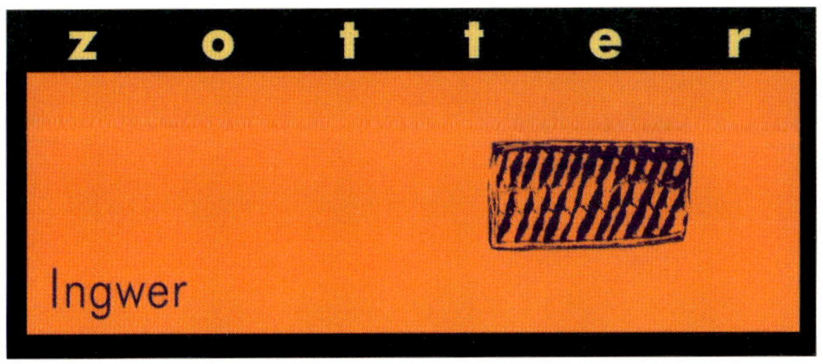


**unter einfluss der asiatischen küche**
ist ingwer bei uns stark in mode gekommen. Für uns europäer ist der leicht scharfe, würzige, süßlich, frische geschmack des ingwers eher ungewohnt, deshalb belebt er auf exotische weise unsere geschmackliche wahrnehmung.
Ingwer ist ein knollenförmiger wurzelstock einer tropischen, schilfartigen staudenpflanze. Der so genannte schwarze ingwer ist ungeschält und noch vom gelblich-grauen, runzligen kork umgeben. Während der bei uns im handel erhältliche ingwer bereits geschält ist. Ingwer ist eines der ältesten tropischen gewürze, das bereits in den chinesischen und altindischen sanskritschriften erwähnung findet. Seine heimat und die urform lassen sich dennoch nicht lokalisieren. Vor der gründung des römischen reiches gelangte ingwer in den mittelmeerraum und bereits die römer verwendeten getrockneten ingwer in ihrer küche. Im mittelalter gelangte er schließlich nach europa und galt lange zeit als ein wirksames mittel gegen die pest. Untersuchungen zufolge, gilt der ingwer heute als ein wirksames, nebenwirkungsfreies mittel gegen seekrankheit. Kein wunder also, dass die engländer mit ihrer großmachtsflotte sehr früh auf den geschmack gekommen sind und ingwer kultiviert haben.
Ein kleines bildchen auf einer großzügigen, monochromen orangfläche. Da ingwer geschmacklich so intensiv ist, bedarf es auch im bild nur einer spur davon. Eine abstraktion, die durch das farbspiel von orange und violett an indische klänge erinnert. Das besondere an der künstlerischen gestaltung der zotter-schokoladen ist eben, dass sie geschmack visualisiert, ohne eine wurzelknolle, wie den ingwer abgebilden zu müssen.

**ursprünglich waren zwei einzelne schokoladensorten geplant.**
Eben der pfeffer und die minze. In anbetracht der vielen neuerscheinungen musste zotter sich für eine entscheiden und mochte sich doch von keiner trennen. Also hat er sie ganz einfach kombiniert und in pfefferschrot und minzeöl vereint.
Dieser titel verführt zur abstraktion und inspirierte andreas h. gratze eine bildliche abstraktion des grob gemahlenen schrotes, in hauchdünnem, fast glasierenden acrylfarben mit einer nuance action-painting, zu schaffen. Abgerundet wird das ganze mit einem spielerischen touch. Dabei verbirgt sich hinter der modernen sichtweise eine ganze mythologie. Denn die antike erzählt bereits von einer schönen nymphe namens minthe in die sich pluto, der gott der unterwelt, unsterblich verliebte. Als seine frau, persephone, dahinter kam verwandelte sie in ihrer wut die konkurrentin in eine kleine unscheinbare, aber wohlriechende pflanze. Seit ungefähr 9000 jahren gedeiht die minze nun im fruchtbaren halbmond von mesopotamien.

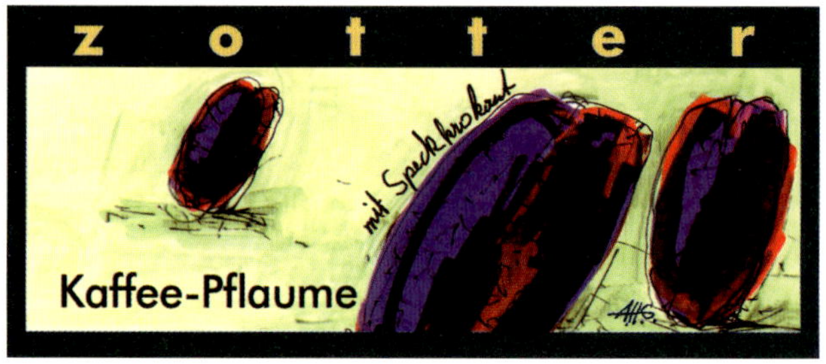


**klingt und schmeckt wahnsinnig spannend.**
Ist aber natürlich auch sehr speziell. Denn nicht jeder kann sich eine melange aus fleisch und schokolade vorstellen. Dabei gibt es seit zeiten ausgefallene fleischrezepturen mit schokolade, wie z.b. toskanisches wildschwein garniert mit schokoladensauce. Allerdings sind es vornehmlich hauptspeisen in denen fleisch mit spuren von schokolade in saucen gemischt wird. Josef zotter geht den umgekehrten weg und führt mit seinen schokoladen das fleisch in versuchung. Aus geröstetem, caramelisiertem speck und pflaumen, die in einer kaffeemarinade eingelegt wurden, entsteht eine der außergewöhnlichsten geschmackskombinationen, die weltweit ihresgleichen sucht.
Alte mächtige hunnensteine kamen andreas h. gratze beim gedanken an diese vollen, deftigen aromen in den sinn. So hat er die pflaumen inszeniert. Pflaumen sind an sich schon sehr urig und durch die perspektivische setzung wirken sie zu dem noch sehr groß und mächtig. Die farben der pflaume hat er zerlegt und nebeneinander aufgereiht, damit man alle komponenten kennenlernt.

**welch ein exot!**
Geziert von einem wunderbaren bild. Manchmal ist es für andreas h. gratze gar nicht so einfach sich einen geschmack vorzustellen. Bevor er nach berlin gezogen ist, hat er immer ein paar kostproben der schokoladen genossen, ehedem er ein bild entwarf. Jetzt schöpft er nur mehr aus seiner imagination. Doch die beiden sind schon so weit aufeinander eingespielt, dass das trotzdem immer harmoniert. Auf roter tusche, der flug eines modernen zentauers, und eine weitere figur, die ihn mit dem paradies in händen, lockt. Auf der neuen variante sind sich die beiden unter einem ananashorizont schon näher gekommen. Mit der veränderung des titels erübrigte sich auch das paradies in händen, welches auf die paradeispaprika anspielte. Doch nach wie vor ist diese seltene paprikasorte ein bestandteil der schokolade. Angebaut und eingelegt wird sie von erich stekovic, der sich passioniert dem anbau und der erhaltung alter gemüse- und fruchtsorten widmet. Über 1.000 in vergessenheit geratene tomatensorten hat er 2003 in kooperation mit arche noah auf seinem hof angebaut. In diesem jahr werden es gleich 3.200 sorten sein. Wahrlich eine paradisische vielfalt, deren form und farbspiel man sich kaum vorstellen kann und noch weniger deren geschmacksnuancen.

**eine skandalträchtige geschichte.**
Doch in der beziehung geht das team zotter + gratze die sache gelassen an. Diskussionen über die schokolade sind immer willkommen. Außerdem findet die grammelnussnschokolade seit ihrer auflage reißenden absatz. Recht betrachtet ist die verbindung von grammeln und schokolade gar nicht so abwegig. Die idee für die schokolade kam zotter in einem stillen moment als er sich an die gerüche seiner kindheit erinnerte. Er entsann sich, dass beim schmalz ausbraten immer dieser betörende nussgeruch in der luft lag und ihm wurde klar, dass grammeln aufgrund dieser nussaromen mit schokolade harmonieren mussten.
Bei einem kleinem geschmackstest im vorfeld, ist natürlich auch niemand auf die idee gekommen, dass da grammeln drin sein könnten. Fast alle tippten auf eine spezielle nusssorte. Vor ein paar jahren wäre das vielleicht noch anders gewesen. Denn die bauern pflegten die grammeltradition und schätzten ihr selbstgemachtes knabberzeug sehr. Heute ist die grammelerzeugung in vergessenheit geraten, da kaum jemand mehr das schwein zur gänze verarbeitet. Zudem sind grammeln nicht lang haltbar und müssen schnell verzehrt werden. Solange sie noch frisch und knusprig sind schmecken sie am besten. Für die schokolade werden sie natürlich auch frisch zubereitet und statt des hausschweines werden waldschweine, die im wald frei umher gelaufen sind, verarbeitet und mit zimt und salz abgeschmeckt.
Grafisch ist die grammelnussn sehr elegant verpackt. Schließlich hat die schokolade auch nicht mehr viel mit dem schweineschmalzimage gemein. Im gegenteil, das bild suggeriert geradezu die exklusivität von grammeln. Tonangebend ist auch hier der nussgeschmack, der in verbindung mit zimtnuancen warm und behaglich erscheint. Darauf tummeln sich flotte grammeln, die gerade ihren geschmackstriumph erlebt und einen imagewechsel vollzogen haben.
Nun war es zotter noch sehr wichtig zu erwähnen wer die schweinchen hütet. Das ist der jagawirt am reinischkogl der familie goach.

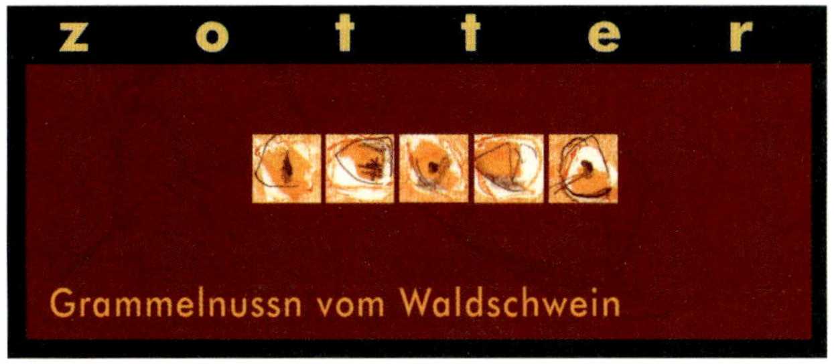


**je gewagter die kreationen werden,**
desto mutiger werden auch die bilder. Das ist immer eine wechselseitige entwicklung. Die gestaltung der banderolen nähert sich immer stärker dem künstlerischen schaffen von andreas h. gratze an. Eine variation des bildmotives für die schwarzen nüsse ist auch als großformatiges acrylgemälde entstanden und in besitz von josef zotter, der auch als kunstsammler sehr umtriebig ist. Das sind nüsse im allgemeinen, die hier von andreas h. gratze abstrahiert worden sind. Das resultat ist eine interessante mischung aus abstraktion und figur. Die erdigen kerne werden von einem geflecht von zeichen umwoben durch die sie einen luftigen auftrieb bekommen., eine leichtigkeit, die sie dynamisiert. Die spannung entsteht durch die wechselseitige durchdringung der kontrastierenden elemente vom fest erdigen und leicht luftigen typus.
Diese zeichentypen, angeregt von kalligraphie und zeitgenössischen codes, sind nicht lesbar und nicht auflösbar – man kann etwas sehen und man kann etwas suchen, das bleibt frei.
In wahrheit sind schwarze nüsse ein pseudonym für noch grüne walnüsse, die schon im juni geerntet werden. Die sind dann noch sehr bitter und müssen lange im wasser gelagert werden, damit sich die bitterstoffe herauslösen. Anschließend werden sie in birnenbrand eingelegt, der mit zucker, zimt und anderen gewürzen angesetzt wurde. Im prinzip entsteht auf gleichem wege der nusslikör.

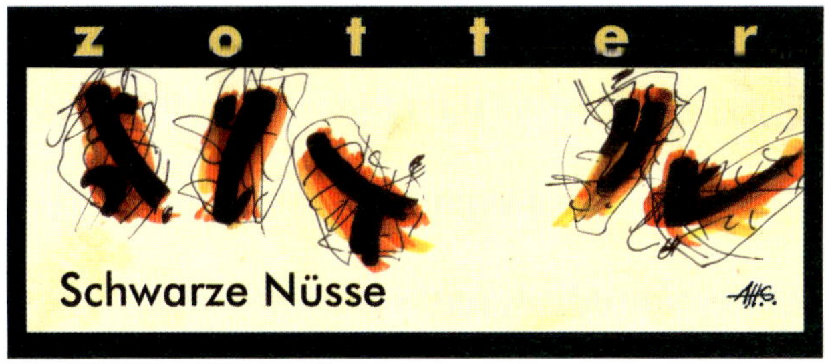

**ist eine neue kreation des schnaps-pioniers valentin latschen** und seiner pfau-brennerei. Ein österreichischer whisky, für den nur spezialbiere aus dem hause schleppe verwendet werden. Der qualitätsbierbrand entsteht unter optimalen bedingungen durch den einsatz von erlesenen saazer aromahopfen und eigener reinzuchthefe. Seinen namen verdankt der rauch-malz-brand der langen fasslagerung, in der das getreide gärt und feine rauchnoten entwickelt. Er schmeckt malzig, fein rauchig und sehr klar mit einer charakteristisch fruchtigen note. Ganz ausgewogen, rassig und würzig.
Diese charakteristiken sind auch bildlich spürbar. Dabei hat andreas h. gratze ganz neue techniken einfließen lassen, und auf seine druckutensilien zurückgegriffen. Auf eine kupferplatte gebannt, bekommt die landschaft etwas herb-malziges und auf jeden fall rassig-erdiges.

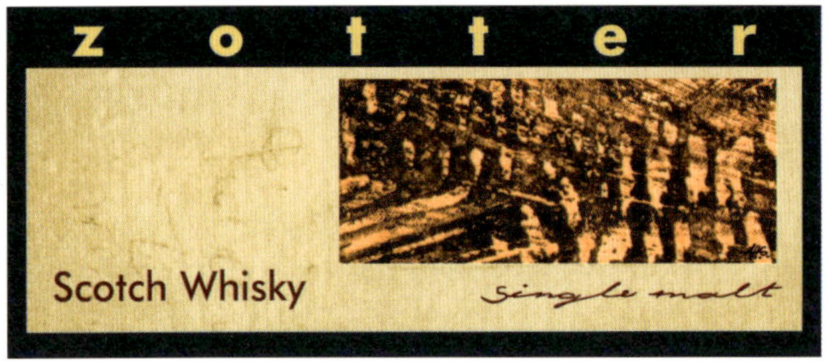


**ein schottischer whisky aus der brennerei glenfarclas.**
Einen single-malt-whisky zu genießen bedeutet, einen whisky zu genießen, der das produkt einer einzigen brennerei ist. Whisky ist eine klare sache und besteht aus drei rohstoffen, der gerste, der hefe und aus wasser.
Nach drei jahren der reife darf sich das produkt *whisky* nennen. In der regel reift er aber mindestens acht jahre lang im fass. Wobei der ganze prozess vom mälzen bis zum ende der destillation kaum mehr als zwei wochen in anspruch nimmt.
Beim mälzen und maischen entsteht malz und durch den zusatz von hefe ein bierähnliches gebräu mit rund 5 prozent alkoholgehalt. Dann folgt die kunst des whiskymachens – die destillation. Dabei gibt es gleich zwei destillationsdurchgänge. Beim ersten steigt der alkoholgehalt auf etwa 20 prozent und beim zweiten auf glatte 70 prozent. Dabei wird das aroma konzentriert, während andere unliebsame noten entweichen. Die holzfässer in denen er reift, nehmen ihm die letzte schärfe und verleihen ihm das herbe aroma. Den teil des alkohols der während der reifung verdunstet, nennen die brenner das angels' share, den anteil der engel.
Weil einige whiskys schneller als andere *erwachsen* werden, achten brenner und blender mehr auf die reife, denn auf das alter. Nach abschluss des reifungsprozesses hat ein whisky noch immer um die 60 prozent alkoholgehalt. Um den alkoholgehalt von 40 prozent für inlandsverkauf und 43 prozent für export zu entsprechen, werden mehrere fässer einer brennerei miteinander vermischt. Die altersangabe auf der flasche bezieht sich dabei immer auf den jüngsten enthaltenen whisky.

*„Man sollte immer eine kleine flasche whisky dabei haben, für den fall eines schlangenbisses – und außerdem sollte man immer eine schlange dabei haben."* w.c.fields

schleifengestaltung obliegt dem hersteller

**der paradewein** des südsteirischen weingutes winkler-hermaden, das an den hängen eines erloschenen vulkankegels in kapfenstein gelegen ist. Dort gedeiht der vielgerühmte volle, kräftige rotwein, der in barriquefässern aus kapfensteiner eiche gelagert wird. Ein selektionierter blauer zweigelt für den nicht die ersten oder die letzten trauben eines jahrganges verwendet werden, sondern wirklich nur die reifsten und besten.
Der name olivin verweist auf das geheimnis der lage eines weines. Denn in dem boden des weingutes ruht vulkanisches tiefengestein vom namen olivin. Vor zeiten hatte man das grüne kristallgestein dem peridot zugerechnet, der seit dem 15. jh.v.chr. im roten meer abgebaut wurde. Die kreuzritter brachten dieses wissen nach europa. Doch richtig spezifiziert wurde der olivin erst als 1772 ein meteorit vom himmel stürzte.
Eine bewegte geschichte mit der der olivintrestern als edelbrand in die schokolade eingeht.

**das objekt der begierde**
kann erst mitte oder ende november, nach dem ersten frost geerntet werden. Nur sind dann meistens keine vogelbeeren mehr da, weil die vögel sie geholt haben. Die konkurrenz ist groß, denn bei 63 vogelarten und weiteren 20 säugetierarten steht die vogelbeere ganz oben auf dem speiseplan. Also muss man entweder sehr geschwind sein, oder raffiniert. Zweiteres hat sich durchgesetzt, deshalb erntet man die beeren früher und simuliert den frost im gefrierhaus, damit die beeren einen teil ihrer bitterstoffe verlieren. Josef zotter hat es natürlich auch mal umgekehrt versucht und sich der konkurrenz gestellt.
Er erinnert sich genau, wie er selbst an grauen, regnerischen novembertagen mit seiner hochschwangeren frau ulrike in aller herrgottsfrüh vor der arbeit auf die alm hoch gegangen ist, um vogelbeeren für ihre grazer konditorei zu ernten. Heute bereitet walter trausner von der genusswerkstatt für sie ein vogelbeermark. Der köstliche geschmack der vogelbeeren wird durch die zugabe von vogelbeerbrand von der brennerei gölles noch gesteigert. Wegen der geringen ausbeute, zählt der vogelbeerbrand zu den teuersten bränden. Bei den germanen wurde der vogelbeerbaum als thor geweihter baum sogar geheiligt. Man ist kein tor, wenn man dem hartnäckigen volksglauben, von dem gift der vogelbeeren keinen glauben schenkt. Im gegenteil, die vogelbeeren sind nicht nur ungiftig, sondern aufgrund ihres hohen vitamine-c-gehaltes, sogar sehr gesund. Nur bei übermäßiger völlerei wirkt die parascorbinsäure dann abführend. Doch bei allen dingen belehrt die natur diejenigen, die sich nicht mäßigen können, eines besseren.

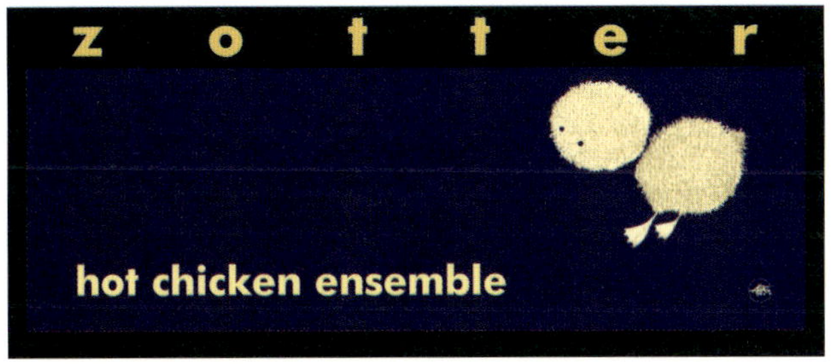


**Typisch andreas.**
Eine witzige entstehungsgeschichte, die genau gegen den uhrzeigersinn läuft. Zuerst gab es den titel und eine verpackungsserie, die andreas h. gratze entwickelt hat. Als josef zotter das motiv mit dem smarten kücken sah, hat er ad hoc eine passende rezeptur, nach der gleichung chicken = ei und hot = chili, entwickelt. Und schon war das sortiment um eine milchschokolade mit eierlikör und chili reicher.
Dabei liegt die chili derzeit voll im trend. Doch schon seit langem setzte josef zotter etlichen seiner schokoladen chili bei. Das ist tradition und die kommt jetzt in die offensive.

schleifengestaltung obliegt dem hersteller

**die ideale schokolade zum fruchtigen weißwein.**
Die katze vom weingut neumeister aus straden in der oststeiermark hat diesem weißweincuvée den namen verliehen. Von lebhafter natur, charaktervoll und mit einem eleganten, kraftvollen körper ist dieser weißwein, der katze nicht ganz unähnlich. In der schokolade gesellen sich mandeln und maracuja zu in pusspuss eingelegten trauben, die seinen vollen charakter eingesogen haben.

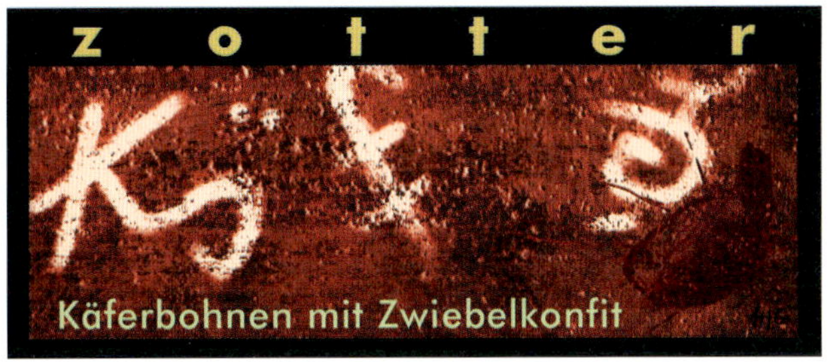


**lustig gesprenkelte steirische käferbohnen,**
die auf jedem markt feilgeboten werden, sind so typisch für die region, wie das amen in der kirche. Zu einem püree verarbeitet und mit rum versetzt entwickeln sie ein sagenhaft feines maroniaroma. Dazu gesellt sich zwiebel, die in rotwein eingelegt wird, um samt senfsaat und gewürzen zu einem zwiebelkonfit eingekocht zu werden.

**die feurige versuchung.**
Von all den gewürzen, die der schokolade einst beigesetzt wurden, sprach man nie so viel wie über die chili. Wahrscheinlich blieb der chili aufgrund seiner aphrodisierenden wirkung besser im gedächtnis haften. Andreas h. gratze hat diese erotik in einen sinnlichen tangotanz verpackt. Seinerseits liefert erich stekovic, der das reich der vergessenen sorten hütet, eine chili der besonderen art. Die musste es zumindest sein, denn josef zotter hat diese chilischokolade nur herausgebracht, weil es am markt so viele schlechte gibt.

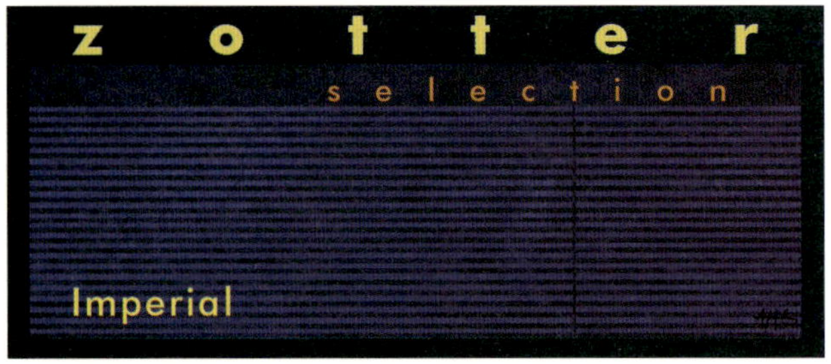


**die schokolade zur torte.**
Oder eine hommage an das hotel imperial in wien, in dem josef zotter einst gearbeitet hat. Anläßlich der weltausstellung 1873 verwandelte sich das palais des fürsten von württemberg am wiener ring in das imperial zu dessen eröffnung ein küchenjunge namens franz-xaver loibner die imperial-torte erfunden hat. Die rezeptur ist bis heute geheim und in sachen sicherheitsvorkehrungen kennt man sich in hause, wo einst kaiser und heute könige, popstars und politiker residieren, bestens aus. Daran erinnert sich zotter noch sehr genau. In kunstvoll aufgelegten mandelwaffeln auf einer schokoladencreme und marzipan begegnen sich die geister der schokoladenweisen und des pioniers.

**frucht trifft brand.**
Die schwarze johannisbeere, auch als ribes nigrum oder cassisbeere bekannt, trägt ihren namen zum zeichen ihrer reife um den 24. juni, dem johannitag. Eine außergewöhnliche beere, deren frucht, holz und blatt gleich schmeckt. Kulinarisch entdeckt wurde bislang nur die frucht. In dieser edelbitterschokolade verwandelt sie sich mal in einen fruchtigen kern aus johannisbeergelee von walter trausners hand und dann in einen schwarzen johannisbeerbrand von karl holzapfel, der mit einer edelbitterschokoladencreme verrührt wird.

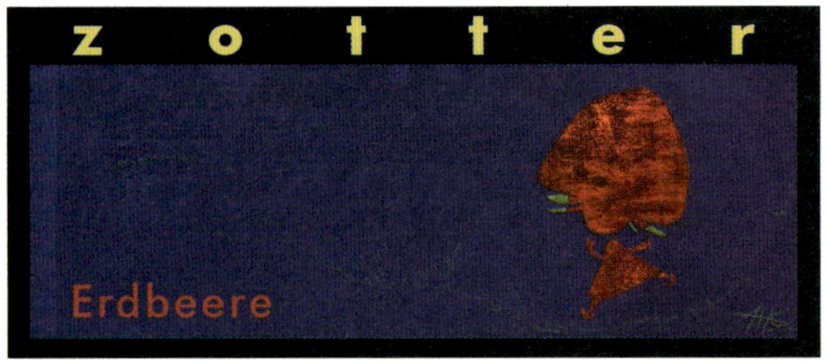


**jetzt endlich, titulierte ulrike zotter.**
Trotz der beharrlichen nachfragen hat sich zotter lang zurückgehalten. Da keines der handelsüblichen erdbeerprodukte ihn überzeugte. Die getrockneten erdbeeren waren zu trocken, die eingelegten zu süß, die gefrorenen zu wässrig. Doch die vakuumgefriergetrockneten früchte bewahrten ihr aroma und ein ansehnliches aussehen. Walter trausner wiederum erfand eine spezielle methode, um den geleekern in die schokoladen zu füllen ohne das er schmilzt. So entstand diese hoch aromatische erdbeerschokolade zu der sich mandelnougat, hippenkrokant und eine prise sze-chuan-pfeffer gesellen. Geziert von einem rotkäppchen, der anderen art.

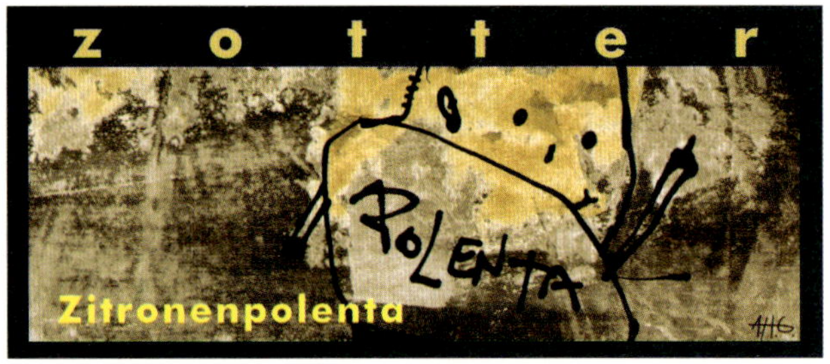


**eine kulinarische fusion.**
Italienische zitronen und die typisch, steirische polenta finden zusammen. So abwegig ist die kombination nicht. Denn einerseits ist die kakaobohne reichlich mit citrusaromen ausgestattet und andererseits haben bereits die alten mayas und azteken ihre schokolade in maismehl eingedicht. So überschreitet die kulinarik nicht nur grenzen, sondern auch zeiten. Mit meersalz und tresternbrand setzte zotter dann noch seine unverwechselbare handschrift darunter.

**ein zeichen für zotters fruchtigen auftakt.**
Erfischend wie eine sommerbrise. Heidelbeeren in handgerührtem stainzer jogurt. Spätestens seit hildegard von bingen weiß man um die heilwirkung der beeren, die auch als bickbeere, blaubeere, hällbeere und schwarzbeere bekannt war und ist. Grafisch knüpfte andreas h. gratze an das design der milchschokolade an und wieder gelang ihm eine treffliche abstraktion, die wie visuelle musik erklingt.

**die alchemie.**
Ein junger apotheker aus fehring braut nach alter rezeptur einen magenbitter aus echten kräutern und wurzelessenzen. Natürlich hat auch zotter seine finger im spiel und deshalb dient statt dem reinem alkohol oder weingeist ein erlesener grappa als basis. Eine schokolade für danach, die alles gewesene vergessen macht.

**das war der durchbruch für die zotter-linie.**
Anlässlich der eröffnung des dritten zotter-cafés am kaiser-franz-joseph-platz in graz wurde die erste extravagante schokoladenkreation erfunden und mit ihr die erste kunstschleife. Etwas gediegener sah die schokoladenschleife aus, als sie ins sortiment übernommen wurde. Schließlich hat sich die verspielte kunst der kalligrafie doch gegen die verträumte bonbonierengestaltung durchgesetzt. Nur noch die zarten schmetterlingsblütler erinnern an die mohnblume, die einst die schokolade zierte.
Die dreiecksgeschichte mohn, marille, zimt ist eine kunst für sich. Darüber hinaus stammt der weiße mohn aus dem waldviertel, dem künstlerdomizil österreichs. Am bekanntesten ist natürlich der rustikale blaumohn. Daneben gibt es aber noch den deftig grauen und den femininen weißen, der nicht so aufdringlich ist. Mit opium hat das recht wenig zu tun, denn das gewinnt man aus den unreifen samenkapseln der mohnblume. Der marillenbrand stammt von karl holzapfel aus der wachau, wo legendäre marillenbrände entstehen, die auch als *wachauer marillenbrand* markenrechtlich geschützt sind. abgerundet mit zimt, dem glutamat der österreichischen mehlspeisküche, welches überall drin aber auch unschädlich ist.

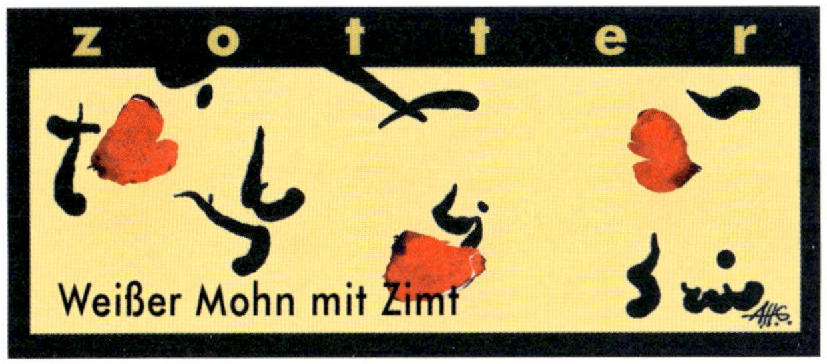

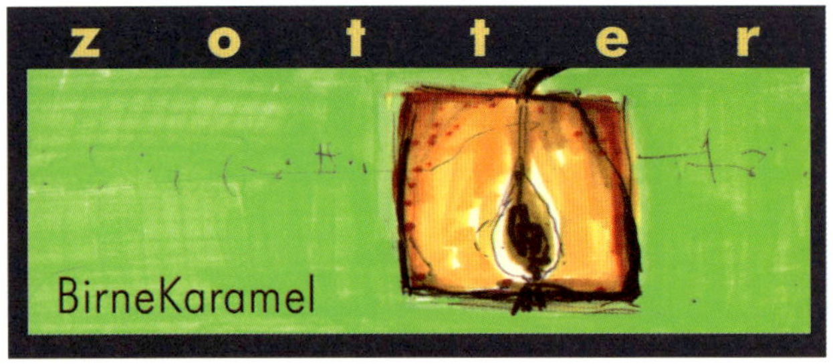


**das dessert in schokolade.**
Getrocknete birnen vermischen sich mit dem edelbrand williamsbirne von gölles. Viele williamsbrände werden oft zu üppig, pomadig, beinahe cremig und süß ausgebaut. Dagegen ist die steirische variante deutlich dezenter, feiner und eleganter. Hier beschränkt man sich nicht auf die weichen, zart süßen aromen der birne, sondern versucht die ganze kraft der frucht im destillat einzufangen.
Andreas h. gratze wiederum hat das aroma des luftigen birnengeschöpfes in frischen, saftigen farben gebannt. Früher hat er vornehmlich mit drucktechniken, wie der monotypie gearbeitet. Heute lässt sich sein ausdrucksrepertoire längst nicht mehr auf konventionelle kunsttechniken beschränken. Bei der birne karamel hat sich andreas h. gratze für filzstifte entschieden, um den frisch saftigen charakter der birne herauszustellen. Die quadratur der birne hat natürlich ihren witz und lässt zudem deutlich werden, dass er seine kunst jenseits der imitatio naturae ansiedelt und sich viel lieber mit der sublimen erotik der birne beschäftigt.

**eine sensationelle saisonschokolade.**
Mit steirischem sauvignon blanc, kürbiskernen und polenta, die man nicht nur in italien genoss. Zotters hommage an die geschmäcker der eigenen kindheit.
Das bild erzählt nicht in braun- und rot-tönen von einem waldherbst, sondern von einem kunstherbst. Denn in graz findet ja auch seit jahren die gleichnamige kunst- und kulturveranstaltung statt. Literatur hat dort immer eine sehr wichtige rolle gespielt. Dieser literaturbezug manifestiert sich nicht nur im titel der schokolade, sondern auch im bildhintergrund. Wo andreas den absurden text einer druckerfehlmeldung montiert hat.
Eine schlichte und eigenwillige lösung. Zwischen himmel und boden schwebt eine gestalt. Das ist die kunst, die sich zwischen diesen spannungen bewegt.
Der grund dafür, dass die figur einen ziegenmann verkörpert, ist auch bei andreas h. gratze in seiner kindheit zu suchen. Als kleiner junge war er ganz fasziniert von ziegen, die ihm immer viel sympathischer als kühe waren. Die waren viel kantiger, sturer, eigenwilliger und lebhafter. Das sind eben echte bergtiere. Obwohl es in der steiermark recht viele bergbauern gibt, die ziegen haben, ist ihm eine begegnung ganz besonders in erinnerung geblieben. Er war in den bergen und traf eine alte frau. Sie schien steinalt zu sein, denn irgendwann verlieren menschen ihr alter, stattdessen bilden sich landschaften in ihren gesichtern. Sie lebte ganz allein da oben in einem hütterl, das sie mit holzfeuer wärmte. Von ihr hat er das ziegenmelken erlernt.

**_kirschen rot, spargel tot,_**
besagt eine alte, fränkische bauernregel. Deshalb gibt es die spargelzeit, wie der titel schon sagt, nur als saisonschokolade von märz bis mai. Damit entzieht sie sich der ständigen verfügbarkeit, was ihren reiz natürlich noch mehr steigert.
Im spargelfeld eines weststeirischen wirtes wurde die idee geboren, spargelschalen in birnenbrand abzudestillieren und daraus eine schokoladenfüllung zu zaubern.
Vielfältigste verwendungsweise wurden in der kulturgeschichte des spargels niedergeschrieben. Bei den ägyptern wird er in der liebe vermutet, bei den griechen ging er in die medizin ein und die römer kultivierten ihn schließlich. Ebenso vielfältig und selbstberedet sind die namen, wie *königliches gemüse*, *frühlingsluft in stangen* oder *essbares elfenbein*. Das spargelimage reicht von extremer ästhetisierung bis zur derbheit, wie sie carl zuckmayer erfasste. *„Wenn du kartoffeln oder spargel isst, schmeckst du den sand der felder und den wurzelsegen, des himmels hitze und den kühlen regen, kühles wasser und den warmen mist.“*
So hat denn auch andreas h. gratze vermieden, mit der spargelform als solcher zu arbeiten, um gewissen phallusassoziationen auszuweichen. Stattdessen ist er auf den mondfisch gekommen. Dabei handelt es sich um keine zeichnung, sondern um eine skulpturale interpretation, wie andreas h. gratze seine objekte nennt. Aus zufall ist er in seinem archiv auf ihn gestoßen. Der fisch besteht aus speziell behandelten papier, mit dem er auch den bildhintergrund unterlegt hat, um die marmorierte, fasrige haut des spargels anzudeuten. Natürlich weiß er auch, dass ein echter mondfisch eine spur anders aussieht. Das ist ein riesiger fisch über den man nicht viel mehr weiß, als dass er das größte körperwachstum der fischwelt besitzt. Der rest ist imagination. Sie sind weiß und erinnern an den mond, weil ihr körper bedeckt ist von silbrigschimmernden parasitenfischen. Auch besitzt der mondfisch eine ziemlich skurrile gestalt. Vorn ist er recht grad abgeschnitten. Deshalb sieht er aus wie ein halbmond, wenn er sich dreht. Und der mond ist ja äußerst wichtig für die ernte – und saatzeiten vieler gemüse, so auch des spargels.

**frühlingserwachen.**
Eine der wenigen blütensorten, die es über den tee hinaus geschafft hat unseren gaumen zu verlocken. In österreich ist es fast brauch zur holunderblüte ernten zu gehen. Die blüten werden zu sirup weiterverarbeitet und in dieser milchschokolade mit einem hollerblütendestillat gepaart. Blütenzart wirkt auch die zeichnung. Doch schemenhaft zeigt sich der starke charakter des holunders, der zum fruchtwechsel in den beeren reift.

**schokolade, der katholisch-heidnische kult.**

Zu den feiertagen isst man in gesellschaft oder im kreis der familie.
Zu weihnachten, nikolaus und ostern spielen heute die gaumenfreuden sicher eine größere rolle als der segen. Man kann darüber bestürzt sein oder sich freuen, dass zumindest die esskultur noch ihre funken schlägt.
Zu besonderen anlässen darf schokolade natürlich nicht fehlen, deshalb ist sie auch ein integraler bestandteil vieler feiertage.
Da haben konditoreien und chocolaterien hochkonjunktur und brechen aus allen nähten oder strotzen vor ausgeräumten verkaufsflächen. Von dem standpunkt aus betrachtet scheint es ja beinah eine logische konsequenz gewesen zu sein, dass josef zotter auf die idee gekommen ist eine spezielle serie für die feiertage zu fertigen. Das klingt ganz einfach und klar. Gerade deshalb ist es ein genialer streich.
Mit speziellen oder thematisch bezogenen rezepturen, wie der walnuss zu weihnachten oder dem eierlikör zu ostern und ganz ausgefallenen, sehr treffsicheren bildmotiven, haben josef zotter und andreas h. gratze – evolutionär gesprochen – eine nische besetzt.
Denn anscheinend ist niemand zuvor auf den gedanken gekommen, schokolade zum fest, jenseits der ultimativen gussfiguren und der verpackungen, die sich durch schleifen und ähnliches als geschenk ausgeben, anzubieten. Ohne frage sind schokoladen natürlich ein schönes geschenk.

**zum krampus und nikolaus.**

Da muss ich mal ein wenig ausholen, weil es im deutschsprachigen raum doch große unterschiede im wissen und praxis dieses brauchtums gibt.

In berlin, sprich deutschland, kennt man den krampus überhaupt nicht. Da wird kein unterschied gemacht und man lässt den weihnachtsmann einfach zweimal im jahr auflaufen, was für andreas h. gratze ein ziemlich schockierendes erlebnis war.

Im vergleich zu der verblassenden nikolaustradition in deutschland, erfreut sich dieser tag in österreich einer regen aufmerksamkeit. Dass man sich in deutschland, ausgenommen süddeutschland, von der eigentlichen nikolaustagstradition verabschiedet hat, beweist nicht zuletzt die personalunion des nikolaus. Denn in österreich hat dieses fest zwei protagonisten, den nikolaus und den krampus. Der krampus tritt als begleiter des gütigen bischofs auf und ist böse aus prinzip. Doch der nikolaus hat immer das letzte wort und hält ihn im zaum.

Das paar nikolaus und krampus ist als eine parabel auf das christliche weltbild mit seiner trennung von gut und böse zu verstehen. Allerdings ist diese christliche tradition auch stark mit heidnischen zügen durchsetzt. Weshalb martin luther sich wohl entschlossen hat, dem humanitären gedanken folgend, sich rein auf den nikolaus zu konzentrieren. Die auslegung der nikolaustradition wird eben vom jeweiligen menschenbild bestimmt.

Im prinzip wird das nikolaus-krampus-gespann von einer klassischen dramaturgie bestimmt. Durch die konfrontation des protagonisten mit seinem antagonisten oder widersacher ist das gute viel klarer zu definieren und die geschichte natürlich viel spannender. Ein religiöses prinzip, das einst vom theater adaptiert worden ist und schließlich erzählt uns heute das hollywood-kino auch nichts anderes. Wie schon beim alten faust ist nicht der nikolaus, sondern der krampus die wirklich schillernde person. Der krampus ist eben nicht so langweilig und besticht durch seine wildheit und dazu mit seinem charme.

Mit pferdefuß, nackt und dichtem pelz, spitzen ohren, einer langen zunge, hörnern, schwanz und krallen ist der krampus ganz klar ein teuflisches wesen. Ein teufel, der um seine ursprünge als gefallener engel weiß und sich ganz klar als geschöpf gottes in dessen reihen stellt. Er tobt, um an das göttliche prinzip zu mahnen.

In vielen österreichischen berggegenden hat sich eine faszinierende krampustradition bewahrt. Burschen jeden alters kommen aus den umliegenden dörfern zusammen, um in wilden maskeraden einen krampuslauf zu veranstalten und mädels zu scheuchen. Der ritus dieses umzugs variiert stark von gegend zu gegend. Gekleidet in pelz und mit riesigen glocken um die hüften, sowie wilden holzmasken mit riesigen, verschlingenden augen und vielen hörnern, verwandeln die kramperln österreich in ein venedig und setzten die ordnung mit ihren reisigruten außer gefecht. Eine szenerie wie sie eine fabel nicht besser erfinden könnte.

**dagegen ist der fromme nikolo eine historische gestalt.**
Er soll bischof von myra an der heutigen türkischen mittelmeerküste gewesen sein. Am 6. dezember 345 starb der freund der reisenden und kinder. Im 8. jahrhundert galt er als berühmtester heiliger der griechischen kirche im byzantinischen reich. Durch die vermählung der griechischen kaisertochter theophanu mit dem römisch-deutschen kaiser otto II. im jahre 972 wurde der nikolauskult ins katholische reich importiert. In kärnten und der steiermark wurde die sage vom heiligen nikolaus im frühen mittelalter als volksschauspiel in schulen tradiert. Heimlich brachte der nikolaus verarmten familien geld, das er durch den kamin oder das fenster in die dort hängende kleidung warf. Seit 1555 ist der nikolo ein bekundeter gabenbringer für kinder. In die schuhe und strümpfe im fenster brachte er den kindern nüsse, kletzenbrot, dörrobst oder kleidung. Natürlich nur den braven, denn schon damals hatten die kinder kerbhölzer, auf denen sie buch führten über ihre guten taten. Dabei brauchten sie noch keine strafe zu fürchten, denn bis ins 17. jahrhundert hinein war der nikolaus noch ganz allein unterwegs.
Zu nikolaus hat zotter natürlich nicht eine, sondern zwei schokoladen auf den markt gebracht. Andreas h. gratze hat die walnuss-marzipan für schlingel und milchcremeschokolade für brave getauft. So dass mit dem verkauf der schokoladen diese kultur gleichzeitig ins ausland exportiert wurde. Dabei sollte die grafik keine angst machen, wie es die wildgewordenen kramperln vermögen, sondern witzig sein. So sind die strichmännchen entstanden, die er aus quadraten heraus entwickelt hat. Bei dem einen quadrat ist der spitz rausgekommen und bei dem anderen zwei hörnchen. Schließlich sind die quadrate immer rundlicher geworden und haben einen körper gebildet. Durch den zarten strich und die kleinen hände wirken sie letztendlich auch nicht plump, sondern trotzdem sehr fein und klar auf monochromem hintergrund.
Der schlingel als metapher für den krampus in uns allen drinnen war einfach der renner. Die brave hat man dann noch als pendant mitgenommen. Sodass in kürzester zeit alle schokoladen ausverkauft waren. Und zwar nur durch mundpropaganda.

**2003 war dann das jahr der emanzipation,**
als das belzemädel in schreiendem pink auftauchte.

**zu weihnachten ging es natürlich gleich weiter.**
Da die walnuss bereits erfunden ward, wird die weihnachtsschokolade von lebkuchen-aromen und -gewürzen dominiert. Diese schokolade mit traditionellem sternenlook gibt es dann auch wirklich nur zu weihnachten. Die walnuss-marzipan-schokolade gab es trotzdem noch. Da mussten natürlich engeln her. Nur nicht eines, sondern gleich eine ganze reihe von engeln, die verschmitzt und nicht so ganz unschuldig dreinschauen. Eigentlich sind es so viele geworden, weil josef zotter sich nicht für einen einzelnen entwurf entscheiden konnte. Aber in die einflügeligen engel hat er sich gleich verliebt.

**zwei jahre drauf**
wurde das sortiment noch um die milchcremeschokolade vom christkindl erweitert. Auch das christkindl ist in deutschen landen völlig unbekannt. Da ist bei den engeln einfach schluss.

**2002 hat die verpackung dann bewiesen,**
dass sie mehr kann als nur gut aussehen. Da hat andreas h. gratze funktionell gedacht und das weihnachtskarussell als einen bastellbogen zum ausschneiden ersonnen. Folgt man der anleitung, entsteht, wie der name schon sagt, ein dreidimensionales karussell, das zudem auch noch drehbar ist. Es bedarf aber einigermaßen geschickter hände, um diese miniatur zusammenzubringen. Doch das ergebnis ist wunderschön. Im letzten jahr ist die weihnachtskollektion mit dem engelflug dann wieder auf die zweidimensionale fläche zurückgekehrt.

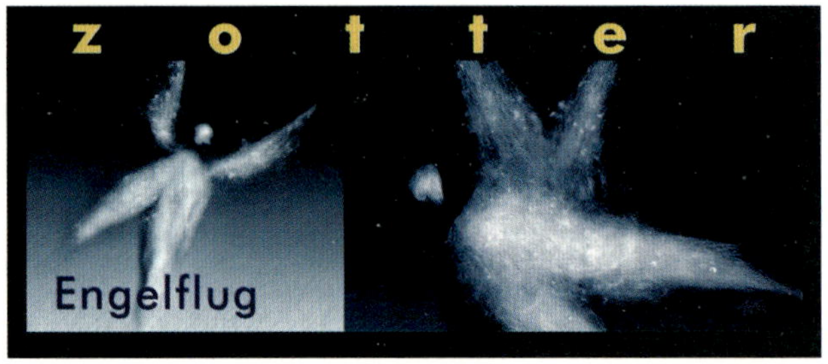


**im titel klingt die poetische bildwerdung bereits an.**
Rauschend ruhig, wie schnee, versetzt es einen in den schwebezustand der beschaulichkeit. Bevor man sich darin verliert durchbricht der geschmack von citrusaromen ganz unverhofft die stille. Mit orangen hätte man noch gerechnet, doch zitronen und polenta verblüffen durch flippige frische und beleben die weihnachtliche stimmung.

**zu silvester kamen die highflyer champagner und orange grand marnier.**
Orange mit grand marnier lautet das glücksversprechen der stück-vom-glück-schokolade. Als zotter der einfall mit der krampus-schokolade kam, hat er den gedanken gleich weitergesponnen und ohne atem zu holen, das ganze jahr konzeptionell durchgeplant. Zu anfang waren die schokoladen noch in transparentes papier gehüllt. Denn die zotter-linie hatte sich noch nicht durchgesetzt. Zudem mussten auch die grenzen des humors ausgelotet werden. Eigentlich sollte ein stück vom glück von einem schweinekopf mit gabel und messer geziert werden. Doch diese interpretation war einfach zu makaber. Jetzt hüpft der glücksritter ganz übermütig, wie ein stück vom glück.

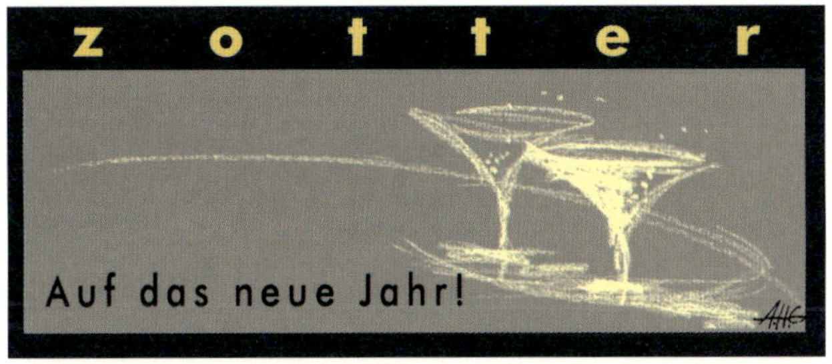


**die zweite variante.**
Auf das neue jahr ist mit champagnertrüffel gefüllt.
Für das feuerwerk im jahre 2000 steuerte josef zotter natürlich auch seinen teil mit einer einmaligen exklusivausgabe der schokolade fürs 3. jahrtausend bei.

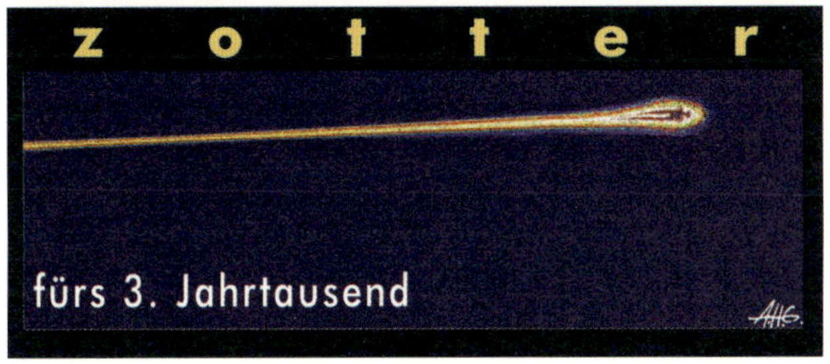

**zu ostern war die erfolgsgeschichte schon geschrieben.**
Wie immer hat sich andreas h. gratze gewitzte titel ausgedacht. Eiertanz, hasenjagd und für osterhasen.
Der eiertanz erzählt viel von den dingen, mit denen sich andreas h. gratze damals beschäftigt hat. Zu recht trägt das bild den namen tanz, denn es ist eine choreografie aus bildern. Selbst tänzer, hat ihn die umsetzung von bewegung in bildern immens fasziniert. Aus seinen bewegungsstudien hat er vielerlei darstellungsweisen entwickelt. Eine davon ist das sogenannte laufbild. Das sind sehr lange bilder auf denen sich eine figur, ein kopf oder sonstwas transformiert. Wie beim film kann man der metamorphose des objekts beiwohnen, nur mit dem unterschied, dass alle bilder präsent bleiben. Verkauft wurden die bilder dann meterweise.
Der eiertanz mit dem hüpfenden ei ist eine spielart davon.
Das foto erzählt die persönliche entstehungsgeschichte des eies. Genau genommen war am anfang das tonei. Das foto dokumentiert jenen evolutionären beginn. Und dann haben sich skulpturen aus den eiern gebildet. In der malerei und grafik dient das ei als vorlage, um einen kopf zu zeichnen. Andreas h. gratze hat nun diesen entstehungsprozess ironisch verkehrt, indem er in die eier gesichtsfragmente modellierte. So sind die eierköpfe entstanden. Die paten des eiertanzes.
Das foto auf der einen seite und sein pendant in monotypie sind zeugen eines arbeitsprozesses. Damals beschäftigte er sich mit den möglichkeiten fotos durch übermalung wieder in den bilderstatus zurück zu holen. Beide stadien werden durch eine rahmung aus dem zeitlauf herausgehoben. Denn gegen den stetigen wandel durch die bewegung steht hier wieder die fixierung des moments, wie ihn bilder und eben fotografien leisten. Der eierlauf ist eine skizze unserer wahrnehmung durch die die sinneseindrücke fließen, aber eben auch selektiert und gefiltert werden. Die rahmung hat andreas h. gratze für seine monotypien entwickelt und als bildgebendes motiv auf viele seiner künstlerischen spielarten übertragen. Ganz leicht lässt sich so der blick des betrachters lenken, während das bild selbst stärker zu vorschein kommt. Das gesamte zotter-design wurde auf diesem gedanken begründet.

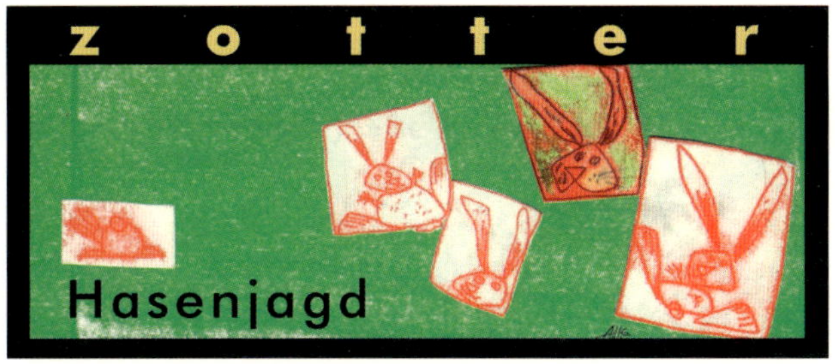

**die hasenjagd wurde nach dem gleichen muster entwickelt.**
In fünf fenstern taucht ein hase auf. Doch um die purzelbäume des hasen zusammen zu setzten, muss der betrachter selbst ein paar bilder einfügen. Auch zwischen den zeilen des titels steht natürlich sehr viel mehr. Die hasenjagd ist ambivalent, einerseits ganz unbekümmert und andererseits kritisch. Denn während die kinder zu ostern auf den osterhasen warten, wird er woanders geschossen, gebraten und serviert. Als kleiner junge wollte andreas h. gratze auch immer osterhasen jagen, aber nicht schießen. Schließlich mussten die ja irgendwo da draußen sein. Und tatsächlich war die gegend auf einmal voll von potenziellen osterhasen. Doch selbst wenn er mal einen erwischt hätte, wäre es doch sehr schwer gewesen seine echtheit festzustellen. Denn hasen sind ja bekanntlich sehr schweigsam. Während der eine sich bei dem titel an seine kindheit erinnert fühlt, denkt ein anderer an die mädels und sein haserl daheim. Das assoziationspotenzial eines titels ist einfach nicht zu hundert prozent steuerbar. Doch gesprengt wurde die assoziationskette dann durch den gleichnamigen film von andreas gruber, der kurz drauf im fernsehen ausgestrahlt wurde. Hasenjagd ist ein sehr guter nüchterner film, der die verfolgung von entflohenen kz-häftlingen in einem oberösterreichischen dorf thematisiert. Obwohl diese schokolade kritisches potenzial besaß, musste sie natürlich an dieser thematik scheitern. Josef zotter hat sie dann abgesetzt. Die nachfolgerschokolade hieß dann ganz schlicht hase.

**die dritte schokolade.**
Der osterhase war dagegen vorbildlich brav und wie geschaffen für kinder. Ebenso wie die neuen schokoladen wo ist das ei? und hühnergeschrei.

# ein jeder muss sein fest selbst erfinden, um die leerstellen zu füllen.

Für dich ist der auftakt oder das leitmotiv für eine serie von schokoladen für ganz persönliche anlässe. Jedem sein fest. Die philosophie der individualität setzt sich durch und die idee der festtagsschokoladen wird konsequent weitergeführt.
Das ist zeitgeist pur. Denn nachdem der gesellschaftliche überbau zusammengebrochen ist und staatliche, sowie kirchliche feiertage zunehmend dem bruttosozialprodukt zum opfer fallen, muss ein jeder sein fest selbst erfinden, um die leerstellen zu füllen. Mit geschenken für die angebetete, einer aufmerksamkeit für die großmama oder den großpapa oder durch bestechungsversuche der braven.

**geschenke, die aus heiterem himmel kommen,**
sind immer noch die besten. Die für-dich-schokolade eignet sich ideal, um jedem mit dem man per du ist eine freude zu machen. Auf der alten schleife brachte ein pinguin ein ständchen am flügel. Doch anscheinend ist nicht jeder seinem mitmenschen wohlgesinnt, weshalb gelegentlich der weiße flügel als ein überdimensionales messer gedeutet wurde. Natürlich mag niemand in so deutlicher form seine mordgelüste preisgeben. Deshalb kommt in dieser saison der pinguin in einem neuen unbefleckten outfit und pflückt die sterne vom himmel.

**manchmal fällt es einem recht schwer,**
die wunderbaren schokoladen aus der hand zu geben. Statt sie zu verschenken oder sich allein dran zu erfreuen gibt es noch die möglichkeit sich an der gemeinsamen liebe zu nähren. Für mich und dich ist eine wunderbare schokolade, die zur hälfte aus kirschbrand und zur anderen hälfte aus ge nüssen besteht. Perfekt für diejenigen, die es ehrlich meinen und direkt mögen. Und ungeeignet für die wenigen überlebenden altruisten, heiligen und idealisten.

**gewachsen ist die sonderedition für individuelle köpfe und anlässe**
aus gelegenheiten, für die andreas h. gratze ein maßgeschneidertes design gefertigt hat. Eine der ersten war die sweet-&-sexy-schokolade, die anlässlich einer buchpräsentation im zotter café entwickelt wurde. Der autor des gedichtbandes *sechs x sex* war ein stammkunde von zotter. Es gab also der gründe genug, um die bucherscheinung mit einer gleichnamigen schokoladenbanderole sechs x sex = süß zu feiern. Der autor und sexpsychologe e. grabel hatte natürlich auch schon einige vorstellungen, wie die schleife im endeffekt aussehen sollte. Die idee, zwei nackte draufzumachen war recht nahliegend und einfach. Andreas h. gratze hat aus dieser vorgabe dann aber etwas sehr besonderes gezaubert. Viel subtiler als der ursprüngliche gedanke sind die beiden geschmeidigen körper, deren intimität deutlich wird, während ihr geschlecht im verborgenen bleibt.
Bei der farbgebung hat er sich an den farben schwarz und rot orientiert, in denen herr grabel immer gekleidet war. Da diese schokolade so gut ankam, hat josef zotter entschieden, sie ins sortiment zu übernehmen, doch um nicht direkt auf den sex anzuspielen wurde der titel in sweet and sexy geändert.

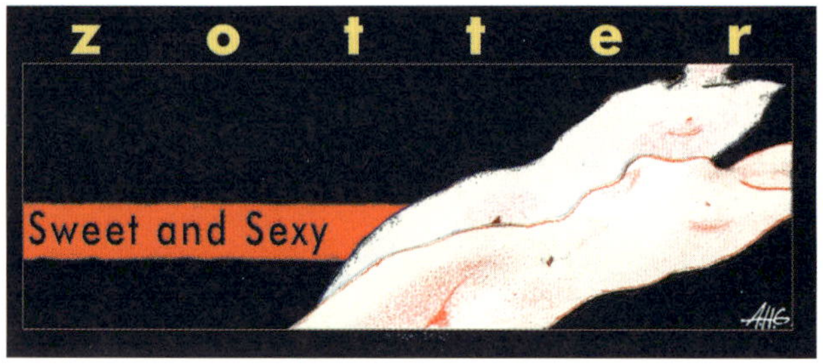

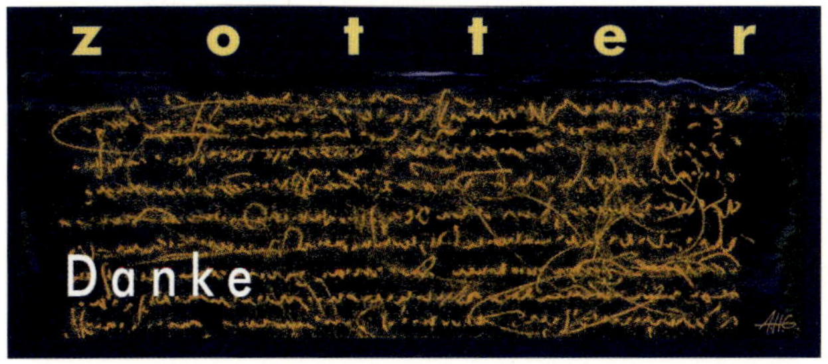


**universell.**
Dank der digitalisierung reduziert sich der handschriftliche verkehr fast gegen null. Andreas h. gratze hat die briefkultur nochmals aufleben lassen und mit ihr all die freundschaftlichen bünde, tränen und romanzen.

**die linie setzt sich fort**
und ihrer feder entspringen fabelwesen, die auf die situation bezogen die richtige pointe setzten. Ob in form eines kranken häschens, oder einer maus, die ihre seele baumeln lässt und in die glückseligkeit entschwebt, während die vöglein turteln und frau katze die jagd vergisst und selbstvergessen ihrer schönheit erliegt und vielleicht gleich drauf selbst erjagt oder erobert wird. Humor schwingt immer mit, wenn andreas h. gratze seiner karikaturiven ader freien lauf lässt und die situationen so treffsicher, wie den geschmack zum bilde macht.

**eine weit verbreitete art, die die natur nicht kennt.**
Ähnlich wie bei der nikolo- und krampusschokolade, wollten die menschen sich eher als schräger vogel, denn als braver definieren.

**aber fleißig sind sie doch alle.**
Zu dem titel wurde andreas h. gratze bei der arbeit zu einem fotoshooting mit seinem kollegen walter e. schreiner inspiriert. Ameisen standen dort modell. Allerdings steht der makrokosmos natürlich nicht freiwillig für die linse des fotografen still. So hat herr schreiner die ameisen vorsorglich betäubt und als diese wieder erwachten, war alles schon gelaufen.

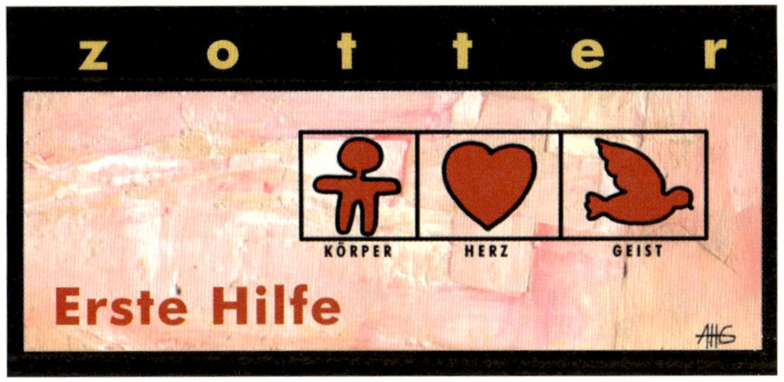


**bei der ersten-hilfe-schokolade**
lenkte das rote kreuz ein, da die schokolade bei einem echten notfall doch keine adäquate hilfe leisten könnte. Man einigte sich schnell und das motiv wurde überarbeitet. Doch anscheinend hat die idee dem roten kreuz doch sehr gefallen und deshalb gibt es jetzt eine eigene rot-kreuz-schokolade für interne mitarbeiter und blutspender.

**manchmal verläuft der weg der inspiration genau anders herum**
und dringt von außen zu zotter. Beispielsweise gab es die nachfrage nach einer speziellen schokolade für jäger. Andreas h. gratze hat das thema dann humorvoll relativiert in für jäger und gejagte. Eine treffsichere metaphorik für die angestellten und manager von heute.

**rettet aus jeder verlegenheit**
und erspart mühselige ausreden und erklärungen oder spendet seines namens nach trost.

**schließlich gibt es noch für ganz besonders persönliche anlässe,**
charaktere und wünsche, die no-name-schokolade. Hier kann man seiner imagination freien lauf lassen und die gestaltung der schokoladen selbst in die hand nehmen. Selbst andreas h. gratze hat den freiraum mal genutzt und in einer berliner chocolaterie eine malaktion veranstaltet. So ist jede tafel schokolade zu etwas ganz eigenem und einzigartigem geworden. Eben ein unikat. Final mündet und verwirklicht sich die philosophie zotters von der vielfalt der geschmäcker in der selbstgestaltung.

Im großen stil bietet zotter diesen freiraum auch firmen an. Um eine größtmögliche identität mit dem eigenen coporate-design zu schaffen, kann man das cover der schokoladen nach eigenen maßgaben und vorstellungen selbst gestalten. Bleibt das feld doch leer sollte man sich an andreas h. gratze wenden.

## schokolade und kinder, das gehört irgendwie zusammen.

schokoschlecker

**kinder lieben schokolade.**
Doch leider ist es der hohe zuckergehalt, der ihnen so sehr schmeckt. Die bunte kuh und die schokobiene sind da anders. Denn, wer gute rohstoffe gebraucht, muss nicht viel mit süße kaschieren. So steht bei beiden schokoladen nicht der zucker im vordergrund, sondern der kakao mit einem anteil von 45 prozent.
Früh übt sich der geschmack. Da kakao derart viele aromakomponenten besitzt, ist er ideal geeignet, um kinder für eine varietät an aromen zu sensibilisieren, damit sie ihr geschmacksempfinden entfalten können. Im grunde genommen ist jede zotter-schokolade und auch andere hochprozentige schokoladen, sofern sie keinen alkohol enthalten, gut für kinder. Die bunte kuh und die schokobiene sind sozusagen *starter,* die noch nicht zartbitter oder edelbitter sind, aber immerhin schon eine sehr avancierte milchschokolade ohne allzu viel zucker und schlechtes gewissen.
Man braucht überhaupt keine angst zu haben, dass kinder dunkle schokolade nicht mögen, dass ist einfach eine frage der gewohnheit und der geschmackserziehung. Während manch einer noch bedenken hegen mag, weiß die industrie schon seit langem, dass kinder lernfähig sind. Nur leider zielt deren geschmackserziehung auf uniformität und monotonie. Also genau konträr zu josef zotters vision von einer sensiblen und vielfältigen gaumenkultur. Natürlich ohne dogmatismus, denn der spaß darf dabei auch nicht zu kurz kommen. Die kleinen haben sich offensichtlich schon entschieden, denn die schokoladen kommen sehr gut an. Besonders die kinderzeichnungen von andreas h. gratze , der auch schon zwei neue im handgepäck hat, doch leider lässt ihn zotter nicht ran, weil sie einfach so gut laufen.

Ist total einfach und macht spaß. Das richtige für jede party, denn je mehr freunde du dazu einlädst, um so lustiger wird es. Der phantasie sind keine schranken gesetzt. Du kannst alles tunken und tauchen, was du mal mit schokolade kosten wolltest. Denn schokolade ist nicht nur wunderbar, sondern auch recht wandelbar.

## schokoladebad für kids

Begleite mama und papa einfach bei ihrem einkauf und macht eine schokoladenexpedition. Vielleicht gibt es bei dir in der nähe eine chocolaterie, da findest du jede menge schokoladen. Wenn nicht, versuch es in einem feinkostladen. Der hat auch einiges zu bieten. Die schokoladen sehen zwar so aus, als wenn man sie der oma zum geburtstag schenken könnte, doch lass dich von dem aussehen nicht täuschen. Probier einfach mal eine edle, dunkle schokolade.
Selbst die alten indianer haben schokolade gegessen, manchmal. Meistens haben sie sie getrunken und allerlei gewürze hineingegeben. Das kannst du natürlich auch ausprobieren.
Im internet findest du auch ganz fabelhafte seiten über schokolade und die spannende geschichte, die sich dahinter verbirgt.
Zum beispiel auf *www.schoko-seite.de*

Und nun viel spaß beim baden...

4 – 6 portionen

| | | |
|---|---|---|
| 500 | g | beliebige kuvertüre (bitter, milch oder weiß) |
| 60 – 100 | g | hochwertiges speiseöl |

1a.
Zuerst musst du das backrohr bei 45°C vorheizen – also ein wenig geduld bis die temperatur tatsächlich erreicht ist. In der zwischenzeit kannst du schon mal die schokoladenkuvertüre klein schneiden. Dann gibst du die schokoladensplitter in eine schale. Wichtig ist, dass die schale schmelzsicher ist – also kein plastik verwenden. Wenn du unsicher bist, frag lieber deine mama. Die schale stellst du ins rohr und nimmst sie immer mal wieder raus, um die schokolade umzurühren bis sie ganz und gar temperiert ist.

1b.
Wenn mama meint, du sollst nicht ans backrohr, dann probier es mit einem wasserbad. Dafür musst du dir einen großen topf und eine schale suchen, die hineinpasst. Dann füllst du den großen topf zu einem drittel mit wasser und stellst ihn auf den herd. Schalt den herd auf eine kleine stufe. Denn schokolade schmilzt recht schnell. Eigentlich schon bei körpertemperatur. Deshalb kriegt man auch so leicht schokoladenfinger. Nun nimmst du die kleine schale und gibst die schokoladenstücke hinein. Dann stellst du die schale ins wasserbad, nimmst einen schneebesen zur hand und rührst bist die schokolade temperiert ist. Aber nicht zu wild rühren, denn die schokolade darf nicht mit dem wasser in berührung kommen, sonst klumpt sie. Vorsichtig fischt man die schale wieder raus.

2.
Nun musst du die schokolade noch verfeinern. Dafür brauchst du das öl. Das muss ganz langsam reingegossen werden, zwischendurch immer mal umrühren und dann weiter gießen.

3.
Nun ist das schokoladenbad fertig. Und dann beginnt der badespaß mit keksen, kuchenstücken, früchten, nüssen, paprika, käse und allem, was dir einfällt.

**die fröhliche schokoladenwissenschaft**
Statt der schokoladennockerl an safranzucker und veilchencreme finden sie hier schokoladenbasisrezepturen, die beliebig verfeinert und ausgebaut werden können. Denn zotter versperrt sich gegen jedweder vorgaben und möchte sie stattdessen zur forschung und kreativität einladen.

# backtipps

### kuvertüre – schokolade – tunkmasse – kochschokolade

Kuvertüre, schokolade, tunkmasse sind sich im grunde genommen sehr ähnlich. Die jeweilige zusammensetzung ist nach einem strengen codex im lebensmittelrecht festgelegt. Bei der verarbeitung dieser „schokoladen“ müssen grundlegende richtlinien eingehalten werden. Da kakaobutter ein wesentlicher bestandteil dieser schokoladen ist und als hochkomplexe fettverbindung eine besondere verarbeitung erfordert. (Siehe temperieren von schokolade)

Kochschokolade ist ein ersatzprodukt und verhält sich ganz anders. Auch sie wird über den lebensmittelcodex definiert. Im unterschied zur qualitätsschokolade besitzt die kochschokolade einen viel geringeren gesamtkakaogehalt und sehr viel weniger kakaobutter. Größtenteils wird die kakaobutter durch andere gehärtete, pflanzliche fette ersetzt. Dadurch ist die kochschokolade unkompliziert im gebrauch, doch besitzt sie auch nicht soviel geschmack.

•Für die herstellung von teigen und kuchen muss man die kuvertüre **nicht temperieren**. Daher ist die verwendung vergleichsweise „einfach“.
Zum überziehen, verzieren, tunken und bei der herstellung von schokoladedekor muss die kuvertüre **genau temperiert** werden. Sollten sie sich in dem fall für kochschokolade entscheiden, geht es natürlich einfacher. Doch leider schmeckt die kochschokolade dann auch so.

•Bei **buttergerührten massen**, wie der schokoladentorte (sachermasse), ist es wichtig, darauf zu achten, dass die butter sehr weich ist und die eier zimmertemperatur haben. Nur so kann die butter die eier nach und nach aufnehmen und gut binden.
Sollte es ihnen trotzdem passieren, dass der butter-eier-abtrieb ausflockt, so können sie die masse in einem warmen, wohlgemerkt nicht heißen, wasserbad wieder zum binden bringen.

•**Eischnee** sollte für kuchenmassen nicht ganz steif geschlagen werden, sondern eher „schmierig“ oder cremig, jedoch nicht flüssig. In dieser konsistenz lässt er sich am besten unterrühren.
Eischnee lockert den kuchen auf, verleiht ihm eine feinporige struktur und bewahrt den kuchen vorm austrocknen.

•Generell kann man zum kuchenbacken, für mürbteige und buttermassen, **staubzucker** verwenden. Kristallzucker kann man zum schnee schlagen benutzen oder bei germteigen und anderen teigen für die der zucker erhitzt und aufgelöst wird.

•Schokoladige mehlspeisen lassen sich wunderbar mit vanille, chili, gutem pfeffer, kardamom oder lang gelagerten essigen, wie balsamico, **verfeinern**.
Die dosis ist natürlich vom persönlichen geschmack abhängig.

•Verwenden sie **echte vanille**. Entweder als vanilleschote oder als vanillezucker, der mit echter vanille hergestellt wurde. Denn alles andere ist „vanillin“, ein synthetisch erzeugtes aroma.

•**Salz** darf in süßen speisen nicht fehlen, da es den geschmack der anderen zutaten betont und verstärkt. Man gebrauche es in maßen, denn die süßspeisen sollen trotzdem süß bleiben.

•Eigentlich kann man auf **backpulver** ganz verzichten. Doch gerade schweren kuchenmassen verleiht es leichtigkeit.
Denn backpulver fördert die wasserdampfentwicklung, die den kuchen flaumiger macht. Beachtet man die dosierungshinweise auf der verpackung nicht, erzielt man aber genau das gegenteil und der kuchen wird trocken. Außerdem empfiehlt es sich, das backpulver mit dem mehl oder gegebenfalls mit den bröseln vor dem einrühren zu versieben, damit es gleichmäßig wirken kann.

•**Mehl** sollte immer als letztes **eingesiebt** werden, damit es sich rasch und leicht unterheben lässt.

•**Saftiger** werden schokoladekuchen, wenn sie geraspelte äpfel oder birnen verwenden. Am nächsten oder übernächsten tag ziehen die aromen an und der kuchen schmeckt fast noch besser.

•Vor jedem backvorgang sollte das backrohr **vorgeheizt** werden. Erst wenn die gewünschte temperatur erreicht ist, kann man das backgut einschieben. Damit der kuchen saftig wird, ist es wichtig, dass sich schnell eine kruste bildet, die den treibenden wasserdampf umschließt. Im vorgeheizten rohr kann sich die kruste optimal entwickeln.

•**Schwere massen**, wie sachermassen oder muffins, sollten grundsätzlich einmal bei höherer temperatur zwischen 180°C – 200°C angebacken werden. Danach sollte man die temperatur auf 160°C – 170°C, je nach durchmesser der form, absenken.
Das **anbacken** mit höherer temperatur dient der raschen krustenbildung. Dadurch bleibt der wasserdampf im inneren des kuchens. Der kuchen geht gut auf und wird saftig. Nach der krustenbildung dreht man die temperatur zurück, da ansonsten das backgut außen zu dunkel werden würde, während es innen noch roh wäre.

•**Schwerere massen** sollten nach dem backen etwa 10 – 15 min. **abkühlen**, bevor man sie stürzt.
Denn schwere, buttergerührte massen sind feucht. Wenn man sie aus dem ofen nimmt, erleiden sie einen temperaturschock und pressen den wasserdampf an die oberfläche. Stürzt man die form sogleich, hat der dampf keine möglichkeit zu entweichen und der kuchen wird speckig.

•**Biskuit** sollte bei 190°C – 200°C je nach stärke rasch durchgebacken werden. Für biskuitflecke sollte man die backzeit so kurz wie möglich halten, damit es schön saftig bleibt und nicht springt, wenn man es zu rouladen rollt. Mit hilfe eines fingerdrucks lässt sich testen, ob der biskuittleck durchgebacken ist.

•Wer mit **heißluft** bäckt, kann die temperatur, je nach ofentyp, um 15°C – 20°C reduzieren. Bäckt man nur ein blech, sollte man auf die heißluft verzichten, da die umluft das backgut austrocknet. Bei mehren blechen ist dies nicht der fall. Vielmehr braucht man die umluft sogar, um die hitze gleichmäßig zu verteilen.



**erste methode – impfmethode**
Man schneide den kuvertüreblock mit einem messer fein. 2/3 der kuvertüre löst man im backrohr bei 45°C unter mehrmaligem umrühren auf. Nun rührt man die restliche kuvertüre außerhalb des ofens ein, um die temperatur der kuvertüre wieder zu senken. Die temperatur, die man dabei anstrebt ist von dem jeweiligen schokoladentypus abhängig. Eine jede schokolade hat ihren idealen temperaturpunkt und den gilt es mit hilfe eines thermometers genau zu fixieren. Bei weißer schokolade liegt die verarbeitungstemperatur bei 29°C, während sich milchschokolade zwischen 30°C und 30,5°C einpendeln sollte und zartbitterschokolade bei 31°C bis 32°C.

**zweite methode – klassisch**
Man erwärmt die schokolade unter mehrmaligem rühren im wasserbad bei etwa 40°C bis 45°C. Dabei muss man ganz behutsam vorgehen, da die schokolade auf keinen fall mit wasser oder ähnlichem in berührung kommen darf, weil sie sonst klumpt. Einen teil der masse gießt man auf eine kalte steinplatte und beginnt sie mit einer palette solange hin und her zu bewegen und zu verstreichen, bis die schokolade stockt. Nun führt man die erkaltete masse der warmen wieder zu und vermischt sie gut. Diesen vorgang wiederholt man so oft, bis die schokolade, die entsprechende verarbeitungstemperatur erreicht hat. Natürlich gelten hier die gleichen temperaturangaben, wie bei der impfmethode.

Auf gar keinen fall lässt man die ganze schokolade schlagartig abkühlen. Auch sollte man das rühren nicht vergessen. Denn je ausgiebiger man rührt, um so geschmeidiger wird die schokolade.

**verarbeitungstemperaturen von schokoladen auf einen blick:**

| | |
|---|---|
| **weiße schokolade** | **bei ca. 29°C** |
| **milchschokolade** | **bei ca. 30°C – 30,5°C** |
| **bitterschokolade** | **bei ca. 31°C – 32°C** |

## schoko-biskuit

**1 backblech (30 cm x 25 cm)**

| | | |
|---|---|---|
| 100 | g | kristallzucker |
| 4 | stk. | eier à 60 g |
| 80 | g | mehl (glatt) |
| 10 | g | kakaopulver |
| 1 | kl. | prise salz |

1.
Backrohr auf 200°C vorheizen. Backblech mit backpapier belegen.
2.
Mehl mit kakao versieben. Eier mit zucker und salz gut schaumig schlagen. (rührzeit: küchenmaschine mind. 5 minuten, handmixer mind. 10 minuten). Mehl-kakaomischung unterheben und die masse auf dem blech gleichmäßig verstreichen. Biskuit im vorgeheizten rohr (mittlere schiene) 5 min. backen. (Siehe tipp)

12 – 14 portionen
1 springform 24 – 26 cm Ø

| | | |
|---|---|---|
| 130 | g | weiche butter |
| 40 | g | staubzucker |
| 1/2 | stk | vanilleschote, ausgekratztes mark |
| 1 | kl | prise salz |
| 6 | stk | eidotter [eigelb] à 20g |
| 130 | g | dunkle tunkmasse (60 – 65% kakaoanteil), leicht erwärmt |
| 6 | stk. | eiweiß à 30g |
| 180 | g | kristallzucker |
| 130 | g | mehl (type 700) |
| 1 | msp | chilipaste oder 1/2 frische chilischote |
| 1 | el | geschälten, feingeschnittenen ingwer (frisch) |
| glasur: | | |
| 100 | g | marillenmarmelade, passiert [aprikosenmarmelade] |
| 250 | g | edelbitterkuvertüre |
| 50 | g | honig |
| 180 | g | obers [schlagsahne] |

## schokoladentorte mit chili und ingwer

1.
Backrohr auf 200°C vorheizen. Springform mit butter ausstreichen und mit mehl ausstreuen.
2.
Butter mit staubzucker, vanille, salz, chili und ingwer gut schaumig rühren. Zuerst dotter nach und nach untermischen, dann die temperierte kuvertüre einrühren.
3.
Eiweiß mit kristallzucker zu schmierigem schnee schlagen. Zuerst schnee, dann das mehl behutsam unter die buttermasse heben.
4.
Masse in tortenform füllen, gleichmäßig verstreichen und im vorgeheizten rohr (mittlere schiene/gitterrost) ca. 20 minuten backen. Danach auf 170°C zurückdrehen und 1 stunde lang fertig backen. Gegen ende der backzeit tortenoberfläche mit backpapier abdecken.
5.
Nach dem ausbacken (nadelprobe) die torte herausnehmen und mit einem kleinen messer vom rand der tortenform lösen, die torte noch in der form auskühlen lassen und danach auf ein gitter stürzen, die springform öffnen und abheben. Torte rundherum mit erwärmter marillenmarmelade dünn einstreichen.
6.
Für die glasur obers erhitzen, honig und kuvertüre einrühren und gut verrühren, glasur auf ca. 35°C abkühlen lassen. Glasur über die torte gießen und mit einer palette gleichmäßig verstreichen. Anschließend 2 stunden kühl stellen. Diese glasur wird nicht ganz fest, schmeckt aber ausgezeichnet und lässt sich gut schneiden.

Variante
Torte vor dem glacieren einmal horizontal durchschneiden, mit marillenmarmelade bestreichen und wieder zusammensetzen. Anschließend glacieren.

Garnitur
Torte eventuell zusätzlich mit schokoblättern, mit chili oder ungespritzten rosenblüten garnieren

12 – 14 portionen
1 springform 24 – 26 cm Ø

| | | |
|---|---|---|
| 130 | g | butter |
| 20 | g | staubzucker |
| 1/2 | | vanilleschote, ausgekratztes mark |
| 1 | kl. | prise salz |
| 6 | | eidotter [eigelb] à 20g |
| 130 | g | milchkuvertüre (temperiert, siehe tipp s. 143) |
| 6 | | eiweiß à 30g |
| 150 | g | kristallzucker |
| 130 | g | mehl (type 700) |
| trüffelcreme: | | |
| 500 | g | obers [schlagsahne] |
| 200 | g | bitterkuvertüre, klein gehackt |
| garnitur: | | |
| ca. 80 | g | schokoladespäne |
| für die form: | | butter und glattes mehl |

# schoko-trüffel-torte

1.
Backrohr auf 200°C vorheizen. Springform mit butter ausstreichen und mit mehl ausstreuen.
2.
Butter mit staubzucker, vanille und salz gut schaumig rühren. Zuerst dotter nach und nach hineingeben, dann die temperierte kuvertüre einrühren. Eiweiß mit zucker zu schmierigem schnee schlagen und unter die buttermasse heben, zuletzt vorsichtig das mehl unterheben.

3.
Masse in die vorbereitete form füllen, gleichmäßig verstreichen und im vorgeheizten rohr (mittlere schiene/gitterrost) ca. 10 minuten backen. Danach auf 170°C zurückdrehen und 1 stunde lang fertig backen. Gegen ende der backzeit tortenoberfläche mit backpapier abdecken.
4.
Torte aus dem rohr nehmen und ca. 10 minuten rasten lassen. Dann auf ein mit mehl bestäubtes backpapier stürzen und in der form auskühlen lassen. Springform öffnen und die torte aus der form lösen.
5.
Für die trüffelcreme obers aufkochen, vom feuer nehmen, kuvertüre einrühren und darin auflösen. Mischung vom herd nehmen und mit einem stabmixer ca. 2 minuten mixen. Masse mit frischhaltefolie zudecken und mindestens 12 stunden in den kühlschrank stellen. Creme mit einem schneebesen langsam dickcremig aufrühren.
6.
Die schokoladentorte insgesamt 5 x horizontal durchschneiden, sodass sich 6 tortenböden ergeben.
Springform säubern und den ersten tortenboden einlegen und mit einem sechstel der creme bestreichen. Diesen vorgang mit den restlichen tortenböden und der übrigen creme wiederholen und mit einer cremeschicht abschließen. Torte mit frischhaltefolie zudecken und ca. 3 stunden kühl stellen.
7.
Vor dem servieren, springform öffnen und abheben. Torte auf eine platte setzen und mit schokoladenspänen bestreut servieren.

Plus geist
Wenn man mag, kann man die einzelnen tortenblätter nach dem einlegen auch mit etwas himbeerbrand mit läuterzucker verdünnt tränken.
Läuterzucker ist eine mischung aus wasser und zucker, die im verhältnis 1:1 gemischt und aufgekocht wird.

## gedämpfter schokoladekuchen

2 kuchen à 500g
2 kuchenformen à 1liter

| | | |
|---|---|---|
| 3 | cl | rum |
| 60 | ml | milch |
| 250 | g | schokobiskuit |
| 90 | g | geriebene nüsse |
| 120 | g | butter |
| 40 | g | staubzucker |
| 1 | stk | vanilleschote, ausgekratztes mark |
| 1 | kl | prise salz |
| 6 | stk | eidotter [eigelb] à 20g |
| 200 | g | dunkle kuvertüre, temperiert (mind. 65 – 70% kakaoanteil) |
| 6 | stk | eiweiß à 30g |
| 65 | g | kristallzucker oder staubzucker |

für die kuchenformen:
weiche butter, mehl oder mandelblättchen

1.
Backrohr auf 160°C vorheizen. Backblech mit höherem rand ins rohr (mittlere schiene) schieben und zur hälfte mit heißem wasser füllen. Zwei kuchenformen mit butter ausstreichen und mit mehl oder mandelblättchen ausstreuen.
2.
Rum und milch verrühren. Biskuit in 1 cm große würfel schneiden, mit den nüssen mischen und mit der rum-milch-mischung beträufeln.
3.
Butter mit 40g zucker, vanille und salz gut schaumig rühren, zuerst die eidotter, dann temperierte kuvertüre nach und nach einrühren. Eiklar mit 65g zucker zu cremigem schnee schlagen. Zuerst schnee, dann die biskuitwürfel unter die dottermasse heben.
4.
Masse in die vorbereiteten formen füllen und gleichmäßig verstreichen.
Formen ins wasserbad stellen und im vorgeheizten rohr ca. 80 minuten garen.

## schokobiskuit

1 blech 30 cm x 25 cm

| | | |
|---|---|---|
| 60 | g | mehl |
| 10 | g | kakao |
| 80 | g | zucker |
| 3 | | eier à 60g |
| 1 | kl. | prise salz |
| 1/2 | | vanilleschote, ausgekratztes mark |

1.
Backrohr auf 190°C vorheizen. Backblech mit backpapier belegen.
2.
Mehl mit kakao versieben. Eier mit zucker, vanille und salz gut schaumig rühren. Mehl-kakaomischung unterheben und die masse auf dem blech gleichmäßig verstreichen.
3.
Biskuit im vorgeheizten rohr (mittlere schiene) ca. 5 minuten backen. Aus dem rohr nehmen und mit einem tuch zugedeckt auskühlen lassen.

## schokogateau, der flüssige schokoladekuchen

12 portionen
12 gateaureifen (metallringe),
5 – 6 cm Ø und 2 cm hoch

| | | |
|---|---|---|
| 260 | g | bitterkuvertüre (temperiert, siehe tipp s. 143) |
| 250 | g | butter |
| 5 | stk | eier à 60g |
| 5 | stk | eidotter [eigelb] à 20g |
| 120 | g | zucker |
| 50 | g | mehl |
| 1 | msp | chili |

1.
Gateaureifen am boden mit backpapier auslegen.
2.
Butter in der temperierten kuvertüre auflösen. Eier und eidotter mit zucker und chilipaste ein wenig schaumig rühren. Zuerst eimischung in die temperierte kuvertüre rühren, dann das mehl unterheben.
3.
Masse in einen dressiersack (mit glatter tülle, durchmesser, 10 mm) füllen, spiralförmig in die vorbereiteten förmchen dressieren und ca. 12 stunden kühl stellen.
4.
Backrohr auf 180°C vorheizen. Förmchen auf ein backblech stellen und im vorgeheizten rohr (mittlere schiene) ca. 8 minuten backen. Am ende der backzeit sollte die kuchenmasse in der mitte noch flüssig sein.

Auf vorrat
Diese masse kann man auch schon am vortag machen, dann im kühlschrank aufbewahren und erst kurz vor dem servieren backen.

# schokoladekuchen mit ingwer

2 kuchen
2 kastenformen à 1 liter

| | | |
|---|---|---|
| 200 | g | butter |
| 180 | g | rohmarzipan, weich |
| 30 | g | staubzucker |
| 1 | kl. | prise salz |
| 1/2 | stk | vanilleschote, ausgekratztes mark |
| 80 | g | frischer ingwer, fein gerieben oder fein geschnitten |
| 5 | stk | eidotter [eigelb] à 20g |
| 5 | stk | eiweiß à 30g |
| 100 | g | kristallzucker |
| 140 | g | mehl |
| 100 | g | geriebene äpfel |
| 150 | g | geriebene bitter kuvertüre |
| 1/2 | pkg | weinsteinbackpulver |

für die form:
weiche butter, mandelblättchen

1.
Backrohr auf 200°C vorheizen. Kastenformen mit butter ausstreichen und mit mandelblättchen ausstreuen.

2.
Mehl mit backpulver versieben, geriebene kuvertüre untermischen. Butter mit weichem marzipan, staubzucker, vanille, salz und ingwer gut schaumig rühren, dotter nach und nach einrühren. Äpfel untermischen. Eiweiß mit kristallzucker zu schmierigem schnee schlagen. Zuerst schnee, dann die mehlmischung unter die buttermasse heben.

3.
Kuchenmasse in die vorbereiteten formen füllen (bis ca. 2 cm unter dem rand) und im vorgeheizten rohr (untere schiene/gitterrost) ca. 10 minuten backen, dann die temperatur auf 160°C reduzieren und die kuchen noch weitere 45 – 50 minuten backen.

4.
Kuchen aus dem rohr nehmen, ca. 10 minuten in der form rasten lassen, dann stürzen und in der form auskühlen lassen.

12 portionen
1 gugelhupfform 11 cm hoch, 23 cm Ø

| | | |
|---|---|---|
| 6 | stk | eiweiß à 30g |
| 150 | g | kristallzucker |
| | | |
| 150 | g | staubzucker |
| 30 | g | kakao |
| 100 | g | geriebene bitterkuvertüre |
| 6 | stk | eidotter [eigelb] à 20g |
| 1 | msp | salz |
| 1 | msp | zimt |
| 110 | g | geriebene mandeln |
| 70 | g | brösel, kuchenbrösel oder geriebene biskotten |
| 50 | g | mehl |
| 1/2 | tl | weinsteinbackpulver |
| 150 | g | grob geriebene äpfel oder birnen |

für die form: weiche butter, mandelblättchen

1.
Backrohr auf 200°C vorheizen. Gugelhupfform mit butter ausstreichen und mandeln ausstreuen.
2.
Mehl mit backpulver und kakao versieben. Mandeln, bröseln und geriebene kuvertüre untermischen. Eidotter mit staubzucker, salz und zimt cremig aufschlagen. Eiweiß mit kristallzucker zu schmierigem schnee schlagen.
3.
Zuerst den schnee, dann die mehl-brösel-mischung und zuletzt die äpfel oder birnen unter die dottermasse heben. Masse in die vorbereitete form füllen und gleichmäßig verteilen.
4.
Gugelhupf ins vorgeheizte rohr (untere schiene/gitterrost) Nach 10 minuten die temperatur auf 170°C zurückdrehen und weitere 50 minuten backen.

## schokoladengugelhupf

# schoko-bananen-roulade

12 portionen
1 backblech

schoko-biskuit:

| | | |
|---|---|---|
| 100 | g | kristallzucker |
| 4 | stk | eier à 60 g |
| 80 | g | mehl, glatt |
| 10 | g | kakaopulver |
| 1 | kl | prise salz |

fülle:

| | | |
|---|---|---|
| 2 | stk | eidotter [eigelb] à 20 g |
| 2 | stk | eier à 60 g |
| 250 | g | bitterkuvertüre oder milchkuvertüre (temperiert, siehe tipp, s. 143) |
| 600 | ml | schlagobers [schlagsahne] |
| 2 | stk | bananen |
| 2 | blatt | gelatine |

1.
Backrohr auf 200°C vorheizen. Backblech mit backpapier belegen.

2.
Mehl mit kakao versieben. Eier mit zucker und salz gut schaumig aufschlagen (rührzeit: küchenmaschine mind. 5 minuten, handmixer mind. 10 minuten). Mehl-kakao-mischung unterheben und die masse auf dem blech gleichmäßig verstreichen. Biskuit im vorgeheizten rohr (mittlere schiene) 5 minuten backen. (Siehe tipp, s. 143)

3.
Für die fülle gelatine in kaltem wasser einweichen. Eier und dotter über einem heißen wasserbad mit einem schneebesen gut schaumig und warm aufschlagen. Wenn die masse deutlich an volumen zugenommen hat, gelatine gut ausdrücken und in der warmen eimasse auflösen. Kessel vom dampf nehmen und die masse so lange weiterschlagen, bis sie abgekühlt ist.

4.
Obers schlagen und kühl stellen. Zuerst die temperierte kuvertüre in die eimasse rühren, dann das obers unterheben. Bananen schälen.

5.
Das backpapier vom biskuit ziehen, biskuit mit der backseite nach unten auf ein mit mehl bestäubtes backpapier legen und mit der creme bestreichen, mit bananen belegen und ca. 10 – 15 minuten kühl stellen, damit das mousse zu stocken beginnt.

6.
Wenn das mousse angezogen hat, das biskuit einrollen und mit der verschlussseite nach unten auf eine platte legen und 2 stunden kühl stellen.

# schokomousseterrine

10 portionen
1 terrinenform à 1 liter
biskuitstreifen (siehe rezept schokobiskuit)

dunkles mousse

| | | |
|---|---|---|
| 6 | g | gelatine (3 blatt gelatine) |
| 230 | ml | milch |
| 50 | g | kristallzucker |
| 3 | stk | eidotter [eigelb] à 20 g |
| 120 | g | dunkle kuvertüre, klein gehackt |
| 260 | ml | schlagobers [schlagsahne] |

weißes mousse

| | | |
|---|---|---|
| 270 | ml | schlagobers [schlagsahne] |
| 6 | g | gelatine (3 blatt gelatine) |
| 120 | g | weiße kuvertüre, klein gehackt |
| 1 | | ei à 60 g |
| 1 | | eidotter [eigelb] à 20 g |
| 2 | el | weißer rum (baccardi) |

1.
Terrinenform mit kaltem wasser ausstreichen und mit frischhaltefolie glatt auslegen.
2.
Für das dunkle mousse gelatine in kaltem wasser einweichen. Milch und zucker aufkochen und vom herd nehmen. Zuerst dotter und gut ausgedrückte gelatine, dann kuvertüre einrühren und darin auflösen. Mischung mit einem stabmixer kurz durchmixen und auskühlen, aber nicht fest werden lassen. Obers schlagen und unterheben. Mousse kühl stellen.
3.
Für das weiße mousse obers zu cremiger konsistenz aufschlagen und im kühlschrank kühl stellen. Gelatine in kaltem wasser einweichen. Kuvertüre in einen schneekessel geben und über einem heißen wasserbad schmelzen. Parallel dazu ei und dotter in einem schneekessel über einem zweiten heißen wasserbad zu cremiger konsistenz aufschlagen.
4.
Sobald die eimasse gut warm ist, gelatine gut ausdrücken und darin auflösen. Masse vom wasserbad nehmen und kalt schlagen. Ein drittel vom obers, die kuvertüre, weißen rum und ein drittel von der eiermasse fest und schnell verrühren, übriges obers und die restliche eimasse behutsam unterziehen, mousse kühl stellen.
5.
Zuerst weißes schokomousse in die terrinenform einfüllen und ca. 10 minuten im kühlschrank fest werden lassen. Dann dunkles mousse behutsam auf das weiße mousse streichen und gleichmäßig verteilen. Als abschluss biskuitstreifen drauflegen und leicht andrücken. Terrine mit frischhaltefolie zudecken und mindestens 3 stunden zum festwerden kühl stellen.
6.
Vor dem anrichten terrine aus der form stürzen und in gleich breite stücke schneiden.

## schoko-brotlaibchen

70 stück
1 backblech

| | | |
|---|---|---|
| 3 | stk | eidotter [eigelb] à 20 g |
| 1 | kl. | prise salz |
| 1 | stk | vanilleschote, ausgekratztes mark |
| 250 | g | kokosette |
| 130 | g | kuvertüre, fein gerieben |
| 100 | g | walnüsse, fein gerieben |
| 4 | stk | eiweiß à 30 g |
| 200 | g | staubzucker |
| garnitur: | | |
| 100 | g | staubzucker |
| 1 | stk | vanilleschote, ausgekratztes mark |

1.
Backrohr auf 160°C vorheizen, backblech mit backpapier belegen.
2.
Eidotter mit salz, vanille, kokosette, kuvertüre und nüssen gut verrühren. Eiweiß mit staubzucker zu festem schnee schlagen und behutsam unter die kokosmasse heben. Masse ca. 1 stunde kühl stellen.
3.
Für die garnitur zucker mit vanille versieben und in eine flache schüssel geben. Aus der masse ca. 70 gleich große kugeln formen, in der zuckermischung rundum gut wälzen und auf das backblech setzen.
4.
Kugeln ins vorgeheizte backrohr (mittlere schiene) schieben und 15 – 20 minuten backen.

Perfektes muster
Die laibchen erhalten ein besonders schönes muster, wenn man sie vor dem backen sorgfältig in der zuckermischung wälzt.

# neros

50 stück
1 backblech

| | | |
|---|---|---|
| 250 | g | butter |
| 70 | g | staubzucker |
| 2 | stk | eier à 60 g |
| 1 | stk | eidotter [eigelb] à 20 g |
| 180 | g | mehl |
| 60 | g | kakaopulver |
| 1 | kl | prise salz |
| 1 | stk | vanilleschote, ausgekratztes mark |
| 100 | g | marillenmarmelade [aprikosenmarmelade] |
| garnitur: | | |
| 70 | g | weiße kuvertüre (temperiert, siehe tipp, s. 143) |

1.
Backrohr auf 180°C vorheizen. Backblech mit backpapier belegen.
2.
Mehl mit kakao versieben. Butter mit zucker, vanillemark und salz gut schaumig rühren. Eier und eidotter nach und nach einrühren, zuletzt die mehl-kakaomischung unterheben.
3.
Masse in einen dressiersack (mit glatter tülle, durchmesser 6 mm) füllen und in form von 50 kleinen tupfern auf das vorbereitete blech dressieren. Kekse ins vorgeheizte rohr (mittlere schiene) 10 – 12 minuten backen. Aus dem rohr nehmen und auskühlen lassen.
4.
Die hälfte der kekse mit marmelade bestreichen und mit den übrigen keksen zusammensetzen.

Verzierung
Besonders hübsch sehen die kekse aus, wenn man sie zusätzlich mit temperierter, weißer kuvertüre verziert.

# orangentrüffel

40 stück

| | | |
|---|---|---|
| 150 | g | butter |
| 300 | g | milchkuvertüre (mind. 35% kakaobestandteile) |
| 60 | ml | orangenlikör (grand marnier) |
| garnitur: | | |
| 200 | g | staubzucker oder kakao |
| 300 | g | milchkuvertüre (mind. 35% kakaobestandteile) |

1.
Backrohr auf 45°C vorheizen. Kuvertüre grob hacken und unter öfterem umrühren im vorgeheizten rohr schmelzen. Anschließend die kuvertüre auf 32°C abkühlen (siehe tipp, s. 143)

2.
Butter mit einem schneebesen leicht schaumig rühren. Zuerst orangenlikör, dann die temperierte kuvertüre ganz langsam einrühren.

3.
Backblech oder brettchen (muss in den kühlschrank passen) mit backpapier belegen. Masse am besten mit einem löffel in form von 40 kleinen häufchen auf das vorbereitete blech oder brettchen setzen und ca. 15 minuten kühl stellen. Danach mit der hand zu *unförmigen kugeln* formen und nochmals 15 minuten kühl stellen.

4.
Für die garnitur staubzucker oder kakao in eine flache schüssel sieben. Kuvertüre wie oben beschrieben schmelzen und abkühlen. Ein wenig von der kuvertüre auf einer handfläche verteilen. Die gekühlten kugeln zuerst darin rollen, dann in staubzucker oder kakao wälzen und ca. 5 minuten darin liegen lassen.

5.
Kugeln herausheben und überschüssigen staubzucker oder kakao mit einem feinen pinsel entfernen. Kugeln auf eine platte setzen und nochmals 15 minuten kühl stellen.

Formlos
Trüffel sind nicht glatt und rund, sondern ihren namen nach unförmig, wie die gleichnamigen pilze.

Besonders exakt
Schneller und einfacher gelingt das portionieren mit einem dressiersack. Masse in einen dressiersack (mit glatter tülle, durchmesser 8 mm) füllen und in form von kleinen häufchen auf das blech dressieren.

Kakaoreste
Zum wälzen der trüffeln wird nur ein geringer teil staubzucker oder kakao benötigt, übrigen staubzucker oder kakao sieben und gut verschlossen aufbewahren. Staubzucker oder kakao am besten für die zubereitung einer schokoladentorte oder einen schokoladenbiskuits verwenden.

# cognactrüffel

ca. 50 stück

| | | |
|---|---|---|
| 160 | g | weiche butter |
| 250 | g | milchkuvertüre (mind. 35% kakaobestandteile) |
| 150 | g | dunkle kuvertüre (mind. 65 – 70% kakaobestandteile) |
| 120 | ml | guter cognac |
| 50 | g | honig |
| 60 | ml | flüssiges schlagobers [schlagsahne] |
| garnitur | | |
| 200 | g | kakao |
| 100 | g | dunkle kuvertüre (mind. 65 – 70% kakaobestandteile) |

1.
Backrohr auf 45°C vorheizen. Beide kuvertüren grob hacken, mischen und unter öfterem umrühren im vorgeheizten rohr schmelzen. Anschließend kuvertürenmischung auf 32°C abkühlen (siehe tipp, s. 143)

2.
Butter mit einem schneebesen leicht schaumig rühren. Zuerst honig, cognac und obers nach und nach einrühren, dann die temperierte kuvertüren-mischung ganz langsam einrühren.

3.
Backblech oder brettchen (muss in den kühlschrank passen) mit backpapier belegen. Masse am besten mit einem löffel in form von 50 kleinen häufchen auf das vorbereitete blech oder brettchen setzen und ca. 30 minuten kühl stellen. Danach mit der hand zu „unförmigen kugeln" formen und nochmals ca. 15 minuten kühl stellen.

4.
Für die garnitur kakao in eine flache schüssel sieben. Dunkle kuvertüre wie oben beschrieben schmelzen und abkühlen. Ein wenig von der kuvertüre auf einer handfläche verteilen. Die gekühlten kugeln zuerst darin rollen, dann in kakao wälzen und ca. 5 minuten darin liegen lassen

5.
Kugeln herausnehmen, überschüssigen kakao mit einem feinen pinsel entfernen. Kugeln auf eine platte setzen und nochmals ca. 15 minuten kühl stellen.

Formlos
Trüffel sind nicht glatt und rund, sondern ihren namen nach unförmig, wie die gleichnamigen pilze.

Besonders exakt
Schneller und einfacher gelingt das portionieren mit einem dressiersack. Masse in einen dressiersack (mit glatter tülle, durchmesser 8 mm) füllen und in form von kleinen häufchen auf das blech dressieren.

Kakaoreste
Zum wälzen der trüffeln wird nur ein geringer teil staubzucker oder kakao benötigt, übrigen staubzucker oder kakao sieben und gut verschlossen aufbewahren. Staubzucker oder kakao am besten für die zubereitung einer schokoladentorte oder einen schokoladenbiskuits verwenden.

## schokolademuffins

15 – 20 stück,
muffinsförmchen

| | | |
|---|---|---|
| 500 | g | mehl, glatt |
| 1 | pkg | weinstein-backpulver |
| 130 | g | weiche butter |
| 3 | el | rum |
| 150 | g | staubzucker |
| 1/2 | | vanilleschote, ausgekratztes mark |
| 1 | kl | prise salz |
| 4 | stk | eidotter [eigelb] à 20 g |
| 50 | g | sauerrahm |
| 100 | g | geriebene äpfel oder birnen |
| 4 | stk | eiweiß à 30 g |
| 180 | g | kristallzucker |
| 200 | g | dunkle kuvertüre, klein gehackt |

1.
Backrohr auf 190°C vorheizen. Muffinsförmchen vorbereiten.
2.
Mehl mit backpulver versieben. Weiche butter in kleine stücke schneiden und mit rum, staubzucker, vanille und salz gut schaumig rühren (z.b. mit dem handmixer oder der küchenmaschine). Zuerst eidotter nach und nach hinein geben, dann sauerrahm, sowie äpfel oder birnen unterrühren.
3.
Eiweiß mit kristallzucker cremig schlagen. Zuerst schnee, dann fein gehackte kuvertüre und die mehlmischung behutsam unterheben.
4.
Masse ca. 2/3 hoch in die vorbereiteten muffinsförmchen füllen, auf ein backblech stellen und im vorgeheizten rohr (mittlere schiene) ca. 15 minuten backen, dann die temperatur auf 170°C reduzieren und 15 – 20 minuten fertig backen.

# schokoladekipferl

50 – 80 stück, je nach größe
1 backblech

| | | |
|---|---|---|
| 150 | g | bitterkuvertüre |
| 150 | g | weiche butter |
| 1 | kl | prise salz |
| 210 | g | staubzucker |
| 200 | g | feinst geriebene mandeln |
| 50 | g | mehl, glatt |

1.
Backrohr auf 150°C vorheizen. Backblech mit backpapier belegen.
2.
Mehl mit den mandeln mischen. Butter zuerst mit zucker, dann mit der kuvertüre gut schaumig rühren. Mehl-mandelmischung zugeben und gut verrühren.
3.
Masse sofort in einen dressiersack (mit glatter tülle, durchmesser 6 mm) füllen und in form von kipferln auf das vorbereitete blech dressieren.
4.
Kipferln ins vorgeheizte rohr schieben und 15-20 minuten backen. Sobald die kipferln leicht farbe genommen haben aus dem rohr nehmen und auskühlen lassen.

Zubereitungsvariante
Masse in den kühlschrank stellen und ca. 1 stunde kühlen lassen. Dann mit der hand aus der masse gleich große kipferln formen, auf das vorbereitete blech setzen und wie oben beschrieben backen.

Nüsse statt mandeln
Je nach geschmack kann statt der mandeln auch die gleiche menge an haselnüssen für die zubereitung der kipferln verwendet werden.

Besonders fein
Die mandeln oder haselnüsse müssen ganz fein sein (am besten geht das mit einem kutter, z.b. einer moulinette), sonst laufen die kipferln beim backen auseinander.

Plus schoko
Besonders fein sehen die kipferln aus, wenn man die spitzen der kipferln in temperierte kuvertüre taucht.

6 portionen
6 auflaufförmchen oder
hitzebeständige gläser à 150 ml

| | | |
|---|---|---|
| 40 | g | butter |
| 40 | g | mehl |
| 360 | ml | milch |
| 60 | g | geriebene bitter kuvertüre |
| 1 | msp | salz |
| 1 | msp | kardamom |
| 4 | stk | eidotter [eigelb] à 20 g |
| 6 | stk | eiweiß à 30 g |
| 100 | g | zucker |
| 2 | el | rum |

für die formen: butter

1.
Backrohr auf 180°C vorheizen. Backblech mit höherem rand ins rohr (mittlere schiene) schieben und zur hälfte mit heißem wasser füllen. Formen oder hitzebeständige gläser mit butter ausstreichen.
2.
Butter mit salz und kardamom erhitzen, mehl einrieseln lassen und gut glatt rühren (es dürfen keine klumpen entstehen). Milch zugießen, gut durchrühren und aufkochen. Sauce ca. 2 minuten unterrühren, köcheln lassen. Kuvertüre und rum einrühren, mischung vom herd nehmen und abkühlen lassen.
3.
In die abgekühlte masse dotter einrühren. Eiweiß mit zucker zu cremigem schnee schlagen und unter die masse heben. Masse in die vorbereiteten förmchen füllen und gleichmäßig verteilen. Förmchen ins wasserbad stellen und im vorgeheizten rohr ca. 20 minuten garen und rasch servieren.

## schokoladesoufflé

6 portionen
6 auflauf- oder puddingförmchen à 150 ml

| | | |
|---|---|---|
| 1/2 | l | milch |
| 2 | stk | dotter [eigelb] |
| 60 | g | zucker |
| 25 | g | speisestärke (kartoffel- oder maisstärke) |
| 120 | g | dunkle kuvertüre, klein gehackt |

1.
Förmchen vorbereiten.
2.
Zwei drittel von der milch mit zucker und rum aufkochen. Übrige milch mit stärke und den eidottern gut verrühren, in die kochende milch gießen und unter ständigem rühren bei schwacher hitze ca. 1 minute köcheln lassen.
3.
Mischung vom herd nehmen und die klein geschnittene kuvertüre rasch einrühren. Pudding in die vorbereiteten förmchen füllen und zum festwerden in den kühlschrank stellen.

## schokoladepudding

## schokolademousse – dunkel

10 portionen

| | | |
|---|---|---|
| 2 | stk | dotter [eigelb] à 20 g |
| 1 | stk | ei ganz à 60 g mit schale |
| 1 | el | zucker |
| 1 | kl. | prise salz |
| 250 | g | dunkle kuvertüre |
| 600 | ml | schlagobers [schlagsahne] |
| 2 | cl | cognac oder rum |

1.
Backrohr auf 45°C vorheizen. Kuvertüre grob hacken, und unter öfterem umrühren im vorgeheiztem rohr schmelzen. Anschließend kuvertüre auf 32°C abkühlen (siehe tipp, s. 143)
2.
Ei und eidotter mit zucker und salz über einem heißen wasserbad dickcremig aufschlagen, so lange bis die masse deutlich an volumen zugenommen hat und ca. 75°C warm ist. Masse vom wasserdampf nehmen, kalt schlagen. Cognac oder rum unterrühren.
3.
Obers nicht zu fest schlagen und unter die schokolademasse heben. Mousse in eine schüssel füllen, mit frischhaltefolie zudecken und mindestens 3 stunden kühl stellen.

## schokolademousse – milch

10 portionen

| | | |
|---|---|---|
| 1 | stk | eidotter [eigelb] |
| 1 | stk | ei ganz |
| 1 | kl. | prise salz |
| 50 | g | dunkle kuvertüre |
| 200 | g | milchkuvertüre |
| 2 | blatt | gelatine |
| 600 | ml | schlagobers [schlagsahne] |
| 2 | cl | cognac oder birnenbrand |

1.
Backrohr auf 45°C vorheizen, kuvertüren grob hacken, vermischen und unter öfterem umrühren im vorgeheizten rohr schmelzen. Anschließend kuvertüren-mischung auf 32°C abkühlen. (Siehe tipp, s. 143)
2..
Gelatine in kaltem wasser einweichen. Ei und eidotter mit salz über einem heißen wasserbad dickcremig aufschlagen, so lange bis die masse deutlich an volumen zugenommen hat und ca. 75°C warm ist.
3.
Masse vom wasserdampf nehmen und kalt schlagen. Cognac oder birnenbrand erwärmen, gelatine gut ausdrücken und darin auflösen. Mischung in die eimasse rühren.
4.
Obers nicht zu fest schlagen und unter die schokolademasse heben. Mousse in eine schüssel füllen, mit frischhaltefolie zudecken und mindestens 3 stunden kühl stellen.

## schokolademousse – weiß

8 portionen

| | | |
|---|---|---|
| 1 | stk | eidotter [eigelb] |
| 1 | stk | ei ganz |
| 1 | kl. | prise salz |
| 250 | g | weiße kuvertüre |
| 500 | ml | schlagobers [schlagsahne] |
| 2 | el | orangenlikör (cointreau od. grand marnier) |
| 2 | blatt | gelatine |

1.
Backrohr auf 45°C vorheizen. Kuvertüre grob hacken, vermischen und unter öfterem umrühren im vorgeheizten rohr schmelzen. Anschließend kuvertüre auf 32°C abkühlen (siehe tipp, s. 143)
2.
Gelatine in kaltem wasser einweichen, ei und eidotter mit salz über einem heißen wasserbad dickcremig aufschlagen, so lange bis die masse deutlich an volumen zugenommen hat und ca. 75°C warm ist.
3.
Masse vom wasserdampf nehmen und kalt schlagen. Orangenlikör erwärmen, gelatine gut ausdrücken und darin auflösen. Mischung in die eimasse rühren.
4.
Obers nicht zu fest schlagen und unter die schokolademasse heben. Mousse in eine schüssel füllen, mit frischhaltefolie zudecken und mindestens 3 stunden kühl stellen.

## créme brulée schokolade

6 portionen
6 feuerfeste förmchen oder tassen à 150 ml

| | | |
|---|---|---|
| 6 | stk | eidotter [eigelb] à 20 g |
| 100 | g | kristallzucker |
| 1 | | vanilleschote, ausgekratztes mark |
| 200 | ml | milch |
| 300 | ml | schlagobers [schlagsahne] |
| 250 | g | bitterkuvertüre |
| ca. 50 | g | kristallzucker |

1.
Backrohr auf 85°C vorheizen. Förmchen vorbereiten.

2.
Eidotter und 100 g zucker gut verrühren. Vanilleschote der länge nach aufschneiden und das mark herauskratzen. Obers, milch, vanillemark und vanilleschote mischen, aufkochen und vom herd nehmen. Schote entfernen.

3.
Vanillemilch unter ständigem rühren in die dottermasse gießen und über einem heißen wasserbad mit einem schneebesen solange aufschlagen, bis die masse dickcremige konsistenz hat. Temperierte kuvertüre einrühren, durch ein feines sieb passieren und portionsweise in die vorbereiteten förmchen füllen. Cremen ins vorgeheizte rohr (mittlere schiene/gitterrost) stellen und ca. 45 minuten bei 85°C garen. Danach aus dem rohr nehmen und ca. 2 stunden kühl stellen.

4.
Cremen mit ca. 50g kristallzucker bestreuen und entweder im rohr bei „grillstellung" oder mit einem bunsenbrenner goldbraun überbacken (caramelisieren). Vorsicht! Nicht zu stark bräunen der zucker dunkelt nach.

10 – 12 portionen

| | | |
|---|---|---|
| 1/4 | l | milch |
| 1/4 | l | obers [sahne] |
| 4 | stk | eidotter [eigelb] à 20 g |
| 1 | kl. | prise salz |
| 50 | g | zucker |
| 1 | stk | vanilleschote, ausgekratztes mark |
| 150 | g | bitterkuvertüre |
| 60 | ml | apfelbalsamessig |

1.
Kuvertüre klein hacken. Vanilleschote der länge nach aufschneiden und das mark auskratzen. Milch, obers, zucker, salz und vanillemark kurz aufkochen und vom herd nehmen.
2.
Eidotter mit schneebesen einrühren und die mischung unter rühren ca. 1 minute ziehen lassen. Masse mit einem stabmixer verrühren, zuerst kuvertüre einrühren und auflösen, dann balsamessig untermischen
3.
Masse auskühlen lassen und in einer eismaschine frieren.

Geschmacklicher kick
Eine besondere geschmackliche note erhält das eis, wenn man die masse zusätzlich mit 1 messerspitze chilipaste verfeinert.

Variante ohne zucker
Wenn man für die zubereitung anstelle von bitterkuvertüre milchkuvertüre verwendet, kann man auf die zugabe von zucker verzichten.

## schokoladeeis mit apfelbalsamessig

## schokoladeauflauf

6 portionen
6 auflaufförmchen à 150 ml

| | | |
|---|---|---|
| 100 | g | butter |
| 120 | g | edelbitter-kuvertüre, temperiert |
| 1 | msp | kardamom |
| 1 | msp | salz |
| 30 | g | staubzucker |
| 100 | g | haselnüsse, fein gerieben |
| 6 | stk | dotter [eigelb] à 20 g |
| 6 | stk | eiweiß à 30 g |
| 50 | g | kristallzucker |
| 50 | g | semmelbrösel (siehe tipp) |

für die förmchen: weiche butter, kristallzucker

1.
Backrohr auf 180°C vorheizen. Förmchen mit butter ausstreichen und mit kristallzucker ausstreuen.
2.
Nüsse und brösel mischen. Butter, staubzucker, kardamom und salz gut schaumig rühren, zuerst dotter nach und nach einrühren, dann die temperierte kuvertüre unterziehen. Eiweiß mit kristallzucker zu cremigem schnee schlagen. Zuerst schnee, dann die nussbrösel unter die schokomasse heben.
3.
Masse ca. 2/3 hoch in die förmchen füllen. Förmchen in eine metallform mit dünnem boden stellen. So viel kochendes wasser zugießen, dass die förmchen halbhoch im wasserbad stehen. Aufläufe im rohr (untere schiene/gitterrost) ca. 30 minuten backen.
4.
Aufläufe auf teller stürzen und am besten mit schokoladesauce (siehe rezept) und schlagobers servieren.

Leichter löslich
Die aufläufe lassen sich leichter stürzen, wenn man sie zuvor mit einem kleinen messer behutsam vom rand der förmchen löst.

Süße variante
Anstelle von semmelbrösel kann man auch die gleiche menge geriebener biskotten für die zubereitung der aufläufe verwenden.

## schokoladensauce

zutaten für 8 portionen

| | | |
|---|---|---|
| 200 | ml | wasser |
| 40 | g | staubzucker |
| 40 | g | kakao |
| 120 | g | bitterkuvertüre, klein gehackt |
| 70 | ml | schlagobers, [schlagsahne] flüssig |

Wasser mit zucker aufkochen, zuerst kakao, dann kuvertüre und obers einrühren. Sauce aufkochen und ca. 3 – 5 minuten mit stabmixer oder im turmmixer rühren.

Verwendung
Diese schokoladensauce kann man warm oder kalt servieren. Sie passt zu palatschinken, eis, aufläufen usw.
Die übrige sauce kann mehrere tage im kühlschrank aufbewahrt werden.

# schoko-marmeladen

Walter trausner von der genusswerkstatt in mauterndorf, die für exquisite marmeladen steht, hat uns diese rezepturen gewidmet. Er beschreitet mit seinen marmeladen einen neuen weg. Weg vom üppig barocken charme à la rubens, hin zu leichten, frisch luftigen marmeladenvariationen, mit wenig zucker, kurzen kochzeiten und viel geschmack.
Bestes obst mit ausreichend charakter, aroma und farbe ist natürlich die voraussetzung für gute marmeladen. Doch wie trausner betont endet der weg eines patissiers nicht bei der auswahl der früchte, sondern bei den rezepturen, den gewürzen und zutaten aus denen besondere kreationen, wie brombeere mit lorbeer und veilchen, oder zitronerosmarin-bergamotte entstehen.
Auch am fruchtigen auftakt der zotterschokoladen ist walter trausner nicht ganz unschuldig. Schokolade trifft auf frucht und die geister beflügeln sich, so wie im wirklichen leben, wo josef zotter und walter trausner eine enge zusammenarbeit verbindet.

## weichsel mit bitter classic und sesamkrokant

| | | |
|---|---|---|
| 1 | kg | weichselkirschen |
| 450 | g | zucker |
| 4 | cl | kirschbrand |
| 50 | g | sesamkörner |
| 1 | pkg | apfelpektin (erhältlich im guten reformhandel) |
| 1 | stk | zitrone |
| 1 | tafel | zotter-schokolade *bitter classic* |
| nach ermessen | | balsamico essig |

1.
Entsteinte weichselkirschen mit 200 g zucker in einer schüssel ca. 3 stunden kühl stellen.
2.
Mischung ca. 2 – 3 minuten kochen lassen. Kirschen aus dem saft geben, schaum abschöpfen und den saft weitere 5 minuten kochen lassen. Die kirschen ohne saft über nacht mit kirschbrand ansetzten und kalt stellen.
3.
150g zucker in der pfanne hellbraun zu karamell schmelzen, sesamkörner übergießen, erkalten lassen und mit einem messer fein zerhacken.
4.
Am nächsten tag apfelpektin (laut anwendung für 1 kg frucht) mit dem saft von einer zitrone und dem überkühlten kirschensaft aufkochen, 100g zucker einrühren und nochmals kurz aufkochen.
Zotter *bitter classic* im heißen sirup schmelzen lassen, nicht aufkochen. Mit etwas balsamico abschmecken.
5.
Die kirschen nochmals erwärmen
6.
Die erwärmten kirschen in saubere gläser einfüllen, sesamkrokant gleichmäßig aufteilen und mit heißem kirsch-schokosirup aufgießen. Gläser verschließen und kühl aufbewahren.

Aromaentwicklung
Nach 1 woche kühler lagerung entsteht das beste aroma.

## williamsbirne mit weißer schokolade und pistazien

| | | |
|---|---|---|
| 1 | kg | williamsbirnen |
| 350 | g | zucker |
| 2 | stk | zitronen |
| 3 | stk | vanilleschoten, ausgekratztes mark |
| 1 | pkg | apfelpektin (erhältlich im guten reformhandel) |
| 50 | g | pistazien |
| 1 | tafel | zotter-schokolade *weiße schokolade mit krokant* |
| nach ermessen | | williamsbrand |

1.
Geschälte williamsbirnen grob raspeln. Mit zitronensaft und 200g zucker vorsichtig vermischen und über nacht kühl stellen.
2.
Am nächsten tag birnen im saft, vanillemark, 150g zucker mit apfelpektin (laut anwendung für 1 kg frucht) kurz aufkochen, so dass die birnenraspeln noch etwas biss haben.
3.
Pistazien grob hacken und in den heißen sirup einrühren. Zotter *weiße schokolade mit krokant* in der heißen konfitüre schmelzen lassen, nicht aufkochen. Nach wunsch mit etwas williamsbrand abschmecken.
4.
In saubere gläser abfüllen. 1/2 vanilleschote pro glas dazugeben, sofort verschließen. Kühl aufbewahren.

Aromaentwicklung
Nach 1 woche kühler lagerung entsteht das beste aroma.

Sicherlich hat jeder mensch seine art, schokolade zu genießen. Dennoch wird die frage nach einer adäquaten form des verzehrs von schokolade immer dringlicher.

## genusscrescendo oder verkostungstipps für gastgeber

Die traditionsfäden der schokolade sind durchschnitten und die neue generation der schokoladenliebhaber kann sich auf keine riten stützen, sondern muss für sich eine neue geste und umgangsform des genusses definieren. Wie gestaltet man den abend mit schokolade, wenn man freunde oder gäste einlädt und wie sieht ein stilvolles *schokoladen naschen* aus?

Das wichtigste an einer schokoladenverkostung ist, dem rat der experten zu folgen, schokolade nur in kleinen mengen und langsam zu genießen.
Am besten legt man die schokolade zwei bis drei stunden vorher in einen raum mit 22°C bis 25°C. Denn wie wein muss schokolade *atmen*, um ihre aromen zu entfalten. Dann schneidet man die tafel mit einem dünnen, scharfklingigen messer in kleine stücke auf und richtet sie nach belieben an. Nach dem motto „weniger ist mehr". Man geht ins detail und fokussiert seine konzentration. Denn das überraschende an einer schokoladenverkostung ist der moment in dem man die ganze geschmackskomplexität eines kleinen schokoladenstückchens wahrnimmt und begreift, dass kleine mengen einer guten schokolade genügen, um höchsten genuss zu bereiten. Schließlich zeichnet sich eine hervorragende schokolade nicht durch die menge, sondern durch ihre intensität aus.

Es empfiehlt sich, gefüllte schokoladen nicht zu kauen, sondern sie langsam im mund zergehen zu lassen.
Dies vorgehen ist hilfreich, um die unterschiedlichen stadien der geschmacksentwicklung von schokolade in ihrer eigenart wahrzunehmen. Man spricht deshalb auch von einer schokoladendramaturgie und versucht zu bestimmen, wann sich der geschmack entfaltet, am anfang, in der mitte oder am ende. Gute schokoladen haben zumeist einen langsamen start, erblühen dann zu einem crescendo und bleiben lange im mund und in der erinnerung.

Wenn man bedenkt, das unser gaumen eigentlich nur auf die vier geschmacksreize süß-bitter, salzig-sauer reagiert, reicht dieses organ allein nicht aus, um aromen zu spezifizieren und genuss zu erleben. Jeglicher genuss so auch der von schokolade ist ein synästhetisches erlebnis, zu dem der geruch, die hände und augen ihren beitrag leisten und ihrerseits überzeugt werden wollen. Ein schönes arrangement und ambiente schafft natürlich die idealen bedingungen dafür, dass es einem gut schmeckt. Deshalb darf eine verkostung auch niemals zu steif werden und kann auch gut als abschluss eines mehrgängigen menüs oder eines gemeinsamen abends dienen.

Wenn sie ihre freunde und bekannten überraschen möchten, lassen sie schokoladen erklingen. Richtig gehört. Tatsächlich besitzt jede schokolade einen eigenen klang. Das spektrum reicht von dumpf bis leuchtend hell. Je höher der kakaoanteil desto besser der ton. Allerdings benötigt man ein voluminöseres stück schokolade, denn schließlich braucht jedes instrument einen klangkörper.

## im duett

### wein und schokolade

Solang schokolade selbst nur getrunken wurde, hatte sich die frage nach der liquiden begleitung erübrigt. Doch was trinkt man heutzutage zur schokolade? Bei einer reinen testverkostung, wo mehrere schokoladesorten hintereinander probiert werden sollen, ist leitungswasser oder stilles mineralwasser am besten geeignet.

Wenn man schokolade nach dem essen als *after dinner* genießt, muss die wahl nicht ganz so schlicht ausfallen.

Einfache milchschokoladekompositionen, die in richtung mandel-nougat gehen oder eine fruchtige note, wie marille, himbeere aufweisen, harmonieren am besten mit weißweinen, die extraktreich sind, eine schöne mineralik und ihrerseits gute fruchtkomponenten besitzen.

Dunkle, kräftige schokoladetypen fordern natürlich auch einen kräftigen, extraktreichen wein. Rot sollte er sein, mit angenehmen holz- und vanillenoten. Die favoriten sind portweine, sherrys und amarone, die mit ihrer kraftvollen süße den starken kakaoaromen standhalten können.

Weniger gut geeignet sind feinzieselierte, säurearme süßweine.

Doch letztendlich gibt es keine tabus, meint zotter. Dies seien nur hilfestellungen und wie immer ist alles eine frage des geschmacks und vor allem der zeit, die man sich dafür nimmt. So umstritten das thema wein und schokolade auch ist, sollte man es ruhig ein wenig breiter sehen, und gelegentlich selbst ausprobieren, ob dass was angeblich nicht funktioniert, einem selbst auch nicht schmeckt. Der eigene lieblingswein besteht vermutlich neben jeder schokolade. So bleibt wein und schokolade ein kulinarisches forschungsgebiet, das reichlich gesprächs- und zündstoff für viele gemeinsame stunden mit freunden liefert.

nachtschicht